THE LEGAL PRACTICES AND JURIDICAL THEORIES OF AFFIRMATIVE ACTION IN EMPLOYMENT: AN INTERNATIONAL COMPARISON

就业优惠制度的法律实践与法理思辨

域外反思与比较借鉴

李昊/著

法律出版社
LAW PRESS·CHINA

项目资助情况：
国家社科基金项目“完善西部少数民族就业优惠制度的实证调查与法律对策研究”
“四川省区域和国别重点研究基地日本研究中心研究项目”资助，
获四川大学美国研究中心研究支持。

序

本书的写作初衷

优惠照顾是世界性的法治前沿问题,处于各国平权法治实践的中心位置。在现代法治社会中,平等与歧视、族群与性别、教育与就业等最具张力的议题均与优惠照顾密切相关。因而,“优惠照顾总是备受关注,充满争议”。[①] 在域外法治实践中,如果说权利平等是一场社会风暴,那么就业优惠就是风暴之眼,被广泛的社会争议、尖锐的利益分歧、激烈的立法辩论、涌动的社会思潮和频繁的司法诉讼围绕。因此,唯有坚实的理论基础、谨慎的制度设计、精密的分配机制,才能使就业优惠法律制度达成精巧的平衡。

---

① See Michel Rosenfeld, “Decoding Richmond: Affirmative Action and the Elusive Meaning of Constitutional Equality”, *Michigan Law Review* 87(7), 1989, pp. 1729 – 1794.

如果说就业平等的愿景是人类社会一幅美丽的画卷，这幅画卷由平等原则、禁止歧视和就业优惠等法律制度组成，就业优惠就是最后那一块拼图，也是最难的一块。从法律功能上看，自20世纪中期以来，西方传统的制度性歧视已经日渐衰微，个体性歧视也处于社会道德与反歧视法的双重压力之下，然而，结构性就业障碍引发的就业不均衡现象依然是国际社会面临的共同挑战。在群体关系因就业失衡而处于激烈争议的历史时期，面对不确定的群体关系和不平等的就业结构，仅仅依靠惩罚个人的偏见与歧视是远远不够的，还需要有效干预少数群体面临的整体性不利处境。为此，当代法治国家在劳动就业权利领域普遍经历了“禁止歧视”向“就业优惠”的转型，以优惠照顾纠正弱势群体的就业障碍已经成为国际社会的成功法治经验。

根据法律方法和拘束对象的不同，域外国家就业优惠大体分为两种类型。第一，以美国为代表的行政与司法驱动型优惠照顾措施。这种优惠措施有时也被称为肯定性行动或纠偏行动，其主要依据并非成文法的明文规定，主要措施也不是严苛的就业配额，而是依赖灵活的行政手段与完善的诉讼制度，如“间接歧视诉讼”“反向歧视诉讼”“设定目标与任务”等，实现就业均衡的法律措施。“这种就业优惠可以引导广大私营企业的雇佣行为，且可以通过司法判例灵活调整具体的纠偏政策”，[①]但也存在稳定性和可持续性差的问题。加拿大、英国、南非、北爱尔兰等国的就业优惠具有这种倾向。第二，以印度与印度尼西亚等国为代表的立法强制型的优惠照顾措施。其往往

① See Harish C. Jain, *Employment Equity and Affirmative Action: An International Comparison*, M. E. Sharpe, 2003, pp. 4 – 40.

表现为通过宪法性法律为特定群体保留一定比例的就业配额，法律拘束对象一般只针对政府公共职位，这种就业优惠机制刚性较强，可以有效保障特定群体的就业安全底线，但难以管辖广大的私营企业雇主，调整就业关系的范围较为狭窄，且难以随群体关系的发展变化而及时调整。

从某种意义上说，就业优惠是域外平权运动的风向标，就业优惠的发展与变化基本上可以勾勒出法律平等保护的理论线索与历史轨迹。域外国家就业优惠的实施规模、历史跨度、社会实效、制度实践、成败经验都异常丰富，且中外就业平等法治实践具有一定的可比性，研究典型域外国家的就业优惠具有理论与实践上的批判与借鉴意义。

对我国而言，建立公正的财富及机会分配机制，保障弱势群体在社会竞争中的公平机会，使全体国民共享改革开放与社会发展的成果，是当下我国发展中所面临的重大课题。优惠照顾作为一种法律制度与公共政策，不仅禁止明显的偏见与歧视，而且致力于消除深层次的就业障碍，其法律功能是加速实现平等，其价值取向是实现事实平等。当下我国全面深化改革的诸多关键领域，皆与优惠照顾密切相关。例如，如何通过法治手段在就业机会、教育资源、公共服务、健康服务、妇女权益、住房保障、社会主义民族关系、城乡差距、区域平衡等领域加速实现平等。事实上，我国是优惠照顾大国，具有丰富的实践经验，充分的法治资源，先进的法律技术，显著的制度优势。当下，初次分配依然是最重要的社会分配形式，劳动所得是初次分配的主要方式，平等的劳动就业机会事关推进更高质量和更充分就业的部署，也决定着我国包容性增长的社会发展战略。就业机会的平等问题已经成为利益分歧的重要方面，完善就业优惠法律制度则成为我国促进就业公平公正和化解社会矛盾的迫切需要。在全面依法治国的新时代,我国就业优惠制度建设也面临从政策到法治、从经验到理论、从分散到体系的转型挑战。社会在承认就业优惠基本价值的同时,也开始追问就业优惠的法学本质,能否以法治思维建构起优惠照顾统一的和自洽的逻辑,一定程度上关乎我国就业优惠法治建设的未来。

本书秉持"国际视野、本土情怀",遵循功能等价的比较分析原则,探讨域外国家就业优惠的法治实践与法律原理;考察就业优惠的社会历史条件与制度演进脉络,分析就业优惠的司法技术与法律方法;探讨就业优惠的法理基础与哲学思辨,揭示结构性就业障碍的时代挑战;剖析平权法治建设与族群关系治理之间的辩证关系,验证化群体利益分歧为理性法律博弈的可能性;总结域外就业优惠的法治经验与历史教训,探索中外就业优惠法治建设的共性与差异;探讨我国就业优惠的制度优势与主要挑战,指出完善我国就业优惠的现实需求、历史机遇与法治方法;挖掘加速实现更高质量和更充分就业的本土制度资源与域外法治经验。

本书的逻辑结构

本书共计八章:

第一章分析就业优惠制度的社会经济背景、政治法律背景及族群关系背景。域外国家通过宪法平等保护、禁止歧视、就业优惠三种法律制度保障就业平等,分别用以消除制度性歧视、个体性歧视和结构性歧视。结构性就业歧视是现代社会中就业不平等的主要形态,就业优惠是矫正少数群体结构性就业困境的有效法律方法,也是域外国家治理族群冲突的法治经验。

第二章回顾域外就业优惠的制度变迁与历史沿革。就业优惠的制度建构经历了产生、高潮与衰退三个阶段。在就业优惠产生阶段，族群平等尚未得到法律的有效保障，就业优惠的主要功能是积极地防止就业歧视。在高潮时期，就业优惠迎来了理论突破、制度更新和实践发展。结构性就业歧视理论突破了歧视主观故意的束缚，揭示了歧视的社会结构因素与族群关系特征。法院秉承司法能动主义，以差别效果判例更新了"差别对待"的法律框架，在反向歧视诉讼中捍卫了就业优惠的合法性基础。行政命令用优惠措施超越了传统反歧视法的种族中立立场，在政府合同等领域展开新的实践。就业优惠在20世纪90年代进入了衰退时期，政治保守主义的回潮、司法能动主义的终结、地方修法运动的兴起、族群就业失衡的改善，使就业优惠丧失了制度动能。

第三章是就业优惠的制度结构，梳理就业优惠的法律渊源、法律主体、法律方法与制度特点。就业优惠的法律渊源包括法律、行政命令与行政规则、法院司法判例；根据法律主体的差异，就业优惠分为私营企业自愿实施的优惠措施、政府引导实施的优惠计划、法院判决实施的优惠方案；根据法律方法的不同，就业优惠包括激进的群体就业配额、灵活的就业优惠措施、间接的教育平权手段、积极的禁止歧视原则。就业优惠具有以下制度特点：优惠对象的倾向性，法律指引的能动性，优惠措施的暂行性，法律调控的利导性，法益权衡的比例性，驱动手段的多元性。

第四章剖析就业优惠的法理基础。就业优惠的争议源于若干理论范畴之间的紧张关系，主要涉及差别对待与差别效果理论、形式平等与实质平等理论、市场绩效与市场缺陷理论，就业优惠的法理基础正是在理论碰撞的过程中建构起来的。第一，差别对待以雇佣过程为导向,以歧视故意为主观要件,以针对具体受害者的侵权行为为理论视角。差别后果理论关注于表面中立的雇佣实践给少数群体造成的不利的就业后果,以雇佣结果为导向,以群体代表性为理论视角,构成了就业优惠的重要理论环节。第二,就业优惠的争议反映了形式平等与实质平等之间的理论对立。就业优惠以实质平等为理论基础,以合理差别为法律方法,以结构性歧视为拘束对象。第三,在不平等的就业结构中,就业歧视往往是雇主理性选择的结果,特定群体的就业困境常常反映了市场机制的内在缺陷,以择优录取促进市场竞争、以充分就业实现公平就业的政策有时反而强化了就业困境。就业优惠承认少数群体的结构性就业障碍和整体性不利地位,通过个人努力很难克服整个群体的处境,通过惩罚孤立的歧视行为无法消除结构性的障碍,为此,法律和政策应着眼于通过优惠措施帮助少数群体克服结构性就业障碍。

第五章着眼于就业优惠的合宪性审查。一些国家的宪法文本具有族群中立的风格,为反歧视提供了法律依据,却给就业优惠带来了违宪风险,在就业优惠引发的反向歧视诉讼中,涉及就业优惠的合宪性问题。合宪性审查适用于政府实施的就业优惠计划,其争议焦点在于:善意的分类是否合宪,应当适用何种审查标准,就业优惠措施是否符合比例原则。

第六章立足于就业优惠的合法性审查。合法性审查主要适用于雇主自发实施的就业优惠措施,争议焦点在于:就业优惠是否违背反歧视法的原则与规范。审查标准包括:就业优惠以歧视事实为基础,以临时措施为原则,以法益相称为限度。

第七章集中于就业优惠制度的比较研究。从中外就业优惠的相似性与差异性两个方面,探讨中外就业优惠在功能等价意义上的可比性。相似性表明借鉴具有一定的社会基础。第一,相似的就业障碍:结构性就业障碍是当代世界性问题。第二,相似的法律基础:基础性的反歧视法律制度业已建立。第三,相似的就业市场:自由竞争的就业市场机制得以确立。差异性反映了就业优惠法治建设的制度优势与紧迫性。

第八章对我国就业优惠制度的法律展开探讨。我国具备发展和完善就业优惠制度的丰富实践经验、显著制度优势、重大历史机遇。我国宪法遵循实质平等的基本原则,采取概括与列举相结合的方式,保障少数群体广泛的平等权利,直接确认了对少数群体实施多种优惠照顾措施。发展和完善就业优惠法律制度,需处理好以下问题:统筹协调充分就业、公平就业与高质量就业的关系。就业优惠从主要依赖政策过渡到主要依靠法律。平等保护、禁止歧视与优惠照顾一体建设。就业优惠属于维护就业底线安全的暂行特别措施,而非固化族群意识的身份特权。宪法宣告与宪法实施同步推进,着重加强就业平等的立法与法律实施工作。强制性就业安全措施与引导性就业促进手段相互配合。立法、行政执法、司法救济体系配套。完善就业优惠制度的科学性、针对性和有效性。

目　录

第一章 Chapter 01

就业优惠的基本背景

就业优惠指的是为扩大少数群体的就业机会，以群体身份为依据实施的各种有违于群体中立立场的法律与措施。[①] 传统上，法律的平等保护与反歧视法均要求对群体身份采取中立立场，即对各群体尤其是族群身份一视同仁，不做区分。但就业优惠措施不是避免考虑群体身份因素，而是要积极考虑群体身份因素，目的不再是消极地防止就业歧视，而是积极地干预就业不平等，以便提高特定群体的劳动参与率。在域外法律实践中，就业优惠措施有时也被称为纠偏行动或肯定性行动（affirmative action）。就业优惠措施兼具补偿正义与分配正义的功能，补偿正义意味着那些在历史上长期采取就业歧视行为的企业应当做出必要补偿，分配正义体现为一系列增进员工群体身份多元化的措施，虽然企业在历史上没有采取过就业歧视，但为了提高少数群体在劳动力市场中的代表性，要求企业承担一定的社会责任。就业优惠措施具有族群对象的倾向性、法律指引的能动性、以就业结果为导向等特点，因而具有加速实现平等的法律功能。

结构性就业歧视是现代就业优惠的社会经济背景。域外国家就业歧视包括制度性歧视、个体性歧视与结构性歧视三种类型。制度性歧视主要指的是国家公权力制定的歧视性法律制度，个体性歧视指的是雇主在具体的雇佣实践中因种族偏见而故意实施的歧视行为，结构性就业歧视则源于一系列社会结构性因素，在不平等的社会

---

① 参见克林顿政府颁布的《联邦就业优惠计划》；菲尼斯·韦尔奇（Finish Welch）与大卫·诺伊马克（David Neumark）在研究中采用了同样的广义概念。就业优惠内涵与外延的变化，反映了就业优惠作为反歧视法较为活跃的部分在整个反歧视法领域的扩张。

经济结构中,表面上平等、貌似中立的就业政策最终使得弱势族群处于不利的竞争地位。

法律平等保护与反歧视立法的功能缺陷是就业优惠的法律制度背景。例如,美国反歧视法的制度建构经历了法律平等保护、国会民权立法、族群就业优惠三个阶段。法律平等保护与国会民权立法皆以“禁止歧视”为法律方法,以“主观故意”为歧视的构成要件。法律平等保护主要拘束政府的制度性歧视,例如,《1964 年民权法案》(Civil Rights Act of 1964,以下简称《民权法》)主要用于制裁雇主的个体性歧视行为。由于结构性就业歧视并不存在歧视的主观故意,也难以归罪于特定的法律主体,只能通过就业优惠法律制度加以消除。

管理族群冲突的现实需要是一些域外国家就业优惠制度的族群关系背景。就业歧视是现代城市族群冲突的核心问题。族群冲突包括族群抗议与族群骚乱两种类型,其中,就业平等是黑人抗议运动中的主要诉求,就业歧视及其引发的高失业率是族群骚乱的关键因素。以就业优惠制度加速实现平等是域外国家族群关系治理的成功法治经验。

第一节　就业优惠的研究背景

一、就业优惠的研究视角

加拿大学者威尔·金里卡(Will Kymlicka)在《多元文化公民权:一种有关少数族群权利的自由主义理论》中区分了就业优惠的两种研究视角:就业优惠理论研究经历了基于历史的论证向基于平等的

论证的转变过程。[①] 历史的视角与平等的视角分别代表了经验与逻辑,基于历史的论证表明少数族群对于有群体差别的权利具有某种历史性的要求,这种要求基于先前的某种历史同意或先例,或是基于历史上的遭遇。基于平等的论证的目标是表明少数族群正面临着某种现实的不公平的劣势,而通过赋予其有群体差别的权利能够矫正这种劣势。就业优惠的实践与研究在这两种理论维度之间发生了多次摇摆。

早期就业优惠源于对种族歧视历史的反思,反映了强烈的补偿正义诉求。美国学者乔治·伊顿·辛普森(George Eaton Simpson)与美国社会学家米尔顿·英格尔(J. Milton Yinger)在《种族与文化少数群体:偏见与歧视分析》一书中详细分析了美国等国家族群歧视的历史流变。[②] 美国学者罗伯特·J. 韦斯(Robert J. Weiss)在《我们需要工作:就业优惠的历史》一书中详细描述了就业优惠诞生过程中的歧视补偿诉求。[③] 美国学者理查德·H. 桑德(Richard H. Sander)在《法学院优惠系统分析》一文中梳理了专业教育领域优惠照顾与群体歧视历史之间的关系。[④] 美国经济学家罗伯特·C. 韦弗(Robert C. Weaver)在《黑人劳动力市场实验》、[⑤]美国学者约翰·B. 柯比

---

① 参见[加]威尔·金里卡:《多元文化公民权:一种有关少数族群权利的自由主义理论》,杨立峰译,上海译文出版社2009年版,第9页。

② See George Eaton Simpson and J. Milton Yinger, *Racial and Cultural Minorities: An Analysis of Prejudice and Discrimination Fifth Edition*, New York and London, Plenum Press, 1985, p. 10.

③ See Robert J. W, *We Want Jobs: A History of Affirmative Action*, New York, Garland Publishing, 1997.

④ See Richard H. Sander, "A Systemic Analysis of Affirmative Action in American Law Schools", *Stanford Law Review* 57(2), 2004, pp. 367 - 483.

⑤ See Robert C. Weaver, "An Experiment in Negro Labor", *Opportunity XIV*, 1936, p. 295.

(John B. Kirby)在《罗斯福时代的美国黑人》、①美国学者马克·W.克鲁曼(Mark W. Kruman)在《黑人配额:公共就业管理与黑人建筑工人》等著作中均分析了种族歧视在就业优惠初创时期所扮演的角色。②

伴随着就业优惠高潮而来的是激烈的社会争议,就业优惠基于歧视历史的分析遭到了强烈质疑,肯尼迪在《信仰抑或怀疑:评论就业优惠争议》一文中强调就业优惠不能仅仅基于似是而非的理由,所有政府的种族分类必须接受严格审查;③美国哲学家卡尔·科昂(Carl Cohen)在《就业优惠与种族优惠之辩》一书中指出,歧视历史不再必然成为就业优惠的合理理由,就业优惠实践已经违背了法律关于消除所有的种族分类或种族优惠的初衷。④

为了应对法律与理论挑战,就业优惠研究开始转向基于平等的论证,经济学歧视理论与制度社会学歧视理论的兴起极大地丰富了平等的内涵,进而为就业优惠建起了新的理论基础。第一,在经济学歧视理论领域,诺贝尔经济学奖获得者加里·贝克尔(Gary Becker)在其《歧视经济学》⑤与《口味的经济学分析》⑥等著作中首次提出了

---

① See Kirby, John B., *Black American in the Roosevelt Era*, Knoxville, University of Tennessee Press, 1980, p. 21.

② See Mark W. Kruman, "Quotas for Blacks: The Public Works Administration and the Black Constitution Worker", *Labor History* 16, 1975, pp. 38 - 40.

③ See Kennedy, "Persuasion and Distrust: A Comment on the Affirmative Action Debate", *Harvard Law Review* 99(6). 1986, pp. 1327 - 1346.

④ See Cohen Carl, *Affirmative Action and Racial Preference: a debate*, New York, Oxford University Press, 2003, p. 20.

⑤ See Gary Becker, *The Economics of Discrimination*, Chicago, University of Chicago Press, 1971.

⑥ 参见[美]加里·贝克尔:《口味的经济学分析》,李杰、王晓刚译,首都经济贸易大学出版社2000年版。

现代劳动就业市场中的雇主歧视偏好模型,将经济学研究引入了歧视现象的分析中。美国经济学家芭芭拉·伯格曼(Barbara Bergmann)的《职场社会关系与雇员歧视》在加里·贝克尔的基础上提出了员工歧视偏好理论,将在员工的种族态度作为导致就业歧视的重要变量。美国经济学家莱斯特·梭罗(Lester Thurow)在《制造不平等》[①]和《群体与经济分配理论》[②]中提出了统计歧视理论,该开始超越歧视偏好理论的古典自由主义立场,指出了在族群分割的经济系统中,就业歧视实际上是雇主的理想选择行为,符合雇主利益最大化的经济需要,因而难以通过市场竞争自发消除。美国经济学家肯尼斯·J. 阿罗(Kenneth J. Arrow)在《就业歧视的模式》、经济学家埃德蒙德·S. 菲尔普斯(Edmund S. Phelps)在《种族主义与性别主义的统计理论》、[③]美国学者辛西娅·劳埃德(Cynthia Lloyd)在《性别区别对待的经济意义》[④]等著作中通过信号经济学等理论工具完善和发展了统计歧视理论。第二,在制度社会学歧视理论领域,社会学家艾伦·安东诺夫斯基(Aaron Antonovsky)1960 年在《歧视的社会含义》一文中提出,歧视在本质上是一种社会和心理结构,歧视依赖一个社会关系的系统,[⑤]美国学者乔治·E. 辛普森(George E. Simpson)与美国社会学家约翰·米尔顿·因格(John Milton Yinger)强调歧视并非

---

① See Lester Thurow, *Generating Inequality*, New York, Basic Books, 1975, p. 172.

② See Lester Thurow, "A Theory of Groups and Economic Redistribution", *Philosophy and Public Affairs*, (9)1, 1979, pp. 25 – 41.

③ See Edmund S. Phelps, "The Statistical Theory of Racism and Sexism", *The American Economic Review*(62)4, 1972, pp. 659 – 661.

④ See Cynthia Lloyd, *The Economics of Sex Differentials*, New York, Columbia University Press, 1979, p. 11.

⑤ See Aaron Antonovsky, "the social meaning of discrimination", *Phylon* 21(1), 1960, pp. 81 – 95.

孤立的个人之间的冲突,[①]社科学者罗宾·斯瑞克(Robin Stryker)认为“歧视意味着少数族群成员因特定身份而遭受的系统性的不利对待”。[②] 社科学者芭芭拉·F. 雷斯金(Barbara F. Reskin)在《准确理解职业场所中的性别与族群歧视》指出“就业歧视作为一种植根于社会结构中的群体性关系,歧视性的社会结构一经建立便可自我维持,即使最初造就它的生活模式和种族仇恨业已消失”。[③] 政治活动家斯托克利·卡迈克尔(Stokely Carmichael)与美国全国有色人种协进会第一任特别顾问查理斯·汉密尔顿(Charles Hamilton)将歧视区分为两种不同的类型:个人的歧视行为与制度性的歧视系统。个人就业歧视行为是发生在个人之间的明显的伤害,这种伤害会造成少数群体直接的人身伤害与财产损失。制度性的歧视系统指的是主流社会作为整体对少数群体社会所实施的伤害,这种歧视来自一个社会的权威力量。相对于个人歧视行为,制度性歧视虽然不易归责于特定的个人,却更为持久、更具破坏力。[④]

二、就业优惠的概念界定

就业优惠制度结构庞杂、历史跨度宏大、制度变迁复杂,因而,国

---

① See George Eaton Simpson and J. Milton Yinger, *Racial and Cultural Minorities: An Analysis of Prejudice and Discrimination Fifth Edition*, New York and London, Plenum Press, 1985, p. 23.

② See Robin Stryker, "Disparate Impact and the Quota Debates: Law, Labor Market Sociology, and Equal Employment Policies", *The Sociological Quarterly* 42(1), 2001, p. 34.

③ See Barbara F. Reskin, "Getting It Right: Sex and Race Inequality in Work Organizations", *Annual Review of Sociology*, 26(2000), pp. 707–709.

④ See Stokely Carmichael and Charles Hamilton, *Black Power: The Politics of Liberation in America*, New York, Vintage, 1967, p. 4.

际学术界对就业优惠的含义具有不同的理解，大致形成了狭义概念与广义概念、消极概念与积极概念四个维度。

消极概念将就业优惠定义为雇主为防止恶意的就业歧视而采取的积极作为义务，即扩大招聘宣传、提供技术培训、消除就业歧视等措施，消极概念反对在雇佣过程中优惠与照顾特定的少数群体，仅仅强调采取各种措施以防止故意的歧视行为。这种消极的就业优惠理念主要体现在就业优惠初创时期，如肯尼迪政府有关就业优惠的主要法律文件第 10925 号总统行政命令（Kennedy Executive Order 10925）即规定，政府合同承包商应当采取就业优惠以便确保雇主在雇佣过程中未考虑种族、肤色、信仰与原始国籍等因素。美国种族问题学者谢尔比·斯蒂尔（Shelby Steele）在《我们的品质》一书中认为："应以就业优惠萌生时的平等机会初衷来看待就业优惠，因而，就业优惠不允许实施族群优惠。"①

积极概念则认为就业优惠不是避免考虑族群等群体身份因素，而是要积极考虑身份因素，就业优惠的目的不再是防止就业歧视，而是采取优惠措施以便提高特定群体的劳动参与率。美国法律学者詹姆斯·A. 贝克曼（James A. Beckman）界定了就业优惠的积极概念。②

狭义概念主要是将就业优惠等同于政府实施的特定的就业优惠计划，尤其是将就业优惠定义为政府实施的行政命令，认为就业优惠即为政府所实施的一系列种族与性别优惠措施。任东来在《肯定性行动与美国政治》一文中将优惠照顾定义为："那些由美国联邦政府

① See Shelby Steele, *The Content of Our Character*, New York, St. Martin's Press, 1990, p. 123.

② See James A. Beckman, *Affirmative Action: An Encyclopedia*, London, Greenwood Press, 2004.

倡导并推行的旨在消除对少数族群不平等对待的措施。"①刘宝存在《美国肯定性行动计划:发展、争论、未来走向》中认为优惠照顾是"由美国联邦政府推行的旨在消除对少数族群和妇女等不利群体在就业、教育等领域的歧视的各项政策和措施"。②

广义概念指的是所有超越了族群中立原则的公共政策、法律制度与雇用实践,其目的是提高少数群体在就业领域的雇佣数量。美国经济学家哈里·霍尔泽(Harry Holzer)在《优惠照顾评估》一文中总结了克林顿政府的就业优惠理念:"为扩大族群、性别与原始国籍弱势群体的机会而采取的任何积极措施,以便弥补以上群体以往所遭受的歧视历史。"③罗伯特·J. 韦斯将就业优惠定义为:"为克服以往歧视后果而采取的任何政策与实践。"④克米特·L. 霍尔主编的《牛津美国联邦最高法院指南》(第二版)中将就业优惠定义为:"为了补偿社会整体在过去对特定的、受保护的群体之歧视,而直接或间接向其成员提供就业、就读大学或者职业学院以及其他社会福利和资源的政府政策。"⑤李薇薇与挪威学者丽莎·斯登(Lisa Stearns)主编的《禁止就业歧视:国际标准与国内实践》定义是:"是对付顽固不化的歧视的一种方式,其主要目的是加速平等,作为一种法律方法,不只是防止或惩处歧视,而且还要求社会组织和机构采取积极的措

---

① 任东来:《肯定性行动与美国政治》,载《太平洋学报》1996 年第 1 期。

② 刘宝存:《美国肯定性行动计划:发展·争论·未来走向》,载《新疆大学学报》(社会科学版)2002 年第 4 期。

③ See Harry Holzer and David Neumark, "Assessing Affirmative Action", *Journal of Economic Literature* 38(3), 2000, pp. 483 – 568.

④ See Robert J. W, *We Want Jobs: A History of Affirmative Action*, New York, Garland Publishing, 1997, p. 4.

⑤ [美]克米特·L. 霍尔主编:《牛津美国联邦最高法院指南》(第二版),许明月等译,北京大学出版社 2009 年版,第 587 页。

施：(1)克服历史上被边缘化群体代表性不足的问题；(2)使他们能够达到与其他人事实上的平等。"[①]美国法律学者迈尔·L. 邓肯(Myrl L. Duncan)在《优惠照顾的未来》中将就业优惠定义为："一种旨在消除特定群体不利处境的暂行特别措施，该群体在历史上因其群体身份而长期处于不利处境，就业优惠的方法是通过再次考虑这种群体身份而实现就业或教育机会平等。"[②]社会学家理查德·F. 托马森(Richard F. Tomasson)等人在《优惠照顾：政策与实践中的对立》一书中采取了较为宽泛的概念，将就业优惠定义为"为实现人们真正的和事实上的平等而采取的各种措施"。这种观点由以下学者在其著作中得以阐明：美国学者奥黛丽·J. 莫瑞尔(Audrey J. Murrell)和贝丝·狄慈·乌勒(Beth L. Dietz – Uhler)在《罪恶的种族主义与优惠之阻力：公正并非必然是肤色中立》、[③]美国学者玛琳·E. 特纳(MarleneE. Turner)和安东尼·R. 普拉特卡尼斯(AnthonyR. Pratkanis)在《就业优惠的救助功能：优惠选择和优惠的行为检讨》等。[④] 为了防止就业优惠的广义概念与禁止歧视原则发生混淆而形成语义失序，美国社会心理学家费耶·J. 克罗斯比(Faye J. Crosby)在《理解就业优惠》一文中区分了就业优惠所要求的事实平等与禁止

---

① 李薇薇、[美]Lisa Stearns 主编：《禁止就业歧视：国际标准与国内实践》，法律出版社 2006 年版，第 49 页。

② See Duncan and Myrl L. ,"The Future of Affirmative Action：A Jurisprudential/Legal Critique",*Harvard Civil Rights Civil Liberties Law Review*17(2),1982,pp. 503 – 553.

③ See Audrey J. Murrell and Beth L. Dietz – Uhler,"Aversive Racism and Resistance to Affirmative Action：Perceptions of Justice are not Necessarily Color Blind",*Basic and Applied Social Psychology* 15(1 – 2),1994,pp. 71 – 86.

④ See Arlene E. Turner and Anthony R. Pratkanis,"Affirmative Action as Help：AReview of Recipient Actions to Preferential Selection and Affirmative Action",*Basic and Applied Social Psychology* 15(1 – 2),1994,pp. 43 – 69.

歧视所追求的平等保护之间的不同："第一，优惠照顾是积极的，而平等机会是消极的；第二，就业优惠是倡导进行种族与性别考量的，而平等机会是色盲的和肤色中立的；第三，就业优惠的基础是承认社会系统具有持续的不公正，平等机会假设机会对所有公民都是平等的；第四，就业优惠注重结果而非目的，平等机会重视目的，并将好的目的作为取得好结果的主要判断标准；第五，就业优惠注重社会系统与群体，平等机会关注的对象是个人。"①

消极就业优惠概念与狭义就业优惠概念主要体现了就业优惠初创时期的理论视野，反映了一种机械的和静止的优惠观念，无法涵盖就业优惠的制度实践与理论演进。本书在综合分析了就业优惠的概念体系之后，采用广义的和积极的就业优惠概念，将就业优惠的内涵定义为：为扩大就业困难群体的机会，依据群体身份而实施的任何有违于族群、性别等身份中立的措施与法律。② 在一些域外国家的实践中，广义与积极概念使就业优惠的外延得到了扩张，如美国就业优惠涉及联邦与地方两个等级，包括行政系统、司法系统、立法系统，涵盖法院与议会强制实施的就业优惠、行政系统引导实施的就业优惠，以及雇主自愿实施的就业优惠三个维度，连接反歧视共同诉讼、差别效果诉讼、法院为救济就业歧视而裁定实施的就业优惠、因反对就业优惠而引发的反向歧视诉讼四种诉讼制度，跨越了就业优惠初创时期的积极禁止歧视原则、高潮时期的激进族群优惠措施以及衰退时期的严格法律约束态度。美国经济学家哈里·霍尔策（Harry Holzer）

---

① See Faye J. Crosby, "Understanding Affirmative Action", *Basic and Applied Social Psychology* 15(1-2), 1994, pp. 13-41.

② 参见《联邦就业优惠计划》；Finish Welch 与 Neumark 在研究中采用了同样的广义概念。就业优惠内涵与外延的变化，反映了就业优惠作为反歧视法较为活跃的部分在整个反歧视法领域的扩张。

在《就业优惠评估》一文中总结了广义就业优惠概念的理论优越性。①

本书采用广义和积极的就业优惠概念，但是将域外国家就业优惠研究对象限定在国家层面，如联邦或中央政府级别的各种就业优惠制度，也包括雇主自愿实施的就业优惠计划，州或地方政府的就业优惠制度不属于本书的研究重点，但州与地方政府就业优惠引发的司法审查活动属于本书研究范畴。

本书在上述研究的基础上提出了以下观点：国际经验教训表明，平等很难按部就班的实现，而需要加速实现。群体利益博弈与族群冲突管理是现代就业优惠的重要社会背景，就业优惠担负着管理与解决族群冲突的历史使命，禁止歧视消除了绝对剥夺，但有时会凸显相对剥夺，相对剥夺激化了一些国家的族群冲突，因而需要通过就业优惠加速实现平等。

第二节　社会经济机构

一、制度性就业歧视

在种族主义盛行的时代，弱势群体主要遭受制度性就业歧视的伤害。制度性就业歧视指的是社会通过法律、政策、行业惯例、工会组织等手段，将弱势族群整体性地排除于特定的职业领域之外，或将

---

① See Harry Holzer and David Neumark, "Assessing Affirmative Action", *Journal of Economic Literature*, 38(3), 2000, pp. 483 - 568.

弱势族群置于职业等级制度的底层。① 制度性就业歧视基于种族偏见,目的在于剥夺弱势族群的平等权利,从而避免族群之间的职业竞争。自黑人第一次到达北美殖民地以来,社会与经济领域的歧视始终是美国种族关系的一个内在特征。直到20世纪60年代,黑人依然被整体性地置于社会经济生活中的不利地位。美国在20世纪50年代之前,曾经对印第安人、非洲裔、犹太人、天主教徒、东欧、南欧以及亚裔移民群体实行过歧视制度。② 其中,尤以对非洲裔和印第安人的种族歧视为甚。南北战争之前,黑人作为奴隶并不具有法律上的人格,丧失了人的所有权利。在美国《民权法》与美国《1965年选举法案》(Voting Rights Act of 1965)制定之前,南方黑人依然面临着严酷的种族隔离制度,北方黑人则面临社会经济歧视的压迫。种族隔离指的是通过国家的法律或者在联邦国家里州的法律对特定族群实施的限制性措施,在政治、社会、经济、文化教育、居住条件等领域强制性地将不同种族的成员隔离或者提供不平等的待遇。可以说,制度性歧视是一种极端的不平等现象,反映了个人权利与国家权力之间的根本性冲突。国家权力以法律制度的形式全面地剥夺了特定族群的基本权利,并将特定族群的利益排除于社会公共利益的考量之外。

南非历史上的种族歧视也是由法律制度创造的,如劳动就业市场上,南非《1911年矿业和工程法》(Mines and Works Act of 1911)、南非《1956年工业调解法》(Industrial Conciliation Act of 1956)通过

① 19世纪末期开始,美国南方逐渐建立起了一整套种族隔离法律制度——《吉姆·克劳法》。以这一法律制度为基础,南方经济形成了严苛的"种族界限",黑人被系统性地限制在最低级的工作岗位上。See Robert J. W, *We Want Jobs: A History of Affirmative Action*, New York, Garland Publishing, 1997, p. 4.

② See Harold S. Wechsler, "The Rationale for Restriction: Ethnicity and College Admission in America, 1910 - 1980", *American Quarterly* 36, 1984, pp. 643 - 667.

设定职业准入的方式，将特定行业的就业机会保留给白人，从而整体性排斥黑人劳动者。① 歧视性的劳动就业制度是南非早期种族隔离制度的重要组成部分，这些制度将黑人排除在部分工作领域之外，或在一些职业领域使黑人相对于白人享有不平等的权利。例如，在第二次世界大战期间，南非颁布战争法令禁止黑人罢工，并对"违反禁令的人员处以巨额的罚款或有期徒刑"。② 虽然该法令在"二战"后被废除，但在南非《1953 年土著劳工（争端解决）法》[Native Labour (Settlement of Disputes) Act of 1953]中，南非建立了"种族隔离工会"法律体系，规定黑人在任何情况下都不得罢工。南非《1951 年土著建筑工人法》（Native Building Workers Act of 1951）限制黑人的工作地点，该法案"禁止'非洲人在市区以外的城镇地区的建筑物上进行熟练的工作'"。③ 在 20 世纪 90 年代政治转型之前，南方建构出严密的制度体系对黑人实行种族隔离制度，剥夺了黑人在公共与个人领域的应有权利，黑人在社会经济、文化和政治领域内处于形式上和实质上的不平等地位。

印度历史上曾经长期存在"种姓制度"，对特定种姓和特定部落实施严苛的歧视，弱势群体的政治、经济、社会、文化权利遭到系统性剥夺。印度独立后，开始废除歧视性的法律制度与强制规范。制度性歧视源于法律与政策的强制性规范，对于雇主和求职者双方都具

---

① See Harish C. Jain, Peter J. Sloane, Frank M. Horwitz, *Employment Equality and Affirmative Action: An International Comparison*, New York, M. E. Sharpe, 2003, p. 35.

② See SAHO, "The African Mine workers strike of 1946", https://www.sahistory.org.za/article/african-mine-workers-strike-1946, June 15, 2020.

③ See O'Malley, "1951 - Native Building Workers Act No 27", https://omalley.nelsonmandela.org/omalley/index.php/site/q/03lv01538/04lv01828/05lv01829/06lv01842.htm#, June 15, 2020.

有拘束力。无论是否认同歧视性的法律制度,雇主皆需遵循这些就业规范的指引。制度性歧视高度稳定,无法通过市场机制消除。在“抵制蒙哥马利公共汽车公司”事件中,亚拉巴马州的种族隔离法与蒙哥马利的市政法令授权公交公司优先安排白人乘客,限制雇佣黑人司机。公共汽车公司可能并不认同种族歧视的政策,因为其主要客户群体是有色人种。但由于这种歧视源于法律制度的规定,即使公交公司不情愿也必须严格排斥黑人乘客与黑人司机,否则就要面临法律的制裁。

二、个体性就业歧视

歧视不仅表现为法律制度,也表现为社会个体偶然实施的个体性歧视行为。个体性歧视指的是社会个体之间因偏见而故意实施的歧视行为。比如,国家虽然制定了公平的就业政策,但某雇主基于偏见而拒绝雇佣特定族群的求职者。在制度性歧视已经被废除,平等已经为法律所确认之后,个体性歧视在性质上已经属于违法侵权行为,是侵权行为人对他人平等权利的侵犯。个体性就业歧视常常反映了雇主或企业的群体偏见,具有个体性和偶发性特点,在各国就业领域均有不同程度的存在,其出现频率和影响范围受制于反歧视法律制度的完备程度。

个体性歧视行为是发生在个人之间的明显的伤害,这种伤害会造成少数群体直接的人身伤害与财产损失。在歧视制度中,个体性歧视行为是一种合法的行为。歧视的法律制度需要指引社会个体的行为,并最终通过社会个体之间的行为互动来实现。虽然自然人或企业是歧视行为的具体实施者或受害者,但由于实施歧视行为的社会个体只是在遵守法律的规定,因而个体性歧视行为并没有独立的法律意义，歧视制度造就了广泛的个体性歧视行为。但是，个体性歧视行为并未随着制度性歧视的消亡而消亡，在制度性歧视被废除之后，个体性歧视行为依然大量存在于社会成员的行为互动之中。此时，个体性歧视行为具有了独立的社会功能和法律意义。个体性歧视行为具有以下几个特征：第一，歧视行为的主体是社会个体。社会个体因自身怀有的偏见而针对特定族群成员实施了歧视行为。歧视行为的实施者是自然人或企业法人等独立的法律主体，而制度性歧视的主要实施者是国家和社会权威机构。歧视行为明确地指向特定群体的具体成员而非不特定的多数人，歧视行为是针对具有某种群体身份的某一个特定个人或某几个特定个人做出的，以此区别于制度性歧视以规范性文件的形式针对不特定的多数人实施区别对待。第二，歧视行为的实施者具有歧视的故意。雇主实施就业歧视行为并非出于对歧视性法律制度的遵守，也并非一种无意识的行为，歧视行为具有明确的群体身份指向，仅仅针对特定族群、性别、残障等群体的成员而实施；实施者清楚地意识到行为对于特定群体成员的伤害，并积极追求这种伤害性的后果。就业歧视行为的实施者之所以具有歧视的故意，往往是因为可以从歧视行为中受益。比如，雇主本人具有强烈的群体身份偏见，“歧视行为可以使自己心理上的种族偏好与种族口味得到满足”。① 也可能实施者本人并无种族偏见，但歧视行为可以使其获得经济上的利益。例如，服务业经营者常常根据主要顾客群体的偏好来决定自己的雇佣行为，当餐馆、旅店的主要顾客群体是白人，且白人普遍对黑人持以强烈种族偏见时，即使餐馆和

① See Becker, Gary S, *The Economics of Discrimination* 2nd ed., Chicago, University of Chicago Press, 1971, pp. 39 – 40.

旅店的老板自身没有种族偏见,依然会拒绝雇佣黑人员工。第三,雇主也常常倾向于顺应企业中多数雇员的种族偏好,如果企业中的绝大多数雇员是具有明显种族偏见的白人,即使雇主本人对黑人求职者报以同情和好感也往往会拒绝雇佣黑人工人。无论歧视行为的实施者是否具有偏见,其都清楚地意识到自己可以从歧视行为中获得利益,这种利益或者表现为对本人偏见的满足,或者体现为迎合顾客群体或雇员群体的偏见以便获得经济利益。

市场竞争难以纠正个体性歧视。个体性就业歧视源于雇主或企业的群体偏好,难以通过劳动力市场的自由竞争来消除。在有些情况下,雇主的雇佣决定反映了特定的群体偏见。这些偏见可能来自雇主本人,也可能来自在职员工和顾客。按照传统的经济学理论,雇主的决定是出于自己或他人的主观的身份偏好,从而背离了利益最大化的经济理性标准。持有这种非理性歧视行为的企业将在充分竞争的市场环境中失败。这是因为,一方面,群体身份偏好是高成本的行为,这意味着雇主愿意支付更高的工资去雇佣其偏爱的群体;另一方面,歧视降低了被歧视者的工资水平,进而使无偏见的公正的雇主获益,因为无偏见的雇主通过雇佣受歧视群体的劳动者从而降低了企业工资成本,并最终在竞争中淘汰持有偏见的雇主。然而,市场竞争将自动消除歧视的假设不仅在理论上存在缺陷,而且在实践中也存在缺陷。首先,在很多情况下市场竞争并不充分。比如,少数族群所在地区工业化与城市化水平较低,以及基础教育水平低下和人力资本投资不足,导致该族群多数成员并不具有基本的现代劳动技能,从而使该群体整体性地被隔离于现代就业市场之外,极少数进入劳动市场的成员不足以影响市场竞争。其次,劳动力市场竞争有可能是无序的,劳动市场的供需情况受到很多政策性因素的影响,常常不具备自由竞争的条件。以雇主歧视为例,对导致个体性歧视行为的路径分析如图 1 – 1 所示。

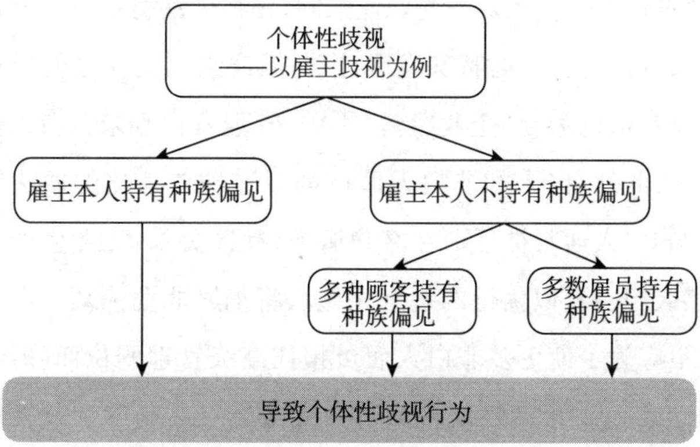

图 1 – 1　雇主歧视如何导致个体性歧视行为的路径分析

20 世纪 70 年代之前,南非的财产所有者和雇主主要是白人,“在种族的基础上将黑人隔离的法律支配着生活的各个方面。非白人雇员只能从事非技术性工作,且很难获得职业培训机会。以白人为主的雇主与在职员工群体广泛对黑人员工持有三种负面刻板印象,即认知与学习能力较差,低劣的教育和培训使其无法适应职业要求,显著的文化差异使其难以融入工作环境,上述刻板印象影响了黑人社会所有劳动者的工作机会”。[①] 劳动场所中的整体性偏见,尤其对黑人中受过较好教育、拥有较高能力、富有奋斗精神的群体构成最大伤害,因为,他们为进入职业领域付出了个性化的努力,投入了大量的人力资本,合格劳动者无法逃脱整体性偏见的束缚,将使整个群体看不到希望,不愿意再做人力资本投资,最终将整个群体变成偏见持有

① See Leonarrd A. ,“Affirmative Action in South Africa:Development approaches and legislative requirements”, *University of Pretoria etd*,2005, p. 8.

者所认为的样子。20 世纪 80 年代初,南非在内外压力之下开始放松种族隔离政策,出台了南非《1995 年劳资关系法》(Labour Relations Act of 1995)并逐步废除一些职业限制,并在劳动就业领域制定了针对非白人群体的劳动力特殊发展计划,但遭到主流社会的反对:"职业培训通常被认为与'企业经营'无关,管理者担心来自白人员工的强烈反对,此外,白人和非白人雇员都对这种差别化的做法感到不满,因为非白人通常被任命在客户服务、社区关系、工业生产等初级职位,黑人担心看似优待的差别化做法将加剧职业隔离。白人雇员还认为不应为了使更多非白人雇员担任高级管理职位而降低工作、生产的标准"。[①] 个体性歧视大行其道是建立在制度性歧视的基础之上,制度障碍使个体性歧视有法可依,遭受歧视的群体因缺乏有效的工会制度和救济渠道,很难获得平等的劳动就业权利。在制度性歧视被逐步废除之后,个体性就业歧视行为开始从普遍做法变为个别现象,反歧视法律制度的制定与实施,将进一步"围剿"偶然发生的个体性歧视行为。

三、结构性就业歧视

(一)结构性就业歧视的内涵

弱势群体成员面对的就业障碍不仅来自法律的恣意和雇主的偏见,也可能源于一系列社会结构性因素。在不平等的社会结构中,表面上平等的、貌似中立的就业政策最终使弱势群体处于不利的竞争地位。事实上,在平等已经为法律所确认的现代社会,弱势群体面临

① See Leonarrd A. "Affirmative Action in South Africa: Development approaches and legislative requirements", *University of Pretoria etd*, 2005, p. 8.

的主要是社会结构性就业歧视。社会结构性就业歧视指的是虽然法律宣告了公民的平等法律地位,同时自由竞争的就业政策表面上是中立的,但由于特定群体在语言文化、区域发展、家庭结构、社会分层、职场员工结构、性别身份等领域存在诸多结构性障碍,最终导致特定群体在就业市场的竞争中处于整体性的不利地位。

结构性歧视的核心问题不是歧视的主观故意,而是将特定群体持续地置于弱势地位的客观社会后果。如果说制度性歧视与个体性歧视都是出于歧视的故意,那么结构性歧视则并不具有伤害弱势群体的明显意图或主观故意。如"废除制度性歧视仅仅是消除了种族压力的象征和表象,并未改变黑人在社会中实质性的从属地位"。[①] 在美国等国家的制度性歧视中,国家曾经基于种族主义的意识形态而故意将黑人置于不平等的法律地位,制度性就业歧视源于美国奴隶制时代实施种族压迫的故意,与现代社会的平等原则格格不入;个体性歧视行为同样是源于社会个体的主观故意,歧视者要么是为了满足自己的群体偏见,要么是为了迎合主流群体的群体偏见,个体性就业歧视行为同样面临反歧视法的拘束;结构性就业歧视则反映了一种无意的社会安排,既不存在歧视性的法律制度,也不存在明确的歧视行为的实施者,但在貌似公平的自由竞争中弱势群体依然整体性地处于社会经济生活中的不利地位,就业机会的不平等也并非为了故意压迫特定群体。显然,无论是用以消除制度性歧视的宪法平等保护规范,还是拘束个体性就业歧视行为的反歧视法,均无法有效规制结构性就业歧视。

---

① See E. Nathaniel Gates, eds. , *Critical Race Theory* 85, NewYork, Garland Publishing, 1997, p. 67.

南非的就业实践表明,长期的制度性就业歧视将会造成持续的和结构性的社会经济后果,这些结构性的因素将深刻影响不同族群和不同性别劳动者的就业机会。制度性歧视始于20世纪初,逐步形成严苛的歧视制度且覆盖整个劳动就业领域。在20世纪80年代后期,制度性歧视的劳动法律制度被逐步废除,但是,种族隔离制造了二元隔离的就业市场结构,少数族裔劳动者普遍缺乏劳动技能与职业培训,整体性被困于初级岗位。

“1994年南非实现制度转型与社会和解之后,法律开始平等保护所有公民,确认了公民不再因肤色、性别、信仰、观点、性取向而遭受歧视。以往歧视黑人的职业传统和劳动制度开始缓慢地瓦解。在1999年,南非实现权力过渡四年后,南非企业最高管理职位中,有96.4%仍然是白人,三年中黑人获得任命仅增加了2.3%;黑人在中层管理岗位尤其稀缺,增长仅为1.6%。此外,南非是世界上收入分配最不平等的国家之一,收入最低的20%的人口仅获得国民收入的1.5%,而最富有的10%的人口则占国民收入的50%。绝大多数贫穷人口都集中在有色人种。”①“2000年的一份研究报告统计了南非161家大型企业的56万名劳动者,经理岗位中只有10%是黑人,其他有色人种和印度裔各占5%,其他80%的经理岗位都是由白人员工担任。从性别角度看,经理岗位中79%是男性,只有21%是女性。在1998年,黑人、有色人种和印度裔在经理岗位上的比例分别是6%、4%和4%。”②当时,大部分职业领域已经废除了制度性的就业

---

① See T. H. Madala, “Affirmative Action – A South African Perspective”, *SMU Law Review* 52, 1999, p. 1545.

② See Harish C. Jain, Peter J. Sloane, Frank M. Horwitz, *Employment Equality and Affirmative Action: An International Comparison*, New York, M. E. Sharpe, 2003, p. 35.

歧视，但因长期以来社会结构性因素，表面上平等的规则，并非必然带来事实上的平等。结构性因素使特定群体在语言文化、区域发展、家庭结构、社会分层、性别身份等领域面临诸多障碍。因此，在就业领域，南非黑人处于不平等的就业结构的现象依然突出。2000 年南非经理岗位的种族、性别分布情况如图 1 – 2 所示。

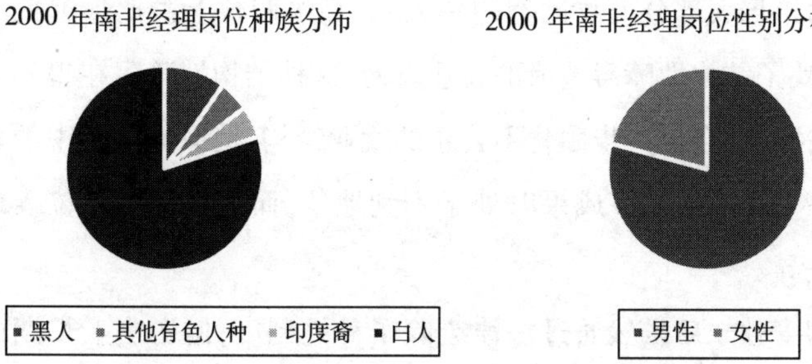

图 1 – 2　2000 年南非经理岗位的种族、性别分布

克服结构性就业障碍是一项长期的系统工程，需要经济发展、制度保障与政策支撑。南非在社会转型后迅速废除制度性歧视，逐步消除个体性歧视，主要挑战就是克服结构性就业歧视。这一过程缓慢而复杂，机会平等虽然已经大有改观，但实质平等依然面临挑战，有色人种就业情况得到了局部改善，但族群分布情况并不均衡。根据 2020 年的一项统计，“南非黑人占经济活动人口的近 80%，但仅占高级管理职位的 14%。相比之下，股权委员会白人占从事经济活动人口的 9%，但占高级职位的 67%，这一数字在过去三年中略有下降。印度裔南非人占从事经济活动的人口的 2.8%，占高级管理人员的 9%。在私营部门，大约 70% 的高级管理人员是白人，而政府工作中 70% 以上的高级管理人员是黑人。77% 的高层管理人员是男性。从另一种角度来看，根据南非黑人经济赋权委员会报告的数据来看，

2017 年约翰内斯堡证券交易所（JSE）公司的黑人所有权为 27%。南非国家授权基金（National Empowerment Fund）分析，只有 3% 的大公司由南非黑人控制，该基金是政府为支持黑人企业而设立的机构，该分析着眼于在约翰内斯堡证券交易所（JSE）上市的公司。在十年前，南非白人占据了劳动力市场中高层以上的绝大多数职位”。① 占据劳动力市场大部分人数比例的黑人，在高级职位上占比远远低于白人，反映了结构性障碍造成的就业失衡，这种结构性障碍在得不到改变的情况下，会进一步固化不公正的就业结构，使原本社会中的多数群体在享受社会发展成果时处于不利地位，而这种不利地位表现为种族差异。

印度独立后虽然通过法律废除了种姓制度，但历史上长期的歧视造成了系统性的社会后果，特定种姓与特定部落在政治、经济、社会、文化领域面临广泛的障碍，最终使其在劳动就业领域遭遇结构性的障碍，这些障碍很难通过个别人的努力加以整体性克服。为此，印度独立后确立法律平等原则，开始正式采取“表列种姓”（Scheduled Castes，SCs）和“表列部落”（Scheduled Tribes，STs）措施，并对上述弱势群体实施优惠照顾性质的保留政策（Reservation Policy）。印度的种姓制度分为四个等级，自上而下分别是婆罗门、刹帝利、吠舍和首陀罗。表列种姓是指被排除在这四个等级之外的“贱民”，他们也被称为“不可接触者”，长久以来受到了社会歧视。表列部落即土著人，一般居住在林区和山区，也同贱民一样受迫害，境况甚至比表列种姓更糟糕。“印度独立后，落后阶层委员会列举了表列部落所具有的一

① See BBC，“South Africa elections：Who controls the country’s business sector?”，https：//www. bbc. com/news/world－africa－48123937，June 5，2020.

系列特征：其一，部落远离文明世界，生活在森林丘陵中难以接近的地方；其二，部落属于矮小黑人、澳大利亚土著、或蒙古人种的三个种群之一；其三，部落成员说共同的方言；其四，部落信奉被称为万物有灵论的原始宗教，他们崇拜鬼魂和灵魂；其五，部落从事狩猎和食物采集等原始职业；其六，部落主要吃肉等。”[①]据统计，“1981 年，印度全国人口是 65,930 万，表列种姓人口为 10,426 万，占15.81% ；表列部落人口为 5163 万，占 7.83%”。[②] “据 1981 年人口普查，表列种姓和表列部落的人数为 15,000 万人，占印度总人口的四分之一。其中三分之二的表列种姓集中在北方邦、西孟加拉邦、比哈尔、泰米尔纳杜、安得拉和中央邦；近 60% 的表列部落集中于中央邦、奥里萨、比哈尔和马哈拉施特拉邦。表列种姓和表列部落大多生活在农村村庄，由于历史的原因，他们遍布全印各地，一般居住在村边、镇外，表列部落集中于森林地区和山地，形成了一定的部落带。”[③]上述弱势群体在就业、教育、政治参与等广泛领域面临着双重困境，一方面，历史上长期的歧视制度造成了不利于弱势群体的后果，歧视制度造成弱势群体能力弱势与地位弱势，即使歧视制度被废除了，但昔日歧视的严重后果依然会长期存在。另一方面，职业结构、文化结构、人口结构、经济结构、机会结构等一系列不利于弱势群体的结构性障碍客观存在且难以迅速消除。为此，无论是出于补偿纠偏，抑或是出于机会平等，都有必要通过法律与政策帮助弱势群体克服不利处境，因此，印度采取了保留政策制度。“在印度，保留政策是一种肯定性行动的形

---

① See Dr. Ashok Sharma, “Reservation Policy in India”. *International Journal of Law Judiciary&Jurisdiction*1 ,2016, pp. 9 – 19.

② 刘筱：《基于教育公平视角下的印度“种姓保留政策”探析》，载《黑龙江民族丛刊》2015 年第 3 期。

③ 邱永辉：《试论印度保留政策》，载《南亚研究季刊》1991 年第 1 期。

式,根据这种行动,印度在公共部门、州政府部门、公务员群体,以及所有公共和私营教育机构中保留一定比例的席位,但宗教或语言少数群体教育机构除外。保留政策面向社会和教育落后的社区实施,使得表列种姓、表列部落和其他落后阶层在印度议会中能够有代表他们意志的人存在。"①从法律方法上看,保留政策属于优惠照顾中的配额制度,即为优惠照顾的目标群体保留特定的席位与比例。印度独立后,通过宪法修订与宪法实施,逐步扩大保留政策的适用范围,形成了平等权利保障机制(如图 1 - 3 所示),也规定了优惠照顾制度(如图 1 - 4 所示),由于这些规定,印度开始从"表列种姓""表列部落"逐步扩大到"落后阶级",尝试将保留政策的优惠范围从就业拓展到教育等领域,从担任国家公职拓展到私营企业的劳动就业领域。

"不平等的社会经济结构造成了就业机会与社会经济发展水平上的巨大差异,往往意味着在经济生活中对少数群体的总体性压制与结构性排斥,涉及领域包括经济活动的各个方面,如就业、创业、甚至整个行业。"②结构性就业歧视体现了特定的社会经济结构对于族群身份的内在要求,反映了少数族群所面临的结构性社会障碍。③ 结构性就业歧视不仅对少数族群成员的个人生活具有根本性的影响,而且"会固化不平等的社会族群关系,影响少数群体的政治影响力、

---

① See Shrikant Nityanath and Dr. SP Melkeri, "Reservation policy in India and development of its implement school attendance", *International Journal of Advanced Education and Research* 2(3), 2017, pp. 221 - 223.

② See Paul Burste, *Equal Employment Opportunity*: *Labor Market Discrimination and Public Policy*, New York, Aldine De Gruyter, 1994, p. 1.

③ See George Eaton Simpson and J. Milton Yinger, *Racial and Cultural Minorities*: *An Analysis of Prejudice and Discrimination Fifth Edition*, New York and London, Plenum Press, 1985, p. 10.

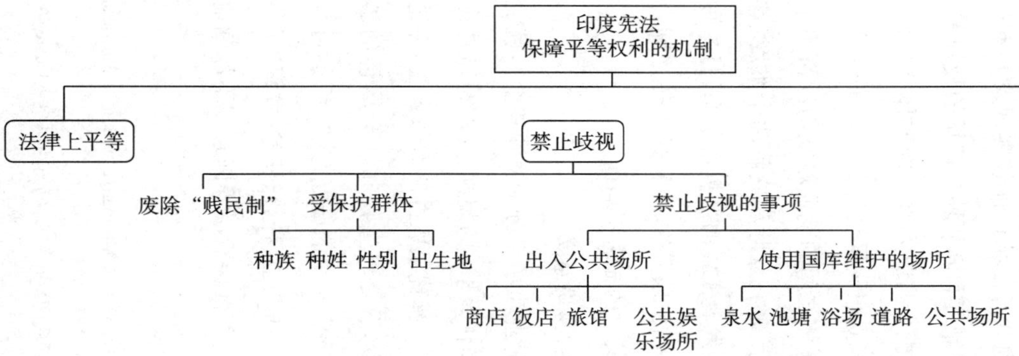

图 1–3　印度宪法保障平等权利的机制（根据印度共和国现行宪法制作）

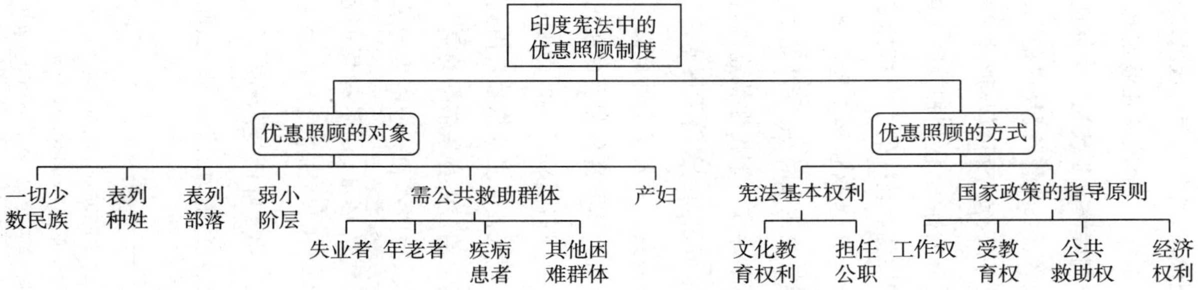

图 1–4　印度宪法中的优惠照顾制度（根据印度共和国现行宪法制作）

家庭模式、教育愿望与成就以及健康与医疗水平”。[①]

(二)结构性就业歧视的表现

制度性就业歧视与个体性就业歧视行为具有明显的歧视意图和实施者,因而是显而易见的。结构性歧视则是一种更为隐蔽和持久的不平等,甚至可以与形式平等原则共存。结构性歧视现象并不存在明显的标志,比如种族歧视的法律制度和满怀种族偏见的歧视者。结构性就业歧视的主要指标是就业机会与收入水平的群体差异,某种程度上,当区域经济发展严重失衡或职业机会与收入水平的群体差异较为明显时,则有可能意味着群体之间的就业歧视与经济不平等业已存在。结构性就业歧视主要反映在区际和族际两个维度:首先,区域之间的经济发展水平与社会发展模式的严重不平衡,且这种不平衡具有了人口统计意义上的群体特征;其次,不同的群体之间在就业机会和财富分配上存在统计意义上的显著不均衡。

1.“择优录取”的绩效制度隐含着身份意义

现代社会主要依赖自由竞争的就业市场来分配就业机会。就业市场上的自由竞争依据的是一套“择优录取”的规则,为的是莅选出最具人力资本和职业潜力的求职者。“择优录取虽然看似公正,无论是择优的标准,还是择优的程序,无不受着生物和社会属性的影响。”[②]“优”的标准可能仅仅体现了特定文化的偏好,选“优”的过程往往是出于降低“搜寻成本”的需要。事实上,种族、肤色、教育、文化背景、经济能力、信仰、收入、职业、环境、社会阶层等因素无不深刻地

---

① See Richard H. Sander, “A Systemic Analysis of Affirmative Action in American Law Schools”, *Stanford Law Review* 57, 2004, pp. 367 – 483.

② See James A. Beckman, *Affirmative Action: An Encyclopedia*, London, Greenwood Press, 2004, p. 600.

影响着“择优录取”。[①] 比如,许多雇主认为受过高等教育者会成为更好的雇员,尤其是在求职者充足的情况下雇主会提高学历要求,即使工作岗位的技能要求与学位之间并无直接的关联。由于黑人和西裔人口中拥有大学学位的比例明显低于白人,因而使大量具有工作能力但学历相对较低的黑人被就业市场排斥,特别是在就业形势紧张的时期弱势群体往往成为牺牲品。

2. 劳动力市场中存在明显的职业隔离现象

在现代社会中,就业市场被划分为两类部门,即主要部门(Primary Sector)和次要部门(Secondary Sector)。主要部门指的新型产业部门、高度专业化的职业领域以及传统行业中的管理岗位,如高科技与金融服务行业、律师、医生、会计师等专业化工作以及传统行业中的经营管理职位。这些工作岗位具有严格的职业准入制度,对于从业人员的资历、经验、信用、教育水平都有较高的要求。相应地,主要部门的工作意味着更好的报酬、福利和职业前景,而次要部门的工作主要是一些传统的体力工作,如制造业和建筑业工人、餐饮服务业从业者等。次要部门的工作只要求劳动者具备最基本的劳动技能和教育程度,且很多岗位属于非全职工作。相应地,次要部门的工资待遇较低、职业稳定性较差、人员流动性很高,而主要部门是要求较高劳动技能的专业化工作,且职业部门的划分与族群、性别等身份密切相关。两类职业部门之间往往是相互封闭的,劳动者无法在两类部门之间流动,因而,主要部门与次要部门的劳动者也无法形成竞争。20 世纪 60 年代,美国黑人过分集中于次要部门反映了长期以来

---

① See James A. Beckman, *Affirmative Action: An Encyclopedia*, London, Greenwood Press, 2004, p. 601.

黑人在就业市场上的不利地位。黑人进入某个行业往往是因为这些产业已经处于衰退阶段,或者是由于这些产业对于白人不再具有吸引力。例如,1960 年白人工人开始从待遇较差的纺织工业转向工作环境与薪金更好的产业,这一流动趋势造成了纺织工业的劳动力短缺。黑人在此背景下开始大量进入纺织工业以填补白人工人的空缺。事实上,当时黑人是纺织工业能够大量获得的唯一的廉价劳动力群体。类似的现象还发生在电话产业。根据美国电话电报公司(AT&T)副总裁的一份报告:"电话公司必须清楚哪些人愿意接受4000 美元或 5000 美元的年薪。事实上,电话公司的以上薪金依然高于黑人工人的平均薪金水平。很显然,电话公司必须雇佣黑人员工以降低成本。"①到 1970 年,受雇于制造业的黑人男性比例已经从1940 年的 14% 提高到了 28%,制造业中的体力劳动岗位已经成为南方黑人男性的主要就业途径。

3. 经济结构的转型对弱势群体尤其不利

20 世纪 60 年代后期,发达工业国家的经济结构开始发生重大变化,传统的重工业和制造业逐渐从鼎盛走向衰落。与此同时,金融服务业和新技术产业开始成为最主要的就业市场。黑人成为产业结构转型中主要的受害者,重工业和制造业的衰落给黑人带来的不利影响主要体现在两个方面:一方面,制造业是繁荣城市黑人社区的主要经济力量,制造业的外迁使城市黑人社区经济凋敝。早期的制造业工厂多数坐落于城市中心区域,这些制造业工厂带动了服务业和零售业的发展,成为繁荣城市区域经济的主要力量。制造业吸收了"二

---

① See Hill Herbert, *Black, labor and the American legal system*, Washington, D. C., Bureau of National Affairs, 1977, p. 32.

战”之后的黑人移民潮，从而在城市中形成了依托制造业工厂的黑人社区。1970 年开始，这些制造业工厂一部分从黑人聚居的市中心迁往郊区，或者迁往生产成本更为低廉的发展中国家，一部分大批破产倒闭。制造业在城市中心区域的消失，在城市中留下了很多的经济空洞区域，而这些经济空洞化的区域往往与传统的黑人社区相重合，使得黑人社会日渐衰败。另一方面，制造业是劳动密集型产业，提供了大量次要部门的就业岗位。次要部门的就业岗位对于知识、技能、教育背景的要求较低，因而成为刚刚脱离长期歧视的黑人的主要就业渠道。制造业的衰落也意味着黑人社会失去了最为重要的就业渠道。黑人在劳动密集型产业的过度聚集，使其成为 20 世纪 70 年代美国经济结构转型中的主要受害者。在 1975 年至 1978 年，少数族裔占全国职工总数的 14.1%，但却占据了破产企业正式职工总数的 20%。三年之间，黑人的就业率减少了 24.3%，而白人产业工人的就业率只减少了 9.8%。在后工业化时代的浪潮中，过度依赖汽车、橡胶、钢铁制造等夕阳产业的黑人社会成为主要的受害者和牺牲品。①

4. 职业莅选前置加剧了群体身份对于就业的影响

在专业化较强的职业领域，发达国家也已建立起了较为严密的等级化的职业莅选机制，其核心是将雇佣过程和职业莅选前置，即公司通过与在读学生的互动来提前莅选出潜在的合格者，并根据学生在公司中的实习表现最终做出雇佣选择。这类职业拓展活动往往是以团队的方式进行，在这种团队化和群体性的活动中，族群身份常常

---

① See Barry Bluestone and Bennett Harrison, *The Deindustrialization of America*, New York, Basic Books, 1982.

具有潜在的重要意义。在专业性较强的职业领域，公司与学生之间的相互选择并不是在学生毕业时才发生的，而是从学生入学后就开始了。以会计专业为例，大型会计师事务所已经将未来员工的莅选提前到了会计专业的二年级学生中。从二年级开始，会计师事务所就会在全美范围内的会计专业中开展各种专业性的竞赛活动或职业拓展活动，优胜者将得到奖金和三年级暑假的实习机会，而且最终的被雇佣者主要是来自实习生。这些职业竞赛活动中，学生自由组合并以小组为单位展开竞争，以此考察学生的专业知识、团队精神和领导潜质。在这种团队竞争中，找到优秀的伙伴并与其建立起合作关系是决定团队以及自己能否胜出的关键。在校园学习生活中，学生常常依靠自己的人际关系去寻找伙伴和建立团队。历史上，由于少数族裔学生的人际网络在总体上受制于自己的族群身份，学习团队常常表现出明显的族群身份特点，如主要由黑人学生组成的团队、主要由亚裔学生组成的团队、主要由白人学生组成的团队、主要由国际学生组成的团队等。当然，亚裔学生在计算课程中的总体优势使他们也有较多的机会与白人学生建立起跨族群的合作。显然，在这种竞争模式中，黑人学生处于最为不利的处境。学习优秀的黑人学生可能不具有广泛的跨族群的人际关系，因而只能在自己的黑人朋友和同学中挑选合作者。以黑人学生为主的团队面临两个困境：其一，样本来源范围狭窄，无法从更为广泛的和学术表现更为成功的群体中挑选最优的合作者；其二，黑人学生本身就在教育中面临着结构性的困境，基于历史和社会等因素，不同族裔学生群体之间的学术表现存在某种程度的统计意义上的差异。学习和合作团队的族群分异现象，最终常导致黑人团队处于不利地位。而亚裔团队和白人学生团队更有可能胜出，得到荣誉、实习机会以及最终的就业机会。[①]

（三）结构性就业歧视的根源

少数群体面临的结构性就业歧视主要源于以下几个方面的社会障碍：

1. 文化结构

一些多族群国家存在多种文化和语言系统，有时形成了多个差异明显的文化系统。在某些社会中，在共享的共同文化之外，具有不同文化和语言背景的族群成员某种程度上被圈禁于特定的文化疆域内。语言文化具有重大的经济意义，族群之间的文化差异常常反映在社会经济系统中。[②] 对于社会个体而言，社会机会主要是在各自的群体内进行流动和分配。在极端的情况下，文化差异往往超越了文化的范畴，影响着族群的社会参与、法律权利以及经济发展能力。当社会经济系统主要由优势群体建立、掌握并服务于自身时，弱势群体往往无意中被排除于社会经济生活的主流之外。为了克服群体文化不适应，国家负有特定的文化责任。一方面，国家宜加强一体文化建构，并制定包容性的多元文化政策，在多元一体原则下培养社会成员的统一文化共识与多元文化背景，帮助其超越自身单一文化的束缚，从特定文化疆域内的“族群人”转变成多元文化背景中的“社会人”。另一方面，国家应当进行审慎的法律制度设计，在增强族群文化相互包容性的同时，保障社会经济机会在不同的文化群体中公平流动。

---

① 以上信息来自访谈调查，访谈对象包括美国多所大学商学院的学生、会计师事务所的员工和实习生等，访谈周期为 2009 年 4 月至 2010 年 4 月。

② See Reed Coughlan, *Economic Dimensions of Ethnic Conflict*: *Theory and Evidence*, ed, Reed Coughlan, *Economic Dimensions of Ethnic Conflict*, New York, ST. Martin's Press, 1991, p. 4.

2. 经济结构

经济结构的群体特征阻碍了不同群体之间共享经济机会。不同群体的经济机会有时受制于国家的宏观经济结构。国家经济的总体发展战略、国民经济的分布格局、区域经济发展差距、城市化水平、产业结构转型等因素都会影响群体之间的利益分配格局。① 如果特定群体社区的经济发展水平相对落后、经济独立性较低,投资和就业机会主要来自其他优势群体的企业。无论是出于企业利益最大化的客观需求,还是为了迎合企业与市场的偏好,此类企业往往排斥少数群体求职者,比如历史上移民社会中企业在员工族裔结构上的不均衡现象。族群意义上的区域发展不平衡的现象在去工业化的美国社会同样存在,大量黑人和少数族裔人口聚居在市区中的衰败地区,而白人中产阶级则聚集在郊区的优质社区。城市中的黑人聚居区往往经济衰败、就业与教育机会稀缺、基础设施破旧、安全环境较差。而郊区优质社区则意味着更好的教育系统、更多的职业机会、更好的人际网络、更优良的基础设施与安全环境。"生活在不同的社区往往代表着完全不同的社会与经济机会,意味着一个人未来的人生轨迹。"②

3. 人口家庭结构

有些情况下,群体之间倾向于聚居而非混居。如果特定族群具有历史悠久的原住地或聚居区,在人口的空间分布上处于相对隔离状态,则社会经济机会在不同的群体间有时呈现不均衡的分布状态。

---

① See Reed Coughlan, *Economic Dimensions of Ethnic Conflict*: *Theory and Evidence*, ed, Reed Coughlan, *Economic Dimensions of Ethnic Conflict*, NewYork, ST. Martin's Press, 1991, p. 3.

② See Reed Coughlan, *Economic Dimensions of Ethnic Conflict*: *Theory and Evidence*, ed, Reed Coughlan, *Economic Dimensions of Ethnic Conflict*, NewYork, ST. Martin's Press, 1991, p. 4.

历史上美国社会在居住方式上不同程度存在明显的族群空间分异现象。低收入黑人更多地聚居在市区的黑人社区里,而中产阶级白人家庭更可能居住于郊区的白人社区中。贫民窟中的黑人与优质社区中的白人拥有完全不同的就业机会。因为,白人中产阶级的富裕社区本身就创造更多的优质就业机会,而且优质社区中的邻里关系和人际关系也为白人提供了更多的就业信息和经济机会。印第安人传统上聚居于280多个保留地之内。保留地之间相互隔绝,且相对孤立于外部的社会和市场。保留地内地理环境与基础设施水平相对较差,且印第安居民的文化语言教育、人力资本投资和职业培训相对不足,因而使得保留地成为印第安人的就业陷阱。印第安人在保留地之外的失业率远低于保留地内的失业率。

"1960年的人口普查表明,印第安人在保留地内的失业率、印第安人在保留地外的失业率,以及白人失业率分别为:51.3%、12.1%和4.8%。在1970年的人口普查中,以上数据分别为:41%、9.4%和4%。"①(如图1-5所示)此外,生育率和家庭抚养率的差异也会影响特定族群的社会经济机会。生育率与收入密切相关,城市黑人贫困家庭在很大程度上与其高生育率有关。此外,在18~19岁年龄组中,黑人女性的生育率比白人高三倍以上;在80年代,黑人单亲家庭比例为31%,而同期白人单亲家庭仅为10%。黑人较高的生育率和单亲家庭率不利于子女的教育,使黑人青年在就业市场中缺乏竞争力。过高的生育率也造成了黑人年轻劳动力人口增长过快,黑人传

① See Alan L. Sorkin, "The Economic Basic of Indian Life", *The Annals of the American Academy of Political and Social Science* 436, 1978, p. 5.

统就业渠道狭窄,不可避免地造成劳动力市场供需失衡。① 特里塞·A. 苏利万在1978年发表的《劳动力参与中的种族——族群差异:一个族群分层的透视》一文中提出,族群的劳动参与率与已生子女的强度负相关,失业率与已生子女数的强度正相关,生育率与收入密切相关。这一点与"穷人孩子多"的经验证据相符。越是经济困难的家庭越是生得多,众多子女无法接受充分的培养和教育因此难以就业,就业与经济困境在代际间传播。②

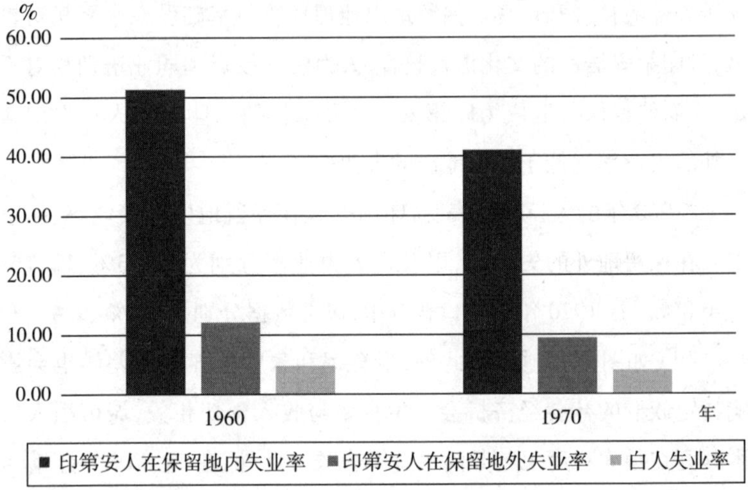

图1-5 1996年与1970年人口普查失业率对比

---

① See Michel Rosenfeld, "Affirmative Action and the Elusive Meaning of Constitutional Equality", *Michigan Law Review* 87(7), 1989, pp. 1729-1794.

② 特里塞·A. 苏利万是通过研究1970年10个群体的男女两性劳动力指标以及35~44岁妇女已生子女数的斯皮尔曼相关系数得出以上结论。参见特里塞·A. 苏利万:《劳动力参与中的种族——族群差异:一个族群分层的透视》,载马戎主编:《西方民族社会学经典》,北京大学出版社2009年版,第346页。

4. 社会分层

社会分层反映了社会流动的结果,同时也决定着经济资源与社会财富的再分配。在良好的社会结构中,族群身份不会对社会阶层产生重要影响,各族群成员应当均匀地分布于各个社会阶层。在某些社会中,族群身份往往成为社会分层的决定性因素。由于弱势族群主要集中于社会下层,对于弱势族群而言,社会分层实际上主要是沿族群边界来划分的。不公平的社会分层阻碍了正常的社会流动,使弱势族群总体性处于不利的社会地位。① 社会分层体现了控制社会资源的能力,又反过来决定着进一步获得就业和经济资源的可能性。② 国外学者将20世纪黑人面临的社会困境总结为,在传统的种族隔离基础上增加了社会阶层隔离,且社会阶层隔离逐渐取代种族隔离。

5. 机会结构

社会经济机会是以上多种社会结构性因素的函数。社会结构性障碍形成了一种排斥与隔离机制,不仅阻碍了特定群体平等地获得就业机会,而且使弱势群体难以通过个人的努力去跨越障碍。生活在保留地内的印第安人与城市贫民窟中的非洲裔在一定程度上处于经济、文化、地域、人际与阶层上的孤立与隔离状态。如果他们远离充满了职业与经济机会的中产阶级社区或者在主流社会或工作场所中遭受孤立,则他们的职业前景和经济机会就会显得十分暗淡。③

---

① 有学者认为美国族群矛盾的实质并非文化偏见,而是不公平的利益分配结构,指出了美国族群冲突是阶级矛盾而非民族问题。See Jonathan Goldman, "Redefining Affirmative Action to Include Socioeconomic Class", ined, Carol M. S, *Race Versus Class*, NewYork, University Press of America, 1997, p. 187.

② 参见马戎主编:《西方民族社会学经典》,北京大学出版社2009年版,第173页。

③ See Aaron Antonovsky, "The Social Meaning of Discrimination", Phylon 21(1), 1960, pp. 81 – 95.

第三节　政治法律背景

一、反歧视法制度演进概述

反歧视法律体系经历了“宪法平等保护”“反歧视立法”“优惠照顾”三个阶段,分别用以消除制度性歧视、个体性歧视以及结构性歧视。

第一个阶段,美国“内战”后制定的联邦宪法第十三、十四与十五修正案赋予了黑人平等权利。“美国追求种族平等的努力始于1868年的美国《宪法第十四条修正案》(Fourteenth Amendment to the United States Constitution,以下简称《第十四修正案》)。受‘内战’‘废除奴隶制’以及‘黑人法典’的直接影响,《第十四修正案》致力于消除白人与黑人之间在公民权利上的鸿沟。”①虽然《第十四修正案》的制定者明确表达了他们的立法目的,但在随后的近百年里,联邦及各州依然延续着种族歧视与种族隔离的做法。② 联邦最高法院削弱《第十四修正案》的历史始于1873年的屠宰场案③,而1896年隔离但平等案(普莱西诉弗格森案,以下简称弗格森案)的判决④,实际上已经变成隔离与歧视的法律依据。南方各州建立起了政府强制实施的准宗教性质的种族隔离与等级制度。在选举、就业、教育、司法、居住、使用公共设施、担任公职等几乎所有社会生活领域,南方黑人被剥夺

---

① See Frank J. ,Munro R. ,“The Original Understanding of ‘Equal Protection of The Law’”,*Columbia Law Review* 50,pp. 131 – 169.

② See Greenberg E S,Page B I. The Struggle for Democracy. New York Longman, 1999,p. 555.

③ See Slaughterhouse Cases,83 U. S. 16 Wall. 36 36 (1872).

④ See Plessy v. Ferguson,163 U. S. 537 (1896).

了法律平等保护的权利。在北方各州,黑人虽然获得了选举权和使用公共设施的权利,但依然在就业领域遭受着系统性种族歧视的限制。州和联邦最高法院随后就削弱了以上修正案的法律效力,在实质上剥夺了黑人的以上权利,并建立起来一套新的歧视制度——种族隔离。直到1954年联邦最高法院才在布朗诉托皮卡教育委员会案(以下简称布朗案)[①]中依据《第十四修正案》的平等保护条款推翻了制度性的种族隔离。

第二个阶段,从19世纪60年代开始,黑人民权运动日益转向激进的行动主义,黑人反歧视运动越来越表现出暴力革命的态势。为了应对激烈的群体暴力冲突,肯尼迪政府提出了"从街头到法院"的策略。1964年,美国制定了内容广泛的《民权法》。作为政治妥协的产物,该法案主要反映了自由主义的歧视观,认为"简单不歧视"与"种族中立"政策就可以解决权利不平等问题。《民权法》将歧视视为个人因种族偏见而故意实施的伤害行为,因而将个体性歧视行为作为主要的羁束对象。这种歧视观并未反映出种族歧视背后深刻的社会结构性因素,并不足以应对当时严重的歧视现实。几年之后,"自由主义政治家很快就意识到了自己严重低估了种族歧视问题——尤其是就业歧视的广泛性和复杂性"。[②]

第三个阶段,制度性就业歧视与个体性就业歧视都具有明显的主观故意,平等保护条款与《民权法》采用的法律方法是禁止歧视,然而,长期的制度性歧视历史与广泛的个体性歧视行为构建起了歧视

① See Brown v. Board of Education of Topeka, 347 U. S. 483 (1954).

② See "Testimony of Edward Brooke", *Congressional Record* 115 (29), 1969, pp. 66 – 67; Bureau of National Affairs, "House Labor Committee Report", *The Equal Employment Opportunity Act of* 1972, Washington, DC, BNA, 1973, p. 162.

性的社会结构,产生了一种新型的就业歧视类型——结构性就业歧视。结构性就业歧视并不是一种故意实施的歧视行为,难以通过禁止歧视的方法加以消除。虽然制度性歧视与个体性歧视行为已经受到法律的严格禁止,但少数族裔依然面临严酷的社会结构性歧视。为此,需要建立一种新型的以平等结果为导向的平权保护制度——优惠照顾。作为一项法律制度,优惠照顾不再强调禁止歧视,而是主动采取受益性的措施帮助弱势群体加速实现平等。构建就业优惠法律制度的技术原因是为了弥补平等保护条款与《民权法》存在的法律功能缺陷,社会政治原因则是解决和管理族群冲突的现实需要。黑人快速增强的平等诉求和集体动员能力同社会中广泛存在的就业歧视现状形成了尖锐的矛盾。20 世纪 60 年代中期至 70 年代末,美国社会进入了大规模族群冲突的爆发期。为了缓解黑人所面临的社会结构性障碍,联邦司法系统与联邦行政系统开始实施种族优惠措施。然而,就业优惠的种族倾向性立场与美国社会传统的自由主义政治哲学不符,就业优惠不可避免地成为 19 世纪 60 年代之后最富争议的社会议题,这种社会、法律、理论层面的争议贯穿此后的 50 年。

二、制度性歧视的宪法规制

从美国建国开始,一个幽灵就盘桓在这个新生的国家头上,这个幽灵就是奴隶制,这一点区别于多数欧洲国家。美国革命时期,殖民者以不堪忍受英国的“奴役”为由,奋起反抗英国的暴政,发表《独立宣言》(United States Declaration of Independence),宣称人人都有不可剥夺的生命权、自由权和追求幸福的权利。但与此同时,殖民者中的相当一部分人却集体奴役着成千上万名非洲黑人奴隶。非洲裔黑人所遭受的奴隶制是一种最为明显的和非人道的种族歧视类型,奴隶制度并非北美原生性的社会现象，而是为了满足南方种植经济的需要而逐步建构起来的。黑人奴隶制度的核心目的是剥夺黑人的劳动就业权利，这种严苛的就业歧视制度构成了南方劳动制度的支柱，通过这种极端的歧视手段，白人种植业可以获得最大化的经济和政治利益。"为了保证联邦的建立，费城制宪会议的代表在奴隶制问题上做了一系列的妥协，最后的宪法文本对奴隶制采取了既不冒犯北方，也不得罪南方的态度。"[①]当时，奴隶制是立宪讨论过程中的一个焦点，但美国《联邦宪法》(The Constitution of the United States)原文中并未使用"奴隶"这样的语言，凡是涉及奴隶的事项，宪法皆适用了委婉和审慎的表述，如"所有其他人口""其他罪行者""服劳役者"等。虽然宪法在奴隶制的问题上采取了模糊的立场，但制宪者显然考虑到了奴隶制的现实存在，实际上以一种委婉的态度容忍和支持了南部奴隶制的存在和发展。因而，有些学者认为美国《联邦宪法》事实上是一份支持奴隶制、为奴隶制提供宪法保护的文件。[②] 显然，允许奴隶主到自由州捕获逃奴，是对《独立宣言》所宣誓的天赋人权理念的亵渎。此外，宪法还规定，在各州发生叛乱时，联邦政府有权帮助州政府平息叛乱，这也意味着联邦政府在奴隶们进行反抗压迫的暴动或逃离种植园时，将遭到联邦政府的镇压和捕获；"五分之三条款"

---

① ［美］劳伦斯·M. 弗里德曼：《美国法律史》，资中筠编译，中国社会科学出版社 2007 年版，第 225 页。

② 美国《联邦宪法》中直接涉及奴隶或奴隶制的条款有五条，间接涉及的则多达十多项条款。其中最重大的和最直接的关于奴隶制的妥协有三条，即"逃奴条款""奴隶贸易条款"和"五分之三条款"。宪法在逃亡奴隶的问题上态度最为明确。从历史上来说，《联邦宪法》第 4 条第 2 款的目的是保障蓄奴各州的公民对作为他们财产的奴隶，在奴隶可能逃往的联邦内的任何一州，拥有完整的权利和所有权。参见北京大学法学院司法研究中心：《宪法的精神——美国联邦最高法院 200 年经典判例选读》，中国方正出版社 2003 年版，第 98 页。

允许南部蓄奴州利用其奴隶人口得到较多的政治代表权,本身也表现了美国宪法中的非民主性。有些学者认为,所有这些妥协条款不仅成为奴隶制在宪法实施后肆无忌惮地发展的法理基础,而且正是因为这些条款的存在,类似美国“内战”这样的悲剧是不可避免的。①

在“内战”前,宪法针对各州政府的人权保护寥寥无几。“内战”之后,这一情况逐渐得到改观。1865 年,美国《宪法第十三条修正案》(Thirteenth Amendment to the United States Constitution)在全国废除了蓄奴制度,肯定了林肯总统的《黑奴解放宣言》:“除了受到正当定罪的刑事惩罚,蓄奴或强制性奴役不得存在于合众国或受制于其管辖区内的任何地方”。1868 年的《第十四修正案》定义了联邦公民权,并广泛规定了个人法律权利:“凡是在合众国出生或入籍、并受制于其管辖权的人,都是合众国公民及其居住州的公民。任何州不得制定或实施任何法律,来剥夺合众国公民的特权与豁免权;任何州亦不得未经法律正当程序,即剥夺任何人的生命、自由或财产,或在其管辖区域内对任何人拒绝提供法律的平等保护”。1870 年的美国《宪法第十五条修正案》(Fifteenth Amendment to the Constitution of the United States of America)赋予了黑人公民选举权:“合众国公民的选举权,不得被合众国或任何州以种族、肤色或从前的奴役状态为由而遭否定或剥夺。”对所有这些修正案,国会都“有权通过合适的立法加以实施”。②

然而,南方重建时期所颁布的以上政治和法律文件并未得到有效实施。在南方,奴隶制度的结束并不意味着种族歧视制度的消失,

---

① 参见王希:《原则与妥协——美国宪法的精神与实践》(修订本),北京大学出版社 2000 年版,第 282 ~ 285 页。

② 张千帆:《美国联邦宪法》,法律出版社 2011 年版,第 176 页。

而仅仅是另一种歧视的开始。显然，熬过了战争的南部领袖们根本无意于促进平等，战后南方各州很快就开始创设了以种族隔离为核心的新的歧视制度，通过克减黑人的平等权利，在社会生活的所有领域限制黑人的选择自由，以便实现新的经济奴役。“1865 年，美国《黑奴法典》(Black Codes)几乎得到了南部联邦每一个州的批准，它旨在以一种新的歧视制度取代以往的奴隶制度，以最大限度地维护战前的生活方式。密西西比于 1865 年率先颁布了相关的法律，将黑人的权利和自由进行了限定。比如，黑人作为工人在白人所拥有的农场或种植园劳动，应当签订书面劳务合同，并通过加重黑人的违约责任来限制黑人的迁徙与流动。‘没有正当理由’擅自离去的黑人工人可以被逮捕并交给他的雇主；此外，对于原、被告双方均为白人的诉讼，黑人无权作证。黑人不能担任陪审团成员；严格禁止不同的种族间的通婚现象；南方各州还颁布了严厉的流浪法，以保持对黑人的控制。”[①]短暂的重建结束之后，南方黑人很快便发现自己被囚禁在法律及实践的严密网络中，“这个网络包括保护地主的抵押权法、流浪法、引诱法(它规定，引诱工人放弃和变换工作的行为构成犯罪，即便是为了向黑人提供更高的工资和条件)”。[②] 这些法律主要针对的是黑人劳工，其核心功能是剥夺黑人的平等劳动权利，强制性地将黑人劳动力与白人所拥有的土地等生产资料相结合。1870 年，南方各州相继制定了《吉姆 · 克劳法》(Jim Crow Laws)，全方位的种族隔离制度正式确立。该法律着重规定了一系列对黑人实行种族隔离的具

---

① [美]劳伦斯 · M. 弗里德曼：《美国法律史》，苏彦新等译，中国社会科学出版社 2007 年版，第 553 页。See “Mississippi Black Codes (1865)”, *In Laws of Mississippi*, 1865, p. 82 ff.

② [美]劳伦斯 · M. 弗里德曼：《美国法律史》，苏彦新等译，中国社会科学出版社 2007 年版，第 553 页。

体措施:禁止黑白人种相互通婚;禁止黑人参与白人的选举、集会、游行等政治活动;所有社会公共设施和场所实行黑人与白人的空间隔离,涉及学校、住宅、剧院、餐厅、旅馆、公共交通、图书馆等场所。黑人专用设施和空间注明了"Jim Crow"标志。全方位的种族隔离制度产生了明显的经济后果,黑人整体性地被排除于主要的就业领域之外。

联邦最高法院在黑人权利救济问题上的保守态度也助长了南方的种族隔离与歧视。《第十四修正案》颁布仅仅5年之后,即受到了联邦最高法院的削弱。在1873年的屠宰场案中,最高法院认为主要的公民权利属于州政府的管辖范围。米勒法官的多数意见认为,除了几项例外,各州公民的特权与豁免的全部范围,都处于各州宪法和立法权力之内,而在联邦政府权力之外。通过宣布州不得制定或执行法律来剥夺合众国公民的特权与豁免权,《第十四修正案》的目的是否是要把保护公民权利的责任从各州转移到联邦政府?在它宣布国会有权实施修正案的领域,它是否设想把以前完全属于各州的公民权利,全部带入国会权力的范畴?但是,无论是提议这些修正案的国会,还是批准它们的各州议会,都未曾明确证明上述假设。总体而言,优惠与豁免权属于各州公民,并且其安全与保护被留给州政府,《第十四修正案》并不使之处于联邦政府的特殊管辖之下。《第十四修正案》的目的在于将特定的联邦公民权利置于联邦政府的保护之下,而无意将原本属于州政府管辖的、属于州公民资格的公民权利交给联邦政府管辖。① 因此,联邦政府无权过问或改正州政府为管理州属公民权利而制定的法律,不认定路易斯安那州的屠宰场管理法违

---

① 参见[美]保罗·布莱斯特:《宪法决策的过程:案例与材料》,陆符嘉等译,中国政法大学出版社2002年版,第303~317页。

宪，该案原告屠宰场所有人的诉求无效。[①] 如果说屠宰场案中，米勒大法官对《第十四修正案》所做的狭义解释极大地束缚了联邦政府对黑人公民权利的保护。1876 年的美国诉克鲁克香克案[②]和美国诉里斯案，[③]则为南方大规模剥夺黑人选举权的活动做了背书。1896 年，联邦最高法院在弗格森案中有关"隔离但平等"的判决，肯定了南方种族隔离政策的合宪性。"隔离但平等"的判决成为南方全面建立种族隔离制度的法律基础，并将维持半个世纪之久。[④]

1954 年的布朗案判决是一场法律革命，布朗案推翻了"隔离但平等"的判决，指出种族隔离制度的学校天然就是不平等的。[⑤] 但在贯彻实施这项判决时，联邦最高法院却显得不够坚决。1955 年，在布朗案第二个判决中，联邦最高法院规定，取消种族隔离的进程的具体工作和时间表由各州根据实际情况采取"立即和合理的"措施，等于将执行法院命令的权力交给州和地方政府去处理。[⑥] 布朗案的判决最初并未导致南方白人的激烈反对，但是，当意识到法院意欲通过广泛的执法行动来彻底解构种族隔离制度时，南方社会开始大规模地激烈抵抗融合政策。显然，在总统和国会制定广泛的反歧视法之前，司法系统通过法律平等保护来消除歧视的效果是有限的。

法律平等保护的规定未能成功维护少数族裔的平等就业机会。如果说漫长的种族隔离制度是对重建时代的平等理想的背离，那么布朗案的判决仅仅意味着美国重新确立了法律平等保护在种族问题

---

① See The Slaughterhouse Cases, 83 U. S. 57 – 83(1873).

② See United States v. Cruikshank, 92 U. S. 542 – 569(1876).

③ See United States v. Reese, 92 U. S. 214 – 256(1876).

④ See Edward S. G., *The Struggle For Democracy*, New York, Longman, 1999, p. 555.

⑤ See 347 U. S. at 495.

⑥ See Brown v. Board of Education of Topeka, 349 U. S. 294 – 301(1955).

上的效力,但这离真正意义上的平等还差得很远。相对于美国黑人所遭遇的严酷的歧视现实,布朗案的判决具有明显的局限性。首先,《第十四修正案》仅仅针对制度性歧视,即由政府所实施的违法行为。而对私人企业或社会个体实施的歧视行为无能为力。如果不能证明私人企业或社会个体与政府之间存在紧密关系,少数族裔无法援引《第十四修正案》保护自己免于歧视。其次,单纯的司法行动很难改变种族歧视的现实。虽然法院在布朗案之后做出了一系列的司法努力,但是对于改变社会生活中广泛存在的个体性歧视行为收效甚微。显然,在行政、立法与广泛的社会运动参与进来之前,法院的反歧视司法实践虽然意义重大但效果有限,其更像是吹响了进攻的号角,离最终的胜利还很遥远。

南非《宪法》(Constitution of South Africa)规定:“1. 人人在法律面前一律平等,并有权享有法律的平等保护和利益。2. 平等包括充分和平等地享有所有权利和自由。为了促进实现平等,可以采取旨在保护或促进受不公平歧视不利的人或一类人的立法和其他措施。3. 国家不得基于一种或多种原因,包括种族、性别、怀孕、婚姻状况、种族或社会出身、肤色、性取向、年龄、残疾、宗教、良心、信仰、文化、语言和出生,直接或间接地歧视任何人。4. 任何人均不得基于第(3)款以一种或多种理由不公正地直接或间接歧视任何人。必须制定国家立法以防止或禁止不公平的歧视。5. 除非确定歧视是公平的,否则以第(3)款所列的一项或多项理由进行歧视是不公平的。”在劳工权利与就业领域,南非《宪法》第 22 条规定:“每个公民都有权自由选择自己的行业、职业或专业。行业、职业或专业的行为可能受法律约束。”第 23 条规定:“人人有权享受公平的劳动实践。每个工人都有权:a. 组织和参加工会;b. 参加工会的活动和方案;c. 罢工。每个雇主都有权:a. 成立及加入雇主组织;及 b. 参加雇主组织的活动和计划。每个工会和雇主组织都有权:a. 决定自己的行政、方案和活动;b. 组织和成立并加入联合会;c. 每个工会、雇主组织和雇主都有权进行集体谈判。可以颁布国家立法来规范集体谈判。如果立法可能限制本章中的权利,则限制必须符合第 36(1)节的规定。国家立法可能承认集体协议中包含的工会安全安排。如果立法可能限制本章中的权利,则限制必须符合第 36(1)节的规定。"南非《宪法》为禁止就业歧视、促进就业平等建立了法治根基,赋予劳工群体各项基本劳动权利,要求制定国家立法以防止或禁止就业歧视行为。南非相继制定了一系列禁止就业歧视、促进就业平等的法律,其中南非《1998 年就业平等法》(Employment Equity Act of 1998)是比较有代表性的一部,这是南非制定的第一部为黑人进行经济赋权的基本法。"立法机关认为有必要采取一些行动,以确保南非各级工作场所变得更具人口代表性。认为需要在所有工作场所建立一种非歧视的和多元包容的文化。该法案具有明确的立法目的:促进宪法权利的平等和行使;消除就业中的不公平歧视;确保实施就业平等以纠正歧视的影响;广泛地实现多样化的劳动力;提高经济发展与劳动力的效率;履行作为国际劳工组织成员的义务。该法的序言和解释性备忘录规定:它力求消除就业、职业和收入方面的巨大差距,改变种族隔离法律导致的劳动力市场其他歧视性做法。仅仅消除歧视法律和禁止歧视本身并不足以纠正这些不平衡,因此,该法要求雇主进入转型过程,消除不公平的歧视并实现就业平等。"①南非《2000 年促进平等和防止不公

① See T. H. Madala, "Affirmative Action – A South African Perspective", *SMU Law Review* 52, 1999.

平歧视法》(Promotion of Equality and Prevention of Unfair Discrimination Act of 2000)进一步加强了就业平等促进措施。

三、个体性歧视的法律规制

20 世纪前半期,美国联邦政府在干预歧视、促进平等的问题上进展十分有限。联邦政府在种族议题上持谨慎态度,罗斯福(Franklin Delano Roosevelt)、杜鲁门(Harry S. Truman)和艾森豪威尔(Dwight David Eisenhower)三届联邦政府以总统行政命令的形式,相继在有限的范围内进行了反歧视的尝试;国会常常表现出保守态度,并于 1937 年、1944 年、1948 年和 1954 年数次否决了《反歧视民权法案》;联邦最高法院虽于 1954 年做出了布朗案的判决,但长期以来最高法院在法律平等保护问题上的摇摆立场却是不言而喻。"二战"之后的工业繁荣加速了黑人移民潮,至 20 世纪 50 年代末,黑人社会的人口结构发生了很大变化。城市黑人社会的形成增强了其民权意识和政治动员能力。全国有色人种促进委员会于 1954 年成功策划并胜诉了布朗案,证明了有色人种寻求法律平等保护的新策略。在南方各州,法院判决的实施遇到来自政府和社会的巨大阻力。布朗案"的判决只标志着消除种族隔离运动的开始而非结束。在广泛的反歧视法制定之前,社会根深蒂固的种族歧视很难得到根本性的改变。《民权法》和 1965 年《选举法》是平等历程中的里程碑,《民权法》的产生主要依赖于一种新的社会压力机制——民权运动。从某种角度看,《民权法》的出现是历史的必然,但《民权法》出现在 1964 年则是历史的偶然。消除种族歧视是社会的共识,但在如何看待歧视和如何消除歧视的问题上却存在巨大的分歧。

如果说大规模的社会骚乱是一次社会危机,肯尼迪政府则面临了一场政治危机。肯尼迪是一个弱势总统，面对的却是一个因种族议题而政治分裂的社会。[①] 首先，民权组织和黑人社会要求制定全面的反歧视法以便根本性地消除歧视，认为传统的"简单不歧视原则"无法有效地改善黑人的不利处境，种族优惠和种族配额才是矫正就业歧视的唯一有效措施；其次，南方保守主义者则反对制定反歧视法，认为反歧视法是对白人利益和南方传统生活方式的破坏，在此前的30年中，南方保守主义者在国会中已经数次否决了《民权法》；最后，处于中间阵营的自由主义者持肤色中立的政治理念，既反对种族歧视又反对种族优惠，只希望通过制定反歧视法来消除黑人民权运动日益明显的暴力倾向。因而，在《民权法》制定和通过的过程中，赢得中间阵营，即民主党与共和党中的自由派和温和派议员的支持，是决定成败的关键。共和党自由派坚持认为《民权法》应当遵循如下原则：

首先，应当在肤色中立的基础上根据个人能力来分配社会资源，就业岗位和教育机会应当依据绩效考核或标准化考试择优录取。严格的形式平等将会建立起公正的绩效制度，并最终战胜种族歧视和社会偏见。法律应当遵循肤色中立原则，对黑人的歧视和对黑人的照顾都是不公正的。

其次，在充分竞争的就业市场中，就业歧视会自行消失。按照传统的经济学理论，雇主的决定是出于自己或他人的主观的种族偏好，从而背离了利益最大化的经济理性标准。持有这种非理性的歧视行为的企业将在充分竞争的市场环境中失败。[②] 因为，身份偏好是高成

---

① See Rosenfeld, Michel, "Affirmative action, justice, and equalities: a philosophical and constitutional appraisal", *Ohio State Law Journal* 46, 1985, pp. 845 – 924.

② See Kahlenberg, Richard D., "Class – based Affirmative Action", *California Law Review* 84(4), 1996, pp. 1037 – 1099.

本的行为,意味着雇主愿意支付更高的工资去雇佣其偏爱的群体;同时,歧视降低了被歧视群体的工资水平,进而使无偏见的公正的雇主获益,并最终在竞争中淘汰持有身份偏见的雇主。因而,法律应当保护劳动力市场的自由竞争,应当容忍特定群体在就业市场中的暂时不利地位,最终依靠经济增长实现经济公平,依靠充分就业实现公平就业。

最后,种族歧视是特定的个人因身份偏见而故意实施的行为。反歧视法追求的是社会个体之间的最基本的机会平等,历史或社会因素造成的群体间的不平等结果不属于反歧视法的调整对象。因而,针对个人的简单的不歧视原则就足以解决就业歧视问题。反歧视的措施应当受到严格限制,如果超越以上界限进而挑战自由竞争的政治、经济哲学,他们将阻止《民权法》的通过。

作为政治妥协的产物,《民权法》第七章所规定的歧视具有三个明显特点。第一,歧视主要是针对个人而实施的行为。"虽然法案没有明确界定歧视的概念,但法案的支持者和反对者都承认歧视是因种族、性别等禁止事项而针对个人的不利行为。"①第二,歧视是故意实施的行为。有关歧视动机的规定,在法律文本和国会辩论中得到了充分的反映,并为此后的司法判例所确认。第三,将反歧视的措施限定为消极的不歧视行为,不赞成对歧视性社会结构进行积极地干预。虽然《民权法》创制了平等就业机会委员会(Equal Employment Opportunity Commission,EEOC),但该委员会采取的是个案调查和协商调解的机制,其本身并不具有任何执法权力。② 同时,虽然1964年

① See Blumrosen, Alfred W., "Strangers in Paradise: Griggs v. Duke Power Co. and the Concept of Employment Discrimination", *Michigan Law Review* 71, pp. 59 – 110.

② See Civil Rights Act of 1964, Pub. L. 88 – 352, § 706(a), 78 Stat. 253.

《民权法》第706条(g)款采取策略性的方式认可了积极措施，但总体上而言其对于积极措施采取了极为谨慎的态度。比如，提交H.R.7152议案的联邦参议员哈里森·威廉姆斯(Harrison Williams)明确表示："如果一个黑人被雇佣的唯一理由是因为他的种族身份，这种做法也是种族歧视。"此外，联邦司法部在备忘录中提到，没有任何法律要求或授权任何联邦机构或法院对任何个人或群体采取优惠措施，以便实现种族平衡。

《民权法》是就业歧视的分水岭，该法为此后大多数歧视争议提供了法律依据。但《民权法》在宣告隔离与歧视非法的同时，又将歧视限定于非常狭窄的范围内。在法案提交和审议的过程中，法案的主要执行机构——平等机会委员会受到了严重削弱，不仅失去了所有强制执行权利，而且也无法代表受害人提起诉讼。作为广泛的政治妥协的产物，该法所采取的自由主义的立场，并不足以应对严重的种族歧视现实。秉持"简单不歧视原则"的立法者很快就意识到了自己严重低估了就业歧视的广泛性和复杂性。各种民权组织也开始不断质疑《民权法》所确立的个人故意歧视原则的正当性以及个案救济的有效性。①

《民权法》是美国法律平等保护历程上的重要里程碑，该法不仅宣告制度性歧视的彻底死亡，而且将广泛的个体性歧视行为纳入法律禁止范围内。受该法的鼓舞，黑人社会强烈要求进入以往被隔离被排斥的领域，要求在就业、住房、教育、司法等广泛的社会生活领域中落实平等权利。但黑人社会很快发现，虽然由个人实施的公开的

---

① See Graham, Hugh Davis, *The Civil Rights Era: Origins and Development of National Policy*, 1960 – 1972, New York, Oxford University Press, 1990, pp. 189 – 190.

歧视行为消失了,但黑人在经济地位、机会结构和资源分配中的整体性不利地位却未有根本性的变化。《民权法》的直接社会后果是打破了隔离,却增加了冲突。从 1964 年开始,美国族群冲突进入了爆发期。《民权法》通过伊始,纽约哈林区、布鲁克林区的种族骚乱就席卷了美国北部的纽约州、宾夕法尼亚州、新泽西州、伊利诺伊州等地,1965 年南洛杉矶的瓦特区种族骚乱造成了重大损失。在接下来的 1966 年到 1968 年,美国爆发了 290 起种族骚乱。平等机会委员会协商调解机制风险高、效率低,随着大量歧视案件因调解失败而涌入联邦法院,一场反歧视司法领域的变革即将到来。由于该法对歧视的理解存在着局限性,其未能实现肯尼迪总统"从街头到法院"的初衷。

在大西洋对岸,英国密切关注着美国的平权运动及其法律方法。种族平等是世界性问题,而英国作为曾经的日不落帝国,同样深受种族歧视问题的困扰。近代以来,"英国普通法并不禁止歧视行为,认为契约自由是雇佣关系中的基本原则,因此允许雇主可基于任何理由,包括性别因素或种族等因素,而雇用或拒绝雇用求职者。是故,在 21 世纪 70 年代之前,英国的反歧视立法相当有限,尽管英国早在 1919 年就有英国《1919 年排除性别无资格法》[Women's Disqualification (Removal) Act of 1919],该法禁止特定行业基于因个人的性别因素和婚姻状况而认为其无资格、能力胜任该工作,而拒绝其加入该职业,但该法涵盖的内容不广,效力有限"。[①] 20 世纪 60 年代后,英国反歧视法发轫于国际潮流的变化与国内政治的需要。从国际形势看,1965 年联合国通过《消除一切形式种族歧视国际公约》(Conven-

---

① 饶志静:《英国反就业歧视制度及实践研究》,载《河北法学》2008 年第 26 卷第 11 期。

tion on the Elimination of All Forms of Racial Discrimination)，以及1964年美国通过《民权法》，对英国国内立法产生了重要的影响。《消除一切形式种族歧视国际公约》反映了那个时代人类社会的主流声音，考虑到英国曾经的殖民主义历史，该公约对英国形成了一定的道德压力。此外，同为普通法国家，美国的法律经验对英国具有显著的借鉴意义。英国密切关注美国平权运动及其相关法律措施，倾向于制定调整族群关系的基础性法律，尝试借鉴美国在政府部门和政府合同领域的优惠措施，上述做法在美国平权运动初期被广泛采取且行之有效。从国内形势看，英国的就业歧视问题主要伴随移民问题而产生，"二战"之后的民族解放运动使得英属殖民地逐步独立，来自前殖民地国家的移民逐渐增加，由此导致的种族问题逐步加剧。"1968年年初，受到政治形势的影响，肯尼亚移民以每月1000人左右的数量向英国移民，4月，英国右翼政客埃诺奇·鲍威尔(Enoch Powel)发表了著名的演讲——'血流成河'，预言移民大迁徙将导致社会秩序崩溃和广泛的暴力活动，在此情况下进行反种族歧视立法将危害英国本土居民的利益等。但是，据当年的权威民意机构调查显示，此时的主流民意依然支持消除种族歧视，多达65%的民众支持开展反对种族歧视的立法活动。"①英国种族关系立法要解决的重要问题就是就业歧视。当时，英国劳动就业市场上的歧视现象是客观存在且显而易见的。"例如，在采取相似P. E. P. 测试的办公室和工厂，英国人可以被邀请申请15个职位，匈牙利裔为10个，有色人种仅为1个。英国人被告知没有空缺岗位10次的情况下，匈牙利裔会

① See Muhammad Anwar, PatrickRoach, RanjitSondhi, *From Legislation to Integration: Race Relations in Britain*, NewYork, St. Martin's Press, 2000, pp. 68－69.

遇到23次拒绝,有色人种则遭拒37次。上述情况在服务业特别明显且根深蒂固,因为雇主担心有色人种的店员会导致顾客流失(尽管许多开明的公司的经历已经证明了这种顾虑是没有依据的,如Marks & Spencers公司的情况)。还有一部分原因在于少数族裔缺乏劳动技能导致就业不足,印度和巴基斯坦移民尤其如此,他们发现很难找到与其资历相称的工作。就业歧视并非仅仅体现在就业环节,更会体现在提拔和职业晋升环节。但颇具讽刺意义,与上述就业歧视现象形成鲜明对比的是,英国公共部门如交通运输、邮政服务、垃圾收集等实际上高度依赖有色人种劳动,没有印裔护士和医生,英国医院的服务将会崩溃。"[①]在性别和种族平等方面,英国进行了范围广泛和具有创新性的立法。种族和性别平等的立法体现为英国《1965年种族关系法》(The Race Relations Act of 1965)、《1970年同工同酬法》(The Equal Pay Act of 1970)、《1975年性别歧视法》(Sex Discrimination Act of 1975)等。在罗伊·詹金斯(Roy Jenkins)的领导下,美国内政部密切关注并力求避免发生在美国的破坏性的种族关系,英国立法者对美国促进种族和性别平等的立法实践表现出较大的兴趣,其中,英国《1975年性别歧视法》采取了较为激进的以优惠促平等的立法策略。

南非同样致力于通过法律制度制裁个体性就业歧视行为。南非《1998年就业平等法》主要包括两方面的内容:一是禁止就业歧视,以此推动平权行动计划,解决种族隔离造成的不公。该法律规定了雇主在劳动领域的法律义务,"所有雇主都必须促进平等机会消除任

---

① See Buchan Alastair. "Multicoloured Britain." *International Journal* 23(4), 1968, pp. 520-530.

何雇员的不公平歧视；任何人都不得直接或间接地不公平地歧视，禁止对雇员基于种族、性别、怀孕、婚姻状况、家庭责任、种族或社会或身份、肤色、性取向、年龄、残疾、宗教信仰、艾滋病毒状况、良心，信仰、政治见解、文化、语言(或)出生等理由的歧视。除在特定情况下，劳动就业中的医学测试应当被禁止。在司法活动中，因上述问题产生的纠纷，举证责任由雇主承担，对于任何可能被认为是不公平歧视的指控，雇主需要举证证明自己未实施歧视”。[①]“雇主基于平等尊严和尊重他人而在工作场所推进人口结构多样化措施；雇主为受保护群体提供合理的住宿条件，确保其享有平等机会。合理的住宿条件是指对工作或工作环境，使来自受保护群体成员可以就业或晋升的基本条件；采取适当的培训措施，以便帮助受保护群体保持岗位和获得晋升。”[②]

四、结构性歧视之优惠措施

在下一次司法变革开始之前，美国社会首先迎来的是历史上最激烈的大规模族群冲突时代。在随后的法治实践中，联邦法院和联邦政府运用广义解释的方法，承认歧视是一种群体性关系与制度性现象，更新了《民权法》中自由主义的歧视概念，为就业优惠的产生创造了可能性。随后产生的反歧视共同诉讼、歧视效果诉讼和联邦就业优惠三种重要法律制度印证了反歧视法的更新。反歧视共同诉讼的出现，意味着联邦法院对歧视社会属性的初步认识。在霍尔诉韦

---

① See Rulof Burger, Rachel Jafta, "Affirmative action in South Africa: an empirical assessment of the impact on labour market outcomes", *Crise Working Paper* 76, 2010.

② See T. H. Madala, "Affirmative Action - A South African Perspective", *SMU Law Review* 52, 1999.

尔丹包公司一案中[1]，认可了基于《民权法》第七章的共同诉讼。歧视效果理论完整体现了社会学的群体关系和制度结构特征，很多法律学者明确认为，歧视效果理论属于社会学的路径。[2] 在理论更新方面，歧视效果理论突破了《民权法》第七章所规定的个体故意歧视概念。歧视效果理论重在考察以往系统性的就业实践对于少数群体就业造成的不利影响，但并不要求证明这些系统性的就业实践具有故意的动机。在方法更新方面，社会学统计方法开始大量运用于反歧视诉讼，统计数据可以单独构成不利效果的初步证据，统计方法的科学性直接决定了证据的有效性和雇佣政策的合法性。[3] 联邦政府的优惠措施是一种更为积极主动的干预制度性歧视的策略，它包括多种种族与性别等群体身份考量措施，其目的在于克服以往歧视历史所造成的影响。所实施的就业优惠常常涉及雇佣少数族裔的数量目标、时间计划，同时，政府开始大规模干预传统的商业习惯和企业的社会责任。

在英国种族关系与性别相关立法体系中，总体而言，英国种族关系法采取了更为谨慎的种族与性别中立立场，主要将有限的优惠规定界定为更为积极的禁止歧视措施，而非完全基于群体身份的优惠照顾。单纯依据种族或性别身份实施的优惠照顾措施常常被视为一种“积极的歧视”行为，类似于美国法中的“反向歧视”行为。除非是基于真实的职业内在要求，英国法总体上并不要求政府承包商或是

---

① See Hall v. Werthan Bag Company, 251F. Supp. 1(1966).

② See Pedriana Nicholas, Robin Stryker, "Political - Culture Wars 1960s Style: Equal Employment Opportunity - Affirmative Action Law and the Philadelphia Plan", *American Journal of Sociology* 103, 1997, pp. 633 - 691.

③ See Hart Ely, J., the Constitutionality of Reverse Racial Discrimination. *The University of Chicago Law Review* 41, 1973, p. 723.

政府部门去试试就业优惠照顾措施。英国在就业优惠领域,受到美国20世纪60年代诸多行政法令有关政府及政府承包商推动就业优惠(Affirmative action contract compliance policies)的影响。“20世纪70年代和80年代一些欧洲国家也尝试采取这种做法,如要求有关雇主收集当地劳动力市场的供需关系数据,以避免政府合同承包商的员工结构出现严重的种族与性别不平衡。该项政策曾经被英国公共机构引入,最著名的是大伦敦理事会(Greater London Lourcil,GLC)和伦敦教育管理局(the Inner London Education Authority,ILEA)。但是严格地说,在实践中上述政策的目的是公平对待符合职业资格的劳动者,而不是补偿那些不符合职业资格的求职者。在20世纪80年代,根据英国法律,就业优惠措施仅限于培训领域,就业培训计划可以专门针对处境不利的受保护群体。但招聘(Recruitment)和升职(Promotion)并不包括在上述优惠政策内,无论有无歧视的主观故意,在招聘和升职领域采取优惠措施都涉嫌违法风险。主要的例外是在残障人士平等权利领域,法律为残障人士的就业规定了配额,就业配额显然属于优惠照顾措施。在1988年,政府合同推动的就业优惠遭遇进一步削弱,基于性别的就业优惠被法院宣布违法。这主要还是因为在理解和解释就业公正时存在分歧。遭遇不平等对待的是某群体的上一代成员,但优惠的对象则是该群体的当代成员,这种补偿并不具有公正性。”①英国《2010年平等法案》(Equality Act of 2010)进一步体现了间接歧视制度,规范了受保护群体的范围,间接歧视与保护群体相结合,为特定情况下的就业优惠措施创造了条件。

---

① See Lovenduski Joni. “Implementing Equal Opportunities in the 1980s: An Overview” *Public Administration* 67, 1989, pp. 7 – 18.

"该法第159条规定了劳动就业领域的九种受保护特征,如年龄、残障、变性、婚姻和事实婚姻、怀孕和生育、种族、宗教与信仰、性别、性取向,当具有受保护特征的人在特定用工主体中处于整体性劣势或是代表性不足时,雇主可以基于善意的目的做出招聘和提拔决定。英国大多数反歧视立法都承认就业优惠的价值,但优惠的手段主要作为平等的例外,限定于间接措施。这些措施旨在鼓励弱势群体更好地加入劳动力大军,例如实施专门的招聘信息发布计划,在少数族裔报纸上刊登招聘广告。其次,就业培训计划中的优惠。它允许雇主和其他机构为代表性不足的群体的成员提供针对性的培训计划,这些专门的培训计划可以是职前技能培训,也可以是针对在职人员的能力提升计划。此外,北爱尔兰相关立法允许雇主在裁员时适用宗教团体的标准,以避免可能的间接歧视后果。"①

南非为解决黑人的结构性就业障碍,开始承担更多的积极作为义务,采取多种直接和间接的就业优惠措施。② 2003年3月,南非贸易和工业部[Department of Trade and Industry (South Africa), DTI]公布了其"基础广泛的黑人经济赋权"政策草案,建立了用于衡量赋权进展情况的计分卡概念,这实际上是一种优惠目标与督促制度。2004年1月7日,南非《2003年第53号黑人经济赋权法》(Broad - based Black Economic Empowerment Act 53 of 2003)获得通过。"该法的目的是赋予所有黑人,包括妇女、工人、青年、残疾人和农村居民经济权力。该法要求贸易和工业部长制定和公布就业促进守则,旨

---

① See Archibong Uduak, Phyllis W. Sharps. "A Comparative Analysis of Affirmative Action in the United Kingdom and United States" *Journal of Psychological Issues in Organizational Culture* 2, 2011, pp. 17 - 38.

② 在优惠照顾制度中,南非"黑人"实际上是三个受保护群体的统称,其中,"非洲"(1997年占南非劳动年龄人口的76%)、有色人种(9%)、印第安人/亚洲人(3%)。

在建立并规范就业优惠措施，并指导经济系统的就业平等实践。贸易和工业部使用了一个计分卡，该项计分卡包括三部分指标。计分卡将用于政府采购、公私伙伴关系、国有企业销售、申请许可证以及任何其他相关经济活动。也就是说，如果企业希望与政府发生任何交易活动，均需达到平等就业的要求，公司可以为此采取适当的优惠措施。"[①]"在就业优惠制度发展之初，种族和性别等依然是影响就业机会与职业发展的重要因素，平等宣告与禁止歧视未能整体性地减少就业或工资差距。很大程度上，主要平权行动最直接的效果体现在了改善教育机会而非就业机会。"[②]据此，不同类型的就业歧视在法律上的构成要件存在显著的不同（如图 1－6 所示）。

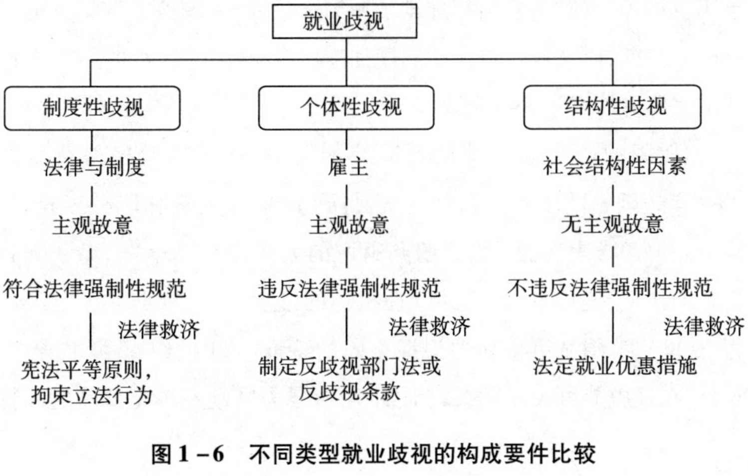

图 1－6　不同类型就业歧视的构成要件比较

① See Rulof Burger and Rachel Jafta, "Affirmative action in South Africa: an empirical assessment of the impact on labour market outcomes", *Crise Working Paper*, 2010, p. 9.

② See Rulof Burger and Rachel Jafta, "Affirmative action in South Africa: an empirical assessment of the impact on labor market outcomes", *Crise Working Paper* 76, 2010.

第四节　族群关系背景

族群冲突造成的社会压力是域外国家实施就业优惠的关键因素,通过就业优惠加速实现平等是此项制度的重要目的。国际族群冲突治理的法治经验惨痛,族群就业不平等是移民国家城市族群冲突的主要原因,反歧视法律制度是管理族群冲突的主要法治经验。一些域外国家历史上族群冲突治理的主要教训是忽视了结构性歧视,早期的冲突管理策略主要是通过法律平等保护与反歧视立法来消除严酷的制度性歧视与广泛的个体性歧视。但是,消除歧视不等于实现平等,打破了隔离却加剧了冲突。最终,在调整族群关系的关键历史时期,以就业优惠法律制度加速实现事实上的就业平等,是域外国家族群冲突治理的重要经验。

"美国的历史是一部族群冲突的历史,从早期殖民地费城到1989年迈阿密的埃弗顿和自由城,再到1992年的洛杉矶种族骚乱,族群冲突常常表现为针对人身与财产的大规模暴力行为。"①伴随着公开的歧视、偏见、社会公共管理机构的过度反应,族群冲突已经成为20世纪美国城市生活中根深蒂固的特征。20世纪60年代至70年代,在调整族群关系的关键时期,种族暴力骚乱不再是偶然的和特

① See Hackett George, "All of Us Are In Trouble", *Newsweek*, January 30 1989, pp. 36 – 37.

殊的事件，而是成为当时美国社会的常态。① 仅1965年到1968年，83个美国城市经历了种族骚乱。频繁而严重的族群冲突与社会骚乱

---

① 美国暴力冲突的高潮时期集中在1965～1968年，这一时期美国刚刚通过了跨时代的1964年《民权法》，族群冲突的爆发期出现在《民权法》之后而非之前，说明美国族群冲突与反歧视法的复杂关系。1960～1980年的种族骚乱事件统计如下：

1963年：伯明翰种族骚乱，亚拉巴马州；坎布里奇种族骚乱，马里兰州（Cambridge riot of 1963，Cambridge，Maryland）。1964年：纽约哈姆来区种族骚乱，纽约市（Harlem Riot of 1964，Harlem neighborhood，Manhattan，New York City）；罗彻斯特种族骚乱，纽约州（Rochester riot，Rochester，New York）；费城种族骚乱，宾夕法尼亚州（Philadelphia 1964 race riot，North Philadelphia section of Philadelphia，Pennsylvania）。1965年：瓦特种族骚乱，洛杉矶市（Watts Riots，Watts neighborhood，Los Angeles，California）。1966年：迪威臣街区种族骚乱，芝加哥市（Division Street Riots，Humboldt Park neighborhood，Chicago，Illinois）；克利夫兰种族骚乱，俄亥俄州（Hough Riots，Hough community，Cleveland，Ohio）；北奥马哈种族骚乱，内布拉斯加州（North Omaha，Nebraska，North Omaha community，Omaha，Nebraska）。1967年："骚乱之夏"——坦帕种族骚乱，福罗里达州（Tampa Riots，Tampa，Florida）；南得州大学骚乱，休斯敦市（Texas Southern University Riot，Houston，Texas）；底特律种族骚乱，密歇根州（1967 Detroit riot，Detroit，Michigan）；水牛城种族骚乱，纽约州（Buffalo riot，Buffalo，NewYork）；密尔沃基种族骚乱，威斯康星州（Milwaukee Riot，Milwaukee，Wisconsin）；明尼阿波里斯种族骚乱，明尼苏达州（Minneapolis North Side Riots，Minneapolis，Minnesota）；纽瓦克种族骚乱，新泽西州（1967 Newark riots，Newark，New Jersey）；平原镇种族骚乱，新泽西州（Plainfield riots，Plainfield，New Jersey）。1968年：橙堡种族屠杀事件，南卡罗来纳州（Orangeburg massacre，Orangeburg，South Carolina）；马丁·路德·金博士遇刺引发的全国性种族骚乱；巴尔的摩种族骚乱，马里兰州（Baltimore riot of 1968Baltimore，Maryland）；芝加哥种族骚乱，伊利诺伊州（Chicago，April 1968，Chicago，Illinois）；路易斯维尔种族骚乱，肯塔基州（Louisville riots of 1968，Louisville，Kentucky）；华盛顿特区种族骚乱，华盛顿特区（riots of Washington，D. C.）。1969年：约克郡种族骚乱，宾夕法尼亚州（1969 York Race Riot，York，Pennsylvania）；格林尼治村骚乱，纽约市曼哈顿（Stonewall riots，Greenwich Village neighborhood，Manhattan，New York City，New York）。1970年：杰克逊州立社区学院伤亡事件，密西西比州（Jackson State killings，Jackson，Mississippi）。1971年：卡姆登骚乱，新泽西州（Camden Riots，Camden，New Jersey）。1972～1977年：比亚县高中骚乱，彭萨科拉，福罗里达州（Escambia High School riots，Pensacola，Florida）。1980年：迈阿密种族骚乱，福罗里达州（Miami Riots，Miami，Florida）；查特努加市骚乱，田纳西州（Chattanooga Riot，Chattanooga，Tennessee）。1984年：罗伦斯骚乱，马萨诸塞州（Lawrence，Massachusetts Race Riot）。注：以上美国族群骚乱资料来源于维基百科网络数据库：Mass racial violence in the United States，http://en.wikipedia.org/wiki/Mass_racial_violence_in_the_United_States，2010年3月21日最后访问。

使美国社会意识到,族群冲突背后具有深刻的社会结构因素与文化心理因素。

一方面,少数族群在职业结构中的整体性不利地位,是美国城市族群冲突中最重要的因素。城市族群关系的利益之争主要围绕着就业平等展开。在历史上,就业歧视是美国族群抗议的主要诉求,追求平等的就业权利则贯穿了族群抗议的整个历史。冲突主要包括种族抗议和种族骚乱两种形式,就业歧视是种族抗议运动中的核心诉求,就业歧视及其引发的高失业率是城市种族骚乱的主要动员因素。确立了法律平等保护条款之后,虽然上位法宣告了有色人种的平等地位,但就业不平等已经渗透到了整个经济系统。面对严峻的就业歧视形势,民权运动在20世纪60年代变得更为激进,抗议的方式也变得更加激烈。对南方黑人社会而言,社会歧视与就业歧视相互叠加,对于北方黑人社会而言,由于业已实现了平等的选举权利和平等使用公共设施的权利,其抗议活动更明显地围绕着以就业歧视为核心的经济权利而展开。《民权法》的立法背景同样验证了就业歧视所引发的群体压力。理论研究早已注意到,就业歧视与高失业率是骚乱的关键因素,就业歧视及经济剥夺对于族群冲突具有显著影响。结合1950年和1960年的人口统计数据,建立骚乱发生的回归模型,骚乱的发生在总体上与三个变量具有统计显著性:非白人人口失业率、相对住房拥有率以及非白人人口的结构与规模。其中,在少数族裔人口规模恒定的情况下,非白人人口的失业率而非相对住房拥有率是影响骚乱的首要因素,与骚乱的发生和强度具有显著相关性。定量研究表明,当城市的黑人失业率高于平均失业率一个标准方差时

(13.5%相对于9.4%),种族骚乱的比率增加了30倍。[①] 司法判例和《民权法》虽然将黑人从制度性和个体性歧视狂潮中解救了出来,但并未立刻带来人们所期待的种族和睦。相反,法案的制定过程以及法案颁布实施之后,社会陷入了族群冲突最为激烈的历史时期。在英国,制定和修改种族关系法同样存在着族群冲突管理的背景,为加速实现平等,英国开始采取更广泛的禁止歧视措施,尤其是借鉴美国法关于间接歧视的法律规则,为温和的就业优惠措施提供了条件。

另一方面,持续不断的大规模族群冲突的爆发,往往说明社会冲突已经由具体的利益冲突与直接的行为冲突上升到了族群认同层面的冲突。认同冲突意味着两个群体之间激烈的情感排斥与尖锐的身份对立,冲突最初可能是由具体的利益分歧引发,但一旦上升到认同冲突的层面,人们往往不再关心冲突最初的诱因,此时,冲突具有了基于身份对立而形成的自我驱动能力。认同冲突是导致群体之间持续对抗的危险因素,在法治国家中管理认同冲突的有效手段是权利的平等保障机制。为此,亟须通过就业等重要领域的优惠照顾措施加速实现平等。

一、社会冲突中的认同冲突因素

认同表征的是一种关系的范畴,指的是社会成员确信自己与特定群体具有共同的身份,并形成紧密的情感纽带与身份归属感的心理活动。在现代国家中,社会成员同时具有多种群体性身份认同。作为政治法律意义上的公民,人们具有国家身份认同;作为社会人际

---

① See Clark McPhail, "Individual and Collective Behaviors within Gatherings, Demonstrations, and Riots", *Annual Review of Sociology* 9, 1983, pp. 579 – 600.

网络中的合作者,人们具有社会身份认同;作为文化意义上的族群成员,人们具有族群文化认同与归属感。在正常情况下,多元化的身份认同并不矛盾,可以和谐共存。认同和谐使社会成员在保持各自族群文化认同的基础上,分享着共同的国家政治认同,拥有着超越族群身份的广泛的道德义务和相互依赖。然而,在特殊情况下,如果族群身份超越了文化的范畴进而影响法律权利的设定与行使,或者族群文化身份意味着社会人际交往中的重大危险与障碍,则族群文化身份与公民法律身份之间、族群文化认同与国家政治认同之间将会发生激烈的冲突。事实上,大规模的族群暴力冲突总是伴随着明显的认同冲突特征,如激进的族内忠诚、淡薄的公民意识、盲目的违法冲动。群体之间激烈的情感排斥与尖锐的身份对立最终使相互陌生的社会个体之间满怀激情与仇恨,导致无个人恩怨的人们投身于高度危险的集体暴力行为。

认同冲突具有以下特征:第一,族群认同超越甚至解构了全体国民共享的国家身份认同;第二,族群认同撕裂了社会共同体的跨族际的社会认同;第三,族群认同异化为群体间的仇恨与对立情绪;第四,通过族群内部的惩罚强化群体之间的隔离。可见,族群冲突中的群体身份认同与正常状态下的认同差异明显。在常态社会中,族群认同仅仅意味着文化身份上的归属感,在冲突状态下,族群认同则成为区分敌友的工具,对其他群体的敌视与排斥成为自我身份认同的一部分。

二、"认同冲突"源于权利平等保障的缺陷

族群认同的异化与国家认同的弱化是一个此长彼消的同步过程,其根源在于公民权利的平等保障机制存在缺陷。法律平等制度

在两个维度上与公民发生联系：第一，国家权力平等对待和保护公民权利；第二，公民相互之间在法律地位上平等。第一个维度反映了公民权利与国家权力之间的关系，决定着公民的国家认同形态；第二个维度体现了公民权利相互之间的关系，当这一关系受族群身份决定时，就会影响族群认同的形态。如果不能及时消除国家权力与公民权利的矛盾，不能有效解决公民权利相互之间的矛盾，国家权力与公民权利的冲突将会弱化公民的国家认同，公民之间以族群身份为依据形成的权利冲突则增强了族群认同的异化。族群认同与国家认同的冲突是族群之间重大利益分歧的社会心理后果。在现代法治社会，主要的个体利益和社会利益都是通过法律的确认和保护，权利的内容是由法律承认和保护的社会个体的利益，而权力的内容则是国家主体依法保护和履行的社会公共利益。权力体现的社会公共利益为了协调社会个体间的利益冲突，给予个人权利以平等、有效的法律保护。从法律理论的角度来看，在根本法律秩序已经确立的法治国家，国家权力未能充分有效实现对公民权利的平等法律保护是国家权力与公民权利之间冲突的主要形式。

（一）族群身份认同与国家身份认同的冲突反映了权利与权力的矛盾

相对于古老的族群身份而言，国家是一种新型的社会政治共同体。社会公共利益是国家利益的主要表现形式，权力是国家的主要法律内容。国家的责任在于以社会公共利益弥合社会个体利益的分歧，以国家权力协调社会个体权利的冲突，促进权利的平等保护。国家并非血缘或亲缘关系的结合，而是基于法律与政治关系的结合。通过国家，社会成员获得了新的社会身份——公民，公民身份包含了特定的法律关系与社会心理态度，涉及一整套法定的权利、义务与社会态度。公民与国家之间的关系,主要形成于以权利与权力为内容的法律互动关系。第一,国家权力是由公民权利形成和转化而来的。“公民权利与国家权力都是以物质财富为存在基础,都是物质财富在一定历史条件下的转化形式。”①第二,国家权力还原并服务于公民权利。“权利以个体自由和个体利益为主要诉求,而国家权力和公共利益的价值取向则是维护自由、平等、秩序与社会福利的平衡。”②自由、平等、秩序与福利皆是重要的公共产品,难以通过个人或群体来获得,只能由国家权力来保障,只能通过社会公共利益来实现。在权力与权利的互动过程中,社会个体以独立的法律人格与国家形成了密切的关系,社会全体成员的权利行使状况和社会生存条件得到了改善。第三,国家认同是权利与权力之间的良性互动关系的社会心理后果。如果公民权利得到了平等设定、充分保障和有效救济,权利与权力之间可以有效转化,权利与权力主要表现为统一与和谐的关系,此时,公民的国家认同呈现出显性状态;反之,如果特定族群的公民面临权利设定不平等、权利行使无保障、权利冲突无救济的处境,处于不利的社会经济文化地位,则说明国家权力未能有效地服务于特定群体的权利,社会公共利益未能还原为特定群体的个体利益。权利与权力的冲突、族群利益与社会公共利益的分裂,最终割裂了公民对于国家的归属感。特定群体在社会经济竞争中的失败与挫折会产生严重的心理创伤,如孤独、隔离、排斥与挫折感,此时,族群认同与身份归属就显得尤为重要。一方面,族群是一种天然的归属机制,族群成员无论成败均会被接纳;另一方面,社会个体可以通过族群归

① 童之伟:《法权与宪政》,山东人民出版社2001年版,第181页。

② [美]E.博登海默:《法理学:法律哲学与法律方法》,邓正来译,中国政法大学出版社2004年版,第325页。

属来实现“外部化”。“与相同处境的民族在一起,民族成员可以将个人失败归因于歧视或者民族的群体特征。”①

(二)现代社会中不同群体相互之间的认同对立常常反映了权利冲突

社会成员相互关系的法律内容表现为权利与权利的关系,社会成员利益分歧的法律内容表现为权利冲突。权利与权利的矛盾指的是权利之间的对立与统一关系。第一,权利是排他的,权属是确定的。我的权利不是你的权利,你的权利也不是我的权利。法律权利通过排他机制形成相互之间界限明晰的权属关系。第二,权利之间是可以相互转化的。除非法律基于正当理由特别规定,否则公民政治权利的享有应当绝对平等,经济社会权利应当相对平等,尤其不能受族群身份的影响。在一个权属关系明晰、权利分配相对平等、权利转化合理充分的权利关系中,社会成员在人格上是独立的,在地位上是平等的,在关系上是合作的,在行为上是自由的,在社会心理上是亲和的,在族群认同上是温和的。社会成员在认同上更多的是“社会人”,而非“族群人”,社会成员的族群认同更多的是“文化的”,而非“政治的”。第三,如果在权利设定和享有上出现了严重的不平等,部分社会成员因权利不平等而无法有效地行使权利,无法参与权利的交换关系,则权利与权利的关系主要表现为冲突与对立。如果权利不平等和权利冲突主要是沿着族群的文化边界发生的,则意味着群体文化身份具有重大的社会公共意义。权利冲突与社会排斥对于各族群的生存与发展具有决定性的影响,而社会排斥的法律内

① See Joseph V. M, *Conflict and Peacemaking in Multiethnic Societies*, Lexington, Lexington Books, 1990, p. 37.

容正是权利设定与保障上的不平等。族群认同之间的冲突往往反映了权利不平等与权利冲突，在族群认同撕裂社会认同与族际认同之前，社会利益分歧与法律权利冲突实际上可能已经沿着群体边界而形成。

三、"认同冲突"的形成机制是法律歧视与社会排斥

（一）制度性歧视撕裂国家认同的纽带

歧视性的社会法律制度往往整体性地剥夺了特定族群的政治权利、经济权利与社会文化权利，使弱势族群在社会生活的所有领域面临压迫、孤立与隔离。例如，美国《民权法》与《1965 年选举法案》制定之前，南方黑人不具有完整的法律人格，而北方黑人则面临社会经济歧视的压迫。制度性歧视是一种极端的族群不平等现象，体现了权利与权力之间的根本性冲突。国家权力以法律制度的形式全面剥夺了特定群体的基本人权，并将特定群体的利益排除于社会公共利益的考量之外。在制度性歧视的社会中，受压迫族群与实施压迫的族群在认同上处于激烈的冲突状态。黑人与白人都具有强烈的群体身份认同，族群边界高度清晰，当时的黑奴几乎没有国家认同，黑人与白人，奴隶与奴隶主在认同上整体性处于相互对立与仇视状态，黑人与白人群体内部形成了压力与惩罚机制。"在实施种族歧视的南方，白人们尤其厌恶那些以尊重的态度对待黑人的白人。"①制度性歧视引发的认同冲突使群体关系始终处于暴力冲突的边缘，防止族群冲突与种族骚乱的唯一手段是避免接触，如种族隔离与威压控制。

---

① ［美］埃里克·A. 波斯纳：《法律与社会规范》，沈明译，中国政法大学出版社 2004 年版，第 208 页。

（二）个体性歧视强化认同冲突的心理

个体性歧视指的是个人之间因种族偏见而故意实施的歧视行为。个体性歧视对于族群认同和国家认同具有不利影响，但影响的程度取决于法律能否有效地制裁侵权行为，能否充分救济歧视受害人。个体性歧视行为发生后，正常的法律关系和认同关系遭到了破坏，权利与权力的关系以及族群认同与国家认同的关系皆处于或然状态。如果国家权力能够通过法律途径及时、有效地制裁侵权者和救济受害者，则国家权力与公民权利的关系得到了维护，群体认同与国家认同之间的对立得到了修复，受害者的国家认同得到了增强而非削弱。反之，如果国家没有制定完善的反歧视法律制度，未能提供有效的法律救济，甚至放任了社会私主体频繁实施歧视行为，那么国家与受害者之间的权力与权利互动关系发生了断裂，受歧视群体可能会认为自己不得不通过族群集体动员的方式寻求群体安全与自力救济，认同失控与暴力冲突将随之发生。例如，1992 年美国洛杉矶种族骚乱反映了个体性歧视与平等法律保护对认同冲突的根本影响。罗德尼·金事件发生于 1991 年 3 月 3 日，在等待判决的一年多时间里，族群冲突与种族骚乱并未出现。1992 年 4 月 29 日下午 4 点，地方法院做出了白人警察无罪的判决，两个半小时之后，美国历史上最严重的种族骚乱就席卷了整个南洛杉矶地区。洛杉矶骚乱具有显著的族群冲突的特征，不仅是黑人社会与政府执法机构之间的冲突，也伴随着不同族裔之间的暴力冲突。与其说洛杉矶种族骚乱是源于黑人社会对于个别白人警察涉嫌种族歧视的愤慨，倒不如说是源于黑人对于国家未能提供平等法律保护的失望。

（三）结构性歧视弱化国家认同的基础

结构性歧视指的是少数群体因社会结构性障碍，在貌似公平的分配规则下的社会竞争中最终处于总体性的不利地位。在结构性歧视中,可能国家或社会并不具有明显的主观恶意,也并非故意实施差别对待,更多的是一种无意识的社会安排。少数群体所面临的社会结构性障碍主要涉及文化结构、经济结构、人口结构、社会分层、机会结构。社会结构性障碍形成了一种排斥与隔离机制,不仅阻碍了特定群体平等地获得就业机会,而且使弱势群体难以通过个人的努力去跨越障碍。一方面,结构性歧视造成了权利与权利的激烈冲突。结构性歧视是一种典型的"零和"游戏。结构性歧视的社会政策貌似中立,实则导致群体间的结构性对立,一方的优势地位意味着另一方的不利处境。虽然优势族群的社会成员并不具有歧视的意图,但是在行使自己正当权利的过程中不可避免地与弱势族群发生冲突。另一方面,结构性歧视引发了私权利与公权力的根本性对立。"现代国家负有人权保障义务,应当平等地尊重、保护和实现公民的经济、社会与文化权利。"①结构性歧视使不同文化群体处于激烈的权利冲突之中,并且国家可能放任或维持弱势族群的不利处境。结构性歧视揭示了美国《民权法》颁布后族群冲突的社会经济根源,这种因素也解释了为何进入21世纪后美国族群冲突与种族骚乱依然时有发生。结构性歧视也部分解释了世界范围内当地族群冲突的普遍性根源。

四、"认同冲突"的法律治理策略是以平等保护实现认同和谐

世界的历史经验表明,族群政治与暴力冲突的核心问题是认同冲突。防止认同冲突是冲突危机管理的主要策略,促进认同和谐是

---

① [挪] A. 艾德等主编:《经济、社会和文化权利:教程》,中国人权研究会译,四川人民出版社2004年版,第19页。

实现长治久安的重要经验。认同和谐需处理好三个层面的认同关系,实现族群认同与族群认同,族群认同与社会认同,以及族群认同与国家认同的相互包容与和谐。认同冲突是一种社会文化心理现象,但认同管理则有赖于特定社会对于族群关系的法律制度安排。总的来说,完善公民平等权利的法律保障机制是现代国家构建和谐认同关系的主要法治经验,通过建立公平的经济与政治机会的分配机制来降低特定群体的危机感。一般而言,凡是在族群关系较为和谐的国家,不同族群的政治、经济、社会文化权利都得到了平等和有效的保障;凡是权利不够平等、充分的社会,群体竞争与社会分层往往会沿着族群认同而展开,不同的族群认同之间以及族群文化认同与国家政治认同之间常常处于冲突状态。

宪法平等原则和平等权利是实现认同和谐的法律手段,形式平等与实质平等相统一是实现认同和谐的法理基础,完善的反歧视法律体系和有效的司法审查制度构成了认同和谐的制度保障,以适度的和暂时性的族群优惠政策矫正结构性歧视是防止认同冲突的法律机制。通过法律平等原则及其法律实施体系实现认同和谐主要包括三个层次:以上位法明确宣告各群体享有平等的法律权利来消除制度性歧视;制定专门的反歧视部门法,正面禁止个体性歧视;实施以群体优惠为特征的优惠照顾措施,侧面校正结构性歧视,实现纠偏功能。

第二章 Chapter | 02

就业优惠的制度沿革

域外国家的就业优惠经历了复杂的制度沿革过程，大体分为制度萌生、制度高潮与制度衰落三个历史阶段。① 由于多数国家的就业优惠制度均具有暂行特别措施的性质，因促进社会就业公平的紧迫需求而产生和发展，最终也将随着特定群体就业困境的根本性改善而消退。典型域外国家在制度萌生阶段，联邦行政系统是推动就业优惠的主要力量，国会还未制定禁止歧视的民权法，而联邦法院系统尚未介入反向歧视诉讼。早产的就业优惠先驱失败之后，联邦行政系统重新回归温和的禁止歧视措施，《民权法》在就业优惠问题上采取了谨慎的立场，但该法的禁止歧视规则也为未来的就业优惠提供了制度基础。

民权立法高调宣告就业平等，但未实质性地提高黑人就业机会，从 20 世纪 60 年代后期开始，美国社会进入了族群骚乱的爆发期。法律系统面临着弥补反歧视法律缺陷和管理族群冲突危机的双重压力，在加速实现就业平等的社会共识之中，就业优惠迎来了高潮时

---

① 张文静在《美国肯定性行动的政策变迁——基于支持联盟框架的分析》一文中对美国就业优惠的发展阶段持有与本文类似的观点，认为"肯定性行动政策的变迁可划分为三个阶段：第一个阶段是 20 世纪 60 年代中期以前，是肯定性行动的雏形时期。该阶段'肯定性行动'还不是一个专门用语，其指向多为促进平等就业，'肯定性行动'政策大都以总统行政命令的形式出现，而不是国会的正式立法，缺乏相应的法律授权，不具备明确的法律基础；第二阶段是 20 世纪 60 年代中期至 80 年代初，这一时期是肯定性行动的兴盛时期。政府积极推进肯定性行动计划在高等教育领域的实施，配额制成为肯定性行动的重要特征；立法部门通过一系列法案的制定和颁布，进一步完善和加强了肯定性行动；最高法院认为单凭不平等的现实和结果即可要求补偿，作出了一系列有利于肯定性行动的司法判决；第三阶段是 20 世纪 80 年代至今，其基本特征是限制肯定性行动的推行"。参见张文静：《美国肯定性行动的政策变迁——基于支持联盟框架的分析》，载《中国教育法制评论》第七辑。

代。行政系统与司法系统成为推动就业优惠的两只引擎,行政系统开始大规模实施激进的就业优惠计划,司法系统秉承司法能动主义建构了就业优惠合法性基础。

进入20世纪90年代,就业优惠迎来了衰退期。政治保守主义的回潮、司法能动主义的终结、州法修订运动的兴起、族群就业失衡的改善使就业优惠失去了制度动能。其制度沿革如图2-1所示。

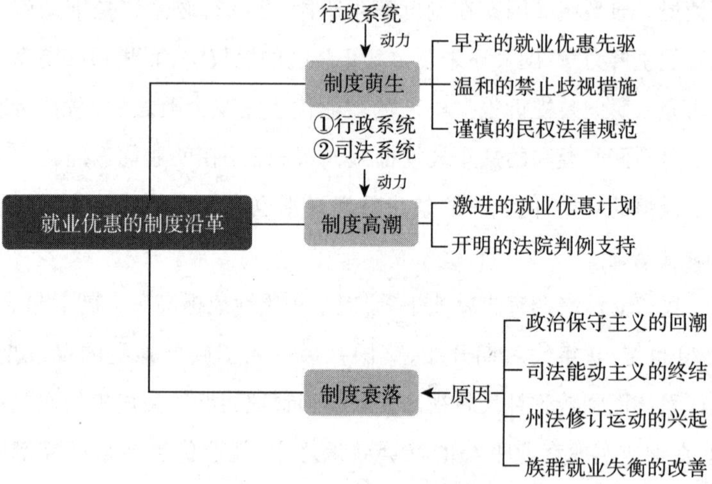

图2-1 就业优惠的制度沿革

第一节 就业优惠的产生

一、早产的就业优惠先驱

约翰·费茨杰拉德·肯尼迪总统(John Fitzgerald Kennedy)1961年签署的第10925号行政命令通常被认为是就业优惠的历史起点,该法令首次将"优惠照顾"一词(Affirmative Action)用于民权执行政策，并决定建立 EEOC。[①] 第 10925 号行政命令规定："致力于消除政府以及拿到政府合同的企业在用人方面的歧视：如种族、肤色、信仰和出生地。与以往历届政府这方面的努力不同，这项命令要求这些单位采取肯定性的行动（affirmative action）来贯彻这一命令。"[②]但实际上，少数族裔就业优惠的最初法律尝试却可以追溯到 1933 年联邦内务部联合公用事业署实施的就业优惠计划。20 世纪 30 年代初期，有色人种面临着复杂的政治经济形势。一方面，黑人社会的政治影响力日渐增强。20 世纪 30 年代的黑人移民潮使北方大城市黑人社区迅速兴起，黑人人口结构发生了重大变化，具有较大人口规模的黑人社会产生了更大的政治动员能力，地方政治活动对黑人社会的兴趣大为增加。另一方面，黑人社会成为大萧条的主要受害者。大萧条对于黑人的打击远远大于白人社会，这是因为大萧条的重灾区是制造业和重工业，而黑人社会对于劳动密集型的重工业高度依赖，钢铁、汽车、建筑等工业部门是黑人劳工的主要集中地。"当大萧条来临时，不仅以上工业部门开始不成比例地解雇黑人，而且黑人专有的底层工作岗位也开始被白人大规模替代，如垃圾清运和环卫清洁工作。在 1930 年至 1936 年，超过 50% 的黑人男性技术工被白人顶替，城市黑人适龄劳动力的失业率远远超过了 50%。"[③]根据 1935～1936 年度的统计数据，北方黑人家庭的中位收入为白人家庭的一半，南方

---

① See JoAnn Bren Guernsey, *Affirmative Action*, Minneapolis, Lerner Publications Company Press, 1997, p. 30.

② 任东来：《肯定性行动与美国政治》，载《太平洋学报》1996 年第 1 期。

③ See Weaver, Robert C., *Negro Labor: A National Problem*, New York, Brace and Co. Press, 1946, p. 9.

黑人家庭的中位收入仅为白人家庭的1/3。[①]"帮助黑人摆脱严峻的就业困境成为罗斯福新政中的一项突出任务。"[②]

在此背景下,公共工程管理局(Public Works Adminstration, PWA)开始实施首个针对黑人劳工的就业优惠计划。PWA是由美国1933年《国家工业恢复法》授权建立的执行机构,其职责在于通过大规模建设住房、学校、公路、医院等公共建筑来缓解失业压力。出于对黑人就业困境的高度重视,PWA最初的少数族裔就业促进措施是"简单不歧视原则",即禁止对少数族裔实施故意的歧视行为。PWA禁止联邦公共建设项目中发生基于肤色和信仰的就业歧视行为。[③]然而,由于未能明确界定"就业歧视"的内涵与外延,以至于禁止歧视的规定模糊而无法有效实施。此外,"简单不歧视"原则在法律功能上也存在明显缺陷,即使禁止歧视的要求得到了有效的实施,其功能至多是消极地防止黑人的就业状况进一步恶化,对于改善黑人已有的就业困境则于事无补。

PWA很快意识到了"简单不歧视原则"的局限性,开始寻求更加积极主动的、以结果为导向的少数族裔就业促进措施。PWA制订了一个针对城市黑人低收入者的住房建设计划,该计划在诸多方面勾勒出了现代就业优惠的雏形。首先,该计划以群体性的雇佣结果为归宿,不再拘泥于雇佣程序中针对特定个体的歧视行为;其次,该计

---

① See Robert C. Weaver, "Racial Policy in Public Housing", *Phylon*, 1940 - 1956, Vol. 1, No. 2, 2nd Qtr., 1940, pp. 149 - 161.

② See Robert J. W, We Want Jobs, *A History of Affirmative Action*, New York, Garland Publishing, 1997, p. 46.

③ 有关联邦政府在公共就业领域早期的种族就业优惠实践,参见W. J. Trent, "Federal Sanctions Directed against Racial Discrimination", Phylon, 1940 - 1956, Vol. 3, No. 2, 2nd Qtr., 1942, pp. 171 - 182。

划提出了“最低雇佣比例条款”，规定建筑承包商将全部薪金中的一定比例支付给黑人工人，以此确保雇主雇佣特定比例的黑人；最后，该计划提出了判定就业歧视的证据规则，雇主未达到规定雇佣比例的事实即可作为就业歧视的初步证据，此时雇主负担证明非歧视的举证责任。雇佣比例标准的依据是1930年度人口统计中的当地黑人劳动力供给情况。PWA在亚特兰大建筑项目中首次实施了该项少数族裔就业优惠计划，亚特兰大建筑计划明确规定了：“在项目建设的任何一个月中，如果项目承包商支付给黑人技术工人的总工资低于当月全部支付工资的12%，则可以构成雇主实施了就业歧视行为的初步证据”。[①] 亚特兰大就业优惠计划在当时具有样板意义，该计划的就业优惠随后在全美95个城市推广。

PWA的就业优惠计划明显缓解了少数族裔社会的就业困境，到20世纪40年代，黑人劳工已经获得了美国公共住房署（U. S. Housing Authority，USHA）住房建设项目薪金总额中的13%。但是，在种族平等尚未得到法律确认的时代，PWA的就业优惠计划无疑是相当前卫的，注定了该计划将会面对诸多挑战，以白人为主的工会激烈反对这项计划，黑人社会虽然热情赞扬该计划，但是担忧在基本的反歧视法缺失的情况下，该计划的“最低雇佣比例”会演变成“最高就业比例”。该项就业优惠计划也具有所有先驱者所共有的片面性。首先，该处就业优惠涉及的就业领域过于狭窄，仅仅针对黑人工人高度集中的建筑业，并不包括其他的国民经济部门；其次，该计划不包括相

---

① See Weaver, Robert C. “An Experiment in Negro Labor.” *Opportunity XIV*, 1936, pp. 295 – 298.

应的职业培训与技能训练,因而只能增加黑人非熟练工的数量;①最后,该项就业优惠仅仅是临时性的,随着建筑项目的完工,就业优惠也就自然结束,缺少公共政策的连续性。随着"二战"的到来,美国的社会经济政策从新政全面转向战时体制,国会大规模缩减了公共住房预算,以"最低雇佣比例"条款为核心的就业优惠计划也就随之终结。

二、温和的禁止歧视措施

相对于禁止歧视,就业优惠是一种更为高级和复杂的平等权利保障制度,就业优惠不再满足于消极的禁止歧视,而是要求在禁止歧视的基础上,通过优惠照顾措施加速实现群体之间事实上的平等。PWA 的就业优惠计划是先驱者,也是早产儿,PWA 就业优惠的消亡表明在广泛的反歧视法律体系建立起来之前就业优惠显然缺少必要的制度基础,在基本的族群平等尚未得到法律的有效保障时,就业优惠措施注定如风中的烛光转瞬即逝。PWA 的就业优惠失败后,罗斯福、杜鲁门、艾森豪威尔、肯尼迪政府维护就业平等的努力重新回到了基础性的禁止歧视立法上,试图构建起基本的反歧视法律制度。在 20 世纪 60 年代之前,美国政府的反歧视努力是十分有限的,府、院之间在反歧视《民权法》问题上陷入长期的政治纠缠,南方民主党保守势力曾经数次在参议院扼杀了内容广泛的《民权法》草案。② 由于广泛的反歧视法难以得到国会的认可,"二战"开始后的数任总统

---

① See Wen M. Fiss, "Groups and the Equal Protection Clause", 5 *PHIL. & PUB. AFF.* 107, 1976, pp. 141 – 46. Deborah Malamud, "Values, Symbols, and Facts in the Affirmative Action Debate", 95 *MICH. L. REV.* 1997, pp. 1668 – 1693.

② See Deborah Malamud, "Values, Symbols, and Facts in the Affirmative Action Debate", 95 *MICH. L. REV*, 1997, pp. 1668 – 1693.

转而通过临时性的行政手段寻求有限的种族就业平等，先后颁布数个反对就业歧视的总统法令，但这些行政命令只涉及美国种族歧视问题的极其有限的领域。罗斯福总统时期颁布了第 8802 号和第 9346 号行政命令，第 8802 号行政命令禁止防务工业和政府部门中的就业歧视行为，并建立了公平就业实践委员会（Fair Employment Practices Commission，FEPC）以便监督和受理就业歧视投诉。第 9346 号行政命令将禁止歧视的规定从单纯的防务工业扩大到了所有政府合同领域，并对公平就业实践委员会进行了改组与重建。① 罗斯福与杜鲁门政府的就业平等政策主要是基于这样一种理念：消除就业歧视有利于开发少数族裔的人力资本，进而提高国家防务和经济实力。随着罗斯福的死亡和“二战”的结束，FEPC 很快因国会的预算调整而解体。杜鲁门与艾森豪威尔总统都未能成功制定《民权法》，因而均通过发布行政命令的形式建立反对就业歧视的行政机构。②

1961 年，肯尼迪总统发布了第 10925 号行政命令，为了避免与国

① “优惠照顾就业优惠”一词有时也被直译为就业优惠，其首次出现是在美国 1935 年《全国劳工关系法》（National Labor Relations Act）中，该法虽然采用了优惠照顾就业优惠的文本表达方式，但其法律含义则是禁止私营企业主歧视工会会员。罗斯福总统 1941 年颁布的第 8802 号总统行政命令则在一定程度上包含了种族优惠的含义，该行政命令除了禁止国防承包商基于种族、肤色、信仰及原始国籍等因素歧视劳动者，还要求尽量保障黑人能在劳动生产中占一定比例。See Richard F. Tomasson, FayeJ. Crosby, and Sharon D. Herzberger, eds, *Affirmative Action, the Pros and Cons of Policy and Practice*, Washington D. C., American University Press, 1996, p. 126.

② 杜鲁门总统于 1948 年 7 月 26 日发布了第 9980 号行政命令，该法令要求“联邦政府机构应当实现就业公平，不得因种族、肤色、信仰和原始国籍而受到歧视”，并建立了公平就业委员会监督法令的实施。参见 Truman, “Civil Rights and FEPC”, Congressional Digest 43, 1964, p. 68。艾森豪威尔总统于 1953 年 8 月 13 日发布了第 10479 号行政命令，该法令建立了政府合同总统委员会（the President's Committee on Government Contracts, PCGC），受理有关政府合同执行中的就业歧视投诉。

会保守势力的较量,肯尼迪如同前任总统一样,选择用行政命令而非国会立法来追求就业平等。第10925号法令与以往的行政命令有一些明显不同。

首先,该法令授予政府机构合同取消权,政府机构可以在工会或商业机构违反就业歧视条款时取消合同,因而,政府合同的法律性质实际上变成了附条件的可变更与可撤销的合同。其次,该法令做出了如下陈述:政府合同承包商应当采取就业优惠措施,确保适格的应聘者被雇佣,确保雇员在雇佣合同存续期间不因种族、信仰、肤色和原始国籍而受区别对待。该法令第一次将"优惠照顾"(Affirmative Action)一词用于联邦的民权类法律文件中。

但是,该法令也具有内在的矛盾之处:一方面,法令首次规定了雇主负有采取就业优惠的责任,表明了在实现平等就业机会的过程中,雇主的法律责任不再仅仅是消极的非歧视行为,而是负有积极作为的义务,雇主得采取各种有效的措施促进少数族裔的就业;另一方面,该法令并未明确定义"就业优惠"一词,也未对雇主提出具体的和特定的雇佣要求,雇主的法律责任并不明确。第10925号行政命令虽然第一次提出了"就业优惠"一词,但其模糊和矛盾的表述使就业优惠更多的是道德义务而非法律责任,这一立法缺陷导致了该法令在执行过程中困难重重。虽然该行政命令未能明确定义就业优惠的具体含义,但是却重点表达了就业优惠不是什么,此时的就业优惠并不是指的种族就业比例或雇佣数量目标。

时任劳工部长威拉德(Willard wirtz)表达了行政部门对就业优惠的态度:"就业配额是明显错误的,联邦政府并不支持配额。"肯尼迪总统本人也反对就业配额,他宣布"我们不应该让历史上曾经发生的种族配额错误重现"。① 肯尼迪的继任者约翰逊总统也发布了第11246号和第11375号两个有关就业优惠的行政命令,要求"所有联邦政府机构都应当建立并维持一种积极的就业机会平等政策"。在肯尼迪和约翰逊时代,就业优惠并非直接针对雇佣决定,不是要求雇主直接采取族群优惠的措施做出雇佣决定,更多的是要求通过扩大教育和培训机会以及增强职业莅选的公正性来间接保障少数族裔的就业机会,"这一阶段的就业优惠主要体现为联邦政府和政府合同承包商必须采取积极的措施帮助更多的少数族裔求职者进入职位候选池,但是最终的雇佣、提拔和任命决定依然需要遵循传统的择优录取的绩效制度标准"。② 这一时期的就业优惠反映了典型的自由主义的歧视观:歧视来源于法律对种族身份的关注,消除种族就业歧视的最好办法就是禁止法律对种族肤色的区别对待,禁止歧视而非种族优惠是解决就业平等的关键。海伦(John Marshall Harlan 1833 ~ 1911 年)(也译作哈兰、哈伦)大法官在1896年布朗案中的少数意见准确总结了这种歧视观:"联邦政策必须基于肤色色盲的宪法。"③

---

① See Richard A. Primus, "Equal Protection and Disparate Impact: Round Three", *Harvard Law Review*, Vol. 117, No. 2, 2003, pp. 493 - 587.

② See Hugh Davis Graham, "The Origins of Affirmative Action: Civil Rights and the Regulatory State, Annals of the American Academy of Political and Social Science", *Affirmative Action Revisited* Vol. 523, 1992, pp. 50 - 62.

③ 海伦大法官在该案中独立发表了异议司法意见,海伦法官认为:"我们的宪法是色盲的(color - blinded),它不知道也不会容忍公民中的阶级分化,所有公民在法律面前一律平等。在涉及由我国宪法保证公民权的问题上,法律考虑的是人本身,并不考虑他的个人境况和族裔归属。"参见北京大学法学院司法研究中心编:《宪法的精神:美国联邦最高法院200年经典判例选读》,邓海平等译,中国方正出版社2003年版,第133页。

三、谨慎的民权法律规范

到1963年时,民权运动已经完成了从"非暴力劝导"向"非暴力威压"的转变。以平等就业机会为核心诉求的社会经济权利成为民权运动的核心问题,黑人社会寻求种族就业平等的方式愈加激烈,静坐、抵制、纠察、抗议示威、种族骚乱频繁发生。马丁·路德·金(Matin Luther King)领导的伯明翰示威及其著名的演讲经由实况转播后对社会舆论产生了深刻影响,消除种族就业歧视、改善扭曲的种族关系开始得到主流民意的支持,在禁止就业歧视议题上,美国民权运动中的两大统一战线业已形成:一是劳工、自由主义者、民权团体的结合;二是黑人社会与白人主流社会的共识。① 在民选的代议制政体中,民意的变化必然反映在国会的政治博弈之中,主流民意的以上改变使得长期存在于国会中的强大的种族保守主义势力暂时处于少数派地位。② 1963年7月,肯尼迪总统向国会提交了有关禁止在公

① 就业优惠得益于社会政治联盟的形成,社会政治联盟在核心价值上的一致性为就业优惠政策的产生创造了条件,联盟内部关于优惠照顾的政策分歧也为今后就业优惠运动的分裂埋下了伏笔。张文静在《美国肯定性行动的政策变迁——基于支持联盟框架的分析》一文中指出"部分白人基于良心和道德认为,应该对数百年来黑人所受到的非人奴役进行补偿,以使他们获得与白人同等的机会,从而开始支持肯定性行动。支持实施肯定性行动的联盟,在政策核心信仰方面拥有高度的一致性,但联盟内部在表层信仰—肯定性行动的实施范围、实施方法等方面却存在较大的分歧"。参见张文静:《美国肯定性行动的政策变迁——基于支持联盟框架的分析》,载《中国教育法制评论》第七辑。

② 克利福德·M.莱特尔(Clifford M. Lytle)在《〈民权法〉案的历史考察》一文中认为,两个重要因素推动了1964年《民权法》案:其一,自由主义政治集团的社会动员及其引发的社会对抗。其二,国会民权支持者立法策略的成功。以上两个因素调动了其他各种有利因素,改变了社会政治气候,为《民权法》的通过创造了条件。See Clifford M. Lytle, "The History of the Civil Rights Bill of 1964", *The Journal of Negro History*, Vol. 51, No. 4, 1966, pp. 275 -296.

共设施实施种族隔离的议案，此议案成为后来的《民权法》第二章。同年 11 月，白宫与国会两党领袖达成了共识，均同意在议案中增加禁止就业歧视条款（后来的《民权法》第七章），并建立 EEOC 以监督和执行《民权法》第七章。

在国会的立法进程中，《民权法》是美国意识形态领域内的一场战争，参战的双方分别是国会自由主义者和种族主义者，自由主义者主要由北方民主党议员和共和党开明派组成，种族主义者的主体则是强大的参议院民主党南方集团，"是否应当禁止就业歧视"是双方争夺的主阵地。对于白宫和自由主义议员而言，公平就业权利主要意味着禁止就业歧视，而非种族优惠和就业配额，实现少数族裔的公平就业机会既不能削弱白人劳工的既得利益，也不能损害自由主义的经济制度。因而，以经济增长促进公平就业、以教育平等推动就业平等成为《民权法》的主要理念。在最终的有关禁止就业歧视的决战到来之前，国会中首先发生了一场有关就业优惠的前哨战，一件偶发的就业优惠纠纷验证了国会对于《民权法》的疑虑，共和党议员担心即将通过的《民权法》会超越禁止歧视的界限，进而演变成大规模的种族优惠和就业配额。

1964 年 3 月，伊利诺伊州公平就业委员会的一名黑人听证员判令摩托罗拉公司雇用一名入职考试不及格的黑人求职者，并认定此类入职考试忽视了"黑人所处的不平等的和不利的社会环境"，因而对"文化上受压制的和不利的群体"构成了不公平对待，听证会最终要求摩托罗拉公司改变雇佣实践，废除此类入职考试。① 自由主义者认为这种激励的种族就业优惠措施涉嫌过分干预企业的用工自主

① See Graham, "Civil Rights Era", *The origins of aa* 54, 1990, pp. 145 – 152.

权,进而颠覆了契约自由这一美国经济制度的核心价值观,国会少数党领袖埃弗雷特·迪克森(Everett Dirksen)议员强烈抨击了种族就业配额,并要求在《民权法》中禁止对少数族裔实施就业优惠;南方种族主义者则借此大肆攻击即将表决的整个《民权法》,企图挑起白人劳动阶层对《民权法》的憎恨。为了战胜国会中强大的南方种族主义势力,赢得共和党议员的支持成为议案成败的关键,国会民主党领袖同意修改《民权法》以消除共和党议员的疑虑。多数党代表 W. H. 汉弗莱(W. H. Humphrey)否认该法案允许"对任何个人与群体实施优惠对待",他强调"第七章仅仅禁止故意的就业歧视行为,因疏忽大意和意外事件导致的歧视行为并不违反该法,也不会导致法院强制执行的就业优惠"。[①]

《民权法》对于就业优惠的规定采取了模棱两可的态度。一方面,为消除人们对于"种族就业优惠措施"的担心,《民权法》的某些规范专门禁止了"就业优惠措施"。首先,第 703(j)部分规定:"本章从未要求相关的雇主、就业机构、劳工组织或者劳资联合委员会基于雇佣中的群体不平衡现象而给予任何个人或群体以优惠的对待,这些群体涉及种族、肤色、信仰、性别和原始国籍"。[②] 其次,第 703(h)部分重申了善意的资历与绩效制度的合法性,只要雇主没有将资历与绩效制度作为就业歧视的手段,其在招聘中设定资历条件就是合法的。

另一方面,《民权法》第七章的规范也透露了立法者并不愿意完

---

① See U. S. Congress, Senate, Congressional Record, 88th Cong., 2d sess., 4 June 1964, pt. 10, pp. 12723 - 12724.

② See "Civil Rights Act of 1964", *Public Law* 88 - 352, 78 Stat. 253, Section 703 (j).

全排斥就业优惠，依然为特定形式的就业优惠提供了法律依据。《民权法》的执行部分第706条(g)款授予了联邦法院实施就业优惠的权力："如果法院发现被告曾经或正在故意实施本法禁止的雇佣行为，法院可以判令被告停止实施这种非法的雇佣活动，并责令被告实施适当的就业优惠计划，这种就业优惠包括但不限于复职特定员工或雇佣特定求职者，还包括任何法院认为正当的救济手段。"①

第二节　就业优惠的高潮

一、激进的种族优惠尝试

在整个20世纪60年代，肯尼迪和林登·贝恩斯·约翰逊(Lyndon Baines Johnson)政府的就业平等努力主要立足于禁止就业歧视政策，希望通过"简单不歧视原则"为少数族裔社会赢得平等就业机会。"简单不歧视原则"的理论基础是绝对剥夺理论，即公开的和恶意的就业歧视行为使黑人社会处于绝对贫困的地位，黑人的贫困地位是美国族群冲突的根本原因。相应地，消除公然的制度性就业歧视和肆虐的个体性就业歧视是帮助黑人摆脱绝对经济贫困，进而实现社会政治稳定的正确途径。因此，这两届民主党政府的反歧视政策立足于"简单不歧视原则"，就业优惠政策同样主要服务于"简单不歧视原则"。

然而，美国黑人的就业困境有着更为复杂的社会根源，黑人的不

① See U. S. C. §2000e－5(g)(1)(2000). 虽然第706条(g)款规定法院在雇主故意实施的就业歧视案件中适用就业优惠措施就业优惠，但是联邦最高法院认为在非故意的差别效果诉讼中同样可以适用就业优惠救济手段。Albemarle Paper Co. v. Moody, 422 U. S. 405, 415－23, 10 *FEP*1181, (1975).

利处境不仅源于奴隶制和种族隔离的法律制度,也不仅仅源于孤立的个体性歧视行为,更是源于长期的制度化种族主义所形成的不平等的社会结构。在不平等的社会结构中,歧视具有自我维持和自我组织的能力,就业歧视并不完全依赖有意识的种族偏见和故意的歧视行为。[①]《民权法》明确宣布就业歧视非法,未迅速改善黑人的就业困境,黑人相对于白人的失业率并无显著变化。[②] 对于族群关系而言,《民权法》通过之后的1965年至1968年,美国城市种族骚乱集中爆发。以上事实均说明,消极的"简单不歧视原则"在当时的历史条件下,具有明显的功能缺陷,《民权法》高调宣布了族群就业平等,但却未能提供积极有效的法律手段。提高了黑人社会对于就业平等的期待,却无视黑人在就业领域面临的社会结构障碍,黑人社会的不满与愤怒并未因《民权法》的通过而减少。显然,黑人社会因民权运动而处于高度的政治动员之中,且对平等充满热切期望,已经不再满足于《民权法》的保守的解决方案,而是要求加速实现平等,而就业优惠正是加速实现平等的法律工具。

1965年6月,约翰逊总统在华盛顿特区的霍华德大学发表演讲:"一个群体刚刚从长期的枷锁中被解放出来,马上将其投入到种族竞争的起跑线上,然后宣布他们可以与所有其他人自由竞争,这种做法

① See Robin Stryker, "Disparate Impact and the Quota Debates: Law, Labor market Sociology, and Equal Employment Policies," *The Sociological Quarterly*, Vol. 42, No. 1 (winter, 2001), p. 15.

② 美国1950年至1981年的16岁以上人口就业率统计数据参见美国联邦劳动力统计局公布数据。See U. S. Bureau of Labor Statistics, Handbook of Labor Statistics: 1978, Tables 3 and 60; Employment and Earnings, Vol. 26, No. 1; Vol. 27, No. 1; Vol. 28, No. 1.

是不公平的。我们的社会政策寻求的是公平机会而非仅仅是自由。”[①]“仅仅开启机会之门还不够,我们所有的公民都需具有穿越机会之门的能力。我们追求的不仅是自由,而且是机会,不仅是法律上的平等,而且是人的能力;不仅是权利和理论的平等,而且是事实和结果的平等。”[②]约翰逊的讲话表明,面对后民权时代复杂的社会政治局面,“自由主义者开始意识到以简单不歧视原则为核心诉求的《民权法》具有局限性,不足以应对严苛的结构性种族主义,暂时性的以结果为导向的就业优惠措施成为无法回避的问题”。[③] 因而开始调整平等就业政策,以优惠照顾为核心的就业优惠措施构成了本轮政策调整的方向。肯尼迪和约翰逊政府通过数个行政命令首次提出了就业优惠的概念,并谨慎勾勒出现代就业优惠的雏形。但就业优惠真正大规模付诸实施则是在随后到来的尼克松(Richard Milhous Nixon)时代,就业优惠的高潮同样得益于联邦司法系统对优惠照顾的开明态度与积极支持。

在尼克松时代之前,现代就业优惠政策内涵模糊且无固定形态。肯尼迪的第 10925 号行政命令禁止承包商实施就业歧视,并要求承包商采取就业优惠以避免种族、肤色、原始国籍等因素影响雇佣决定,此时的就业优惠具有消极含义,仅仅意味着采取就业优惠以确保没有基于特定身份的区别对待。美国《民权法》关注的重点也是禁止基于种族、肤色、信仰、性别及原始国籍的歧视行为。约翰逊的第

---

① 此段约翰逊总统的演讲译自美国联邦政府文件汇编,参见 Lyndon B. Johnson, Vol. 2, 1965, Washington, DC: Government Printing Office, 1966, p. 636。

② 张玉:《美国高等教育“肯定性行动计划”政策价值分析》,载《比较教育研究》第 6 期。

③ See Hugh Davis Graham, “Riots and Riot Commissions”, *Public Historian* , 1980, pp. 7 – 27.

11246 号行政命令也是禁止行政机构、联邦合同承包商和分包商基于种族、肤色、信仰、原始国籍的就业歧视行为,虽然勾勒出了就业优惠的可能形态,但离真正的就业优惠措施还相去甚远。尼克松之前的就业优惠政策总体上是服务于"肤色中立"的反歧视目的,有学者将这一时期的就业优惠描述为:"就业优惠并没有被制度化为任何具体的政策"。①

联邦就业优惠的崛起主要出现于联邦政府合同执行领域。联邦合同项目产生于约翰逊政府的第 11246 号行政命令,成熟于尼克松时代。1968 年 5 月,联邦合同服从办公室发布的项目指南中出现了雇佣少数族裔员工的"数量目标与时间表"以及"种族代表性要求",以便促进全面的平等就业机会。1970 年,联邦项目就业优惠变得更为激进,在当年发布的新版项目指南中提出了"以雇佣结果为导向的合同执行程序"。1971 年 12 月,联邦合同服从办公室再次发布新的项目指南,明确解释了"雇佣数量目标与时间表"与"代表性过低"的含义,"代表性过低"意味着在某一特定职业部门中企业实际雇佣的少数族裔员工数量少于正常情况下应当雇佣的数量,"雇佣数量目标与时间表"则要求实质性地增加少数族裔与女性工人的雇佣代表性。雇主只要发现实际雇佣值与应当雇佣值不一致时,都应当开展代表性自检,准备实施就业优惠补救计划,并承担就业优惠救济行动的举证责任。

就业优惠计划不仅在联邦项目政策规则层面上变得愈加激进与

---

① See Skrentny, John David, *The Ironies of Affirmative Action: Politics, Culture, and Justice in America*, Chicago, University of Chicago Press, 1996, Chapter Ⅷ.

严厉，而且在联邦合同项目中得到大规模实施与推广。[①] 尼克松政府制定了费城计划，要求联邦建筑项目承包商对建筑业黑人工人实施就业优惠措施。[②] 费城计划的成功实施与全面推广带来了美国就业优惠的高潮。费城计划主要得益于两方面的因素：其一，劳动部联邦合同合规办公室（Lobor Department's Office of Federal Contract Compliance，OFCC）执行网络的壮大为就业优惠提供了组织保障。从约翰逊时代开始，OFCC 的组织建设已经有了较大的发展，至 1968 年，OFCC 已经在 27 个联邦机构中建立合同投诉机构，其中包括卫生部、教育和福利民权办公室、司法部，此外，1969 年尼克松政府在商务部内成立了少数族裔企业办公室，以便促进联邦合同资金加速向少数族裔企业流动。至 20 世纪 70 年代，就业优惠的人事与行政网络已经遍及联邦、州、市政等各级政府，覆盖了政府机构、私营工商业、教育系统及非营利社会组织。[③] 尼克松政府最初在民权问题上的战略并不稳定，政府的民权政策在一定程度上缺乏一致和明确方向，既想提高黑人社会的就业状况与经济地位，又想将对民主党深感失望的南方白人社会拉入到共和党的阵营。尼克松任命了多名南方保守主义者担任联邦政府重要职务，但是也任命了一批同情和支持种族优惠的人士管理劳工部门，其中包括对于就业优惠至关重要的阿瑟·

---

① See Robert P. Schuwerk, "The Philadelphia Plan: A Study in the Dynamics of Executive Power", *The University of Chicago Law Review*, Vol. 39, No. 4, 1972, pp. 723 – 760.

② 费城计划于 1969 年 6 月 27 日发布给各相关联邦机构，该计划的执行命令与实施办法于 1969 年 12 月 23 日颁布，该计划于 1971 年 3 月 1 日扩展到了所有适格的建筑合同承包商与分包商。费城计划的法律文本参见 I CCH Employment Practices Guide § 1708（1972）；I CCH Employment Practices Guide § 1710（1972）。

③ See Alfred W. Blumrosen, *Black Employment and the Law*, New Brunswick: Rutgers University Press, 1971, pp. 9 – 20.

弗莱彻(Arthur Fletcher)。阿瑟·弗莱彻是就业优惠的积极支持者,他认为:“雇佣少数族裔员工的目标与时间表是非常必要的,只要没有违反《民权法》的配额要求。并批评OFCC以往在就业优惠上过于保守:OFCC对于黑人社会影响力不足,是因为这个机构在以往对就业平等政策执行不力。并任命黑人工人出身的约翰·威尔克斯(John Wilks)担任OFCC的主任。”①其二,1969年的建筑业种族冲突构成了费城计划的社会政治背景。建筑业是黑人工人的重要就业领域,但是黑人工人长期难以进入建筑业的优质岗位。黑人人口数量占费城人口的1/3,但是黑人工人仅仅占费城建筑业工会中的2%。对于黑人的平等就业要求,以白人为主的建筑业工会提出了老生常谈的解决方案,即逐步向黑人工人开放专业岗位的职业培训,逐渐增加黑人在专业岗位的实习机会,然而,黑人社会显然已经对渐进主义道路失去了耐心,建筑行业很快成为种族冲突的主战场,黑人建筑工人与白人工人以及警察之间的暴力冲突席卷了匹兹堡、西雅图、芝加哥、纽约和波士顿等主要的大城市。1969年的建筑业冲突表明黑人工人无法通过《民权法》的禁止歧视原则在建筑业获得平等机会。美国全国有色人种协进会(National Association for the Advancement of Colored People,U. S. ,NAACP)对此评论说:“已经到了采取全新的就业平等保障策略的时候了,由工会控制雇佣和培训的传统建筑业就业模式已经过时。”②

---

① See Fletcher quote from Hearing before the Committee on Labor and Public Welfare, U. S. Senate, 95th Congress, 1st Session, on Arthur Fletcher to be an Assistant Secretary of Labor, April 15, 1969, Washington, DC, Government Printing Office, 1969, pp. 10 – 12.

② See Hill quote from Wall Street Journal, September 26, 1969, p. 1; Peter Nash, "Affirmative Action under Executive Order 11246", *NYU Law Review* 46, 1971, p. 238.

尼克松政府选择费城作为新的就业优惠的突破口和试验场。1969年6月27日,联邦劳工部正式发布"费城计划",计划要求所有参与50万美元以上标的联邦合同的承包商,都必须提交相应的就业优惠方案,方案中应当详细载明雇佣少数族裔员工的具体数量目标和实现此目标的时间表。由于"目标与时间表"是投标文件的必备内容,因而促使雇主在实际竞标之前就必须认真对待和慎重设计就业优惠方案,以上要求随后从建筑业扩展到了六个主要的行业工会。9月23日,劳工部发布了第二个就业优惠规则,规定了指导雇主建立目标与时间表的一般雇佣数量标准,劳工部希望通过就业优惠计划使黑人在建筑业的就业率从1969年的5%提高到1973年的19%～26%。①

尼克松时代,劳工部加大了就业优惠的力度,制定和发布了一系列针对联邦合同承包商的就业优惠行政规则,用以增强就业优惠的组织和程序建设。1969年10月发布的劳工部第1号行政命令简化和重整了联邦合同就业优惠监管机构,将原有的26个行政机构整合为15个;劳工部于1972年1月发布了第14号行政命令,实现了所有联邦机构的平等就业机会执行程序的标准化和统一化,增强了联邦政府执行就业优惠的效力;②1970年2月劳工部发布了新的平等就业规则"劳工部第4号行政命令"(1971年12月被重新修订),该命令要求:"在联邦合同开始执行的120天内,每一个合同金额在5万美元以上、员工数量在50人以上的承包商和分包商都必须为其每一个机构制订书面的就业优惠计划。即使只是其下属机构承包了联邦

① Congress Record, Volume 115, Part 29, p. 39951.

② Order #1 From Civil Rights Commission, Federal Enforcement Efforts, p. 195. Order#14 from Black News Digest, January 31, 1972.

合同也需履行以上义务”。[①] 就业优惠计划应当包括分析企业生产与运营的整个流程,以便确定是否存在过少雇佣少数族裔员工与女性员工的情况。确定“过少雇佣的标准”需要综合考虑以下因素:特定群体工人在本地劳动力市场上的可获得性、特定群体工人失业率,当特定承包商雇佣的少数族裔工人明显低于该劳工群体在本地劳动力市场中的供给与雇佣比例时,可以认为承包商构成了过少雇佣。经过以上标准的分析,如果认定雇主确实存在过少雇佣的问题,雇主必须及时有效地矫正以上雇佣缺陷,其应当采取的矫正方法是发展一套“有实质效果的、可测量的和可实现的”少数族裔雇佣“目标和时间表”。[②]

劳工部第4号行政命令修订版(Revised Order 4)在规定就业优惠时的详细程度超过了以往所有的联邦政府法律文件,使就业优惠从模棱两可的道德责任变成了具体明确的法律义务,针对少数族裔的就业优惠不再是承包商的口头承诺,而是成为附条件的联邦承包合同中的合同解除条件,承包商违反就业优惠规定不仅会导致当前合同的撤销,而且会丧失今后参与联邦合同的竞标资格。但是,在极大地发展了就业优惠的同时,劳工部就业优惠规则同样存在一系列的技术性缺陷,主要体现在对于就业优惠至关重要的“过少雇佣标准”的分析上。“过少雇佣标准”依据的是当地劳动力市场中的劳动力供应情况,即特定群体劳动力的“可获得性”,因而,劳动力可获得性分析成为就业优惠计划中的关键环节。

与政府针对私营企业的就业优惠规定相对应,联邦政府自身也

---

① See Revised Order #4, U. S. Code of Federal Regulations, 60 - 2.1.

② See Revised Order #4, U. S. Code of Federal Regulations, 60 - 2.1.

开始实施“政府雇佣就业优惠计划”。在联邦政府的雇佣实践中，少数族裔虽然有较多机会在政府中找到工作机会，但是长期集中于初级岗位。“肯尼迪与约翰逊政府的就业促进政策主要着眼于保障具有较高职业资历和教育经历的少数族裔获得基本的联邦政府职位，政府在提高了少数族裔政府雇员从业比例的同时未能提高他们的岗位级别。尼克松政府则在此基础上，将就业优惠的重点放在了整体性地提高少数族裔在联邦政府中的职位等级，而非继续增加少数族裔在初级岗位上的代表性。”①1969 年 8 月颁布的第 11478 号行政命令规定了联邦机构实施就业优惠的方法与步骤，同年在公务员委员会内专门成立了联邦公平就业机会办公室（OFEEO）负责监督联邦雇佣实践中的反就业歧视措施，但是由于就业优惠与美国公务员系统所遵循的“绩效功绩”理念具有内在的冲突，因而联邦政府内部的就业优惠的影响力不如联邦合同领域。

“卡特政府继承了民主党的遗产，致力于解决性别歧视、黑人教育、公共住房等社会问题。1979 年，他颁布了第 1138 号行政命令，它规定：联邦机构需要采取‘就业优惠以支持妇女企业’，此外，每个有权发放津贴、合作协定、租赁及承包的部门必须颁发‘要求这些帮助的接受者采取适当的就业优惠来支持妇女企业’的一些规定，并明确了对于不遵守规则的接受者给予制裁。”②

二、开明的法院判例支持

由于就业优惠并无明确的宪法和国会制定法规范作为依据，联

---

① See Robert E. Hampton, “The Response of Government and the Civil Rights Service to Antidiscrimination Efforts”, in Madison eds., *Industrial Relations Research Association Series*, university of Wisconsin Press, 1977, pp. 144 - 145.

② 张立平：《论就业优惠》，载《太平洋学报》2001 年第 3 期。

邦就业优惠的主要动力是政府实施的各种行政行为。在行政法治的原则之下,就业优惠的法律效力与合法性问题在很大程度上取决于司法系统怎样实施宪法、怎样解释法律,在美国就业优惠的高潮时代,联邦法院系统对于就业优惠的支持发挥了至关重要的作用。

尼克松政府的费城计划加重了承包商的雇佣责任,削弱了工会组织在建筑业雇佣中的传统地位,不可避免地遭到承包商和工会组织的反对。由于联邦行政机构与国会都支持费城计划,承包商转而寻求通过司法诉讼质疑费城计划就业优惠的合法性。在费城所在的宾夕法尼亚州东部地区,东部宾州承包商协会是一个履行着庞大联邦建筑项目的行业协会组织,该组织起诉联邦政府的费城计划违反联邦政府的反歧视法。① 在随后的诉讼中,联邦上诉法院认为费城计划符合执行肯尼迪和约翰逊政府相关行政命令所规定的就业优惠要求,且该计划内容设计得当、实施方法正确,因而驳回了原告的诉讼请求。法院指出国会制定《民权法》的目的不仅仅是维持黑人当前的就业处境,《民权法》中没有费城计划的规定并不能证明费城计划一定构成违法,只要《民权法》未明确禁止费城计划。法院承认费城计划是基于肤色的考量,但是自 1961 年第 10925 号以来的一系列行政命令都已经表明了“肤色考量”本来就是就业优惠的应有之义,政府承包商理应实施“肤色考量”的就业促进措施。② 此外,法院还授权联邦劳工部负责解释一系列行政命令所规定的就业优惠。对于费城计划以及其他就业优惠计划而言,该判决是决定性的司法胜利,法院

① See Christine Reyna, "Searching for Common Ground between Supporters and Opponents of Affirmative Action", *Political Psychology*, Vol. 26, No. 5, 2005, pp. 667 – 682.

② See The Contractor Association of Eastern Pennsylvania v. the Secretary of Labor 442 F. 2d 170 & 173.

不仅承认了就业优惠的合法性，而且授予行政机构以就业优惠制定权。法院的判决在很大程度上意味着平等就业措施开始从《民权法》消极的“简单不歧视原则”转向积极的就业优惠措施。

在这一时期，对就业优惠影响最为深远的司法判例是1971年联邦最高法院关于格里格斯诉杜克电力公司案（以下简称格里格斯案）的判决①。如果说费城计划的司法判例初步巩固了就业优惠的合法性，格里格斯案则堪称就业优惠发展中的里程碑，该案有关差别效果的司法理论突破了《民权法》对于歧视的传统理解，为就业优惠奠定了坚实的法理基础。该案缘起于杜克（Duke）公司有关调动工作部门的规定，即从传统上以黑人为主的劳力部门调入传统上的白人部门不仅需要进行智力与理解力测验，而且需提交中学文凭，公司虽然免除了黑人申请者的测验，但是依然要求中学文凭，黑人申请者认为被告公司的雇佣规定存在种族歧视，遂向平等就业机会委员会投诉，委员会调解失败后原告向联邦法院起诉。该案诉讼争议的核心在于故意实施的差别对待是否是构成就业歧视的必要条件，如果表面上中立的雇佣行为产生了明显的差别后果是否构成就业歧视？该案经三级联邦法院审理，并由联邦最高法院作出终审裁决。最高法院认为，即使商业雇佣实践没有就业歧视的主观故意，只要具有明显的歧视后果同样违反了《民权法》第七章有关就业歧视的规定。② 最高法院伯格法官在本案意见中认为：“在本法面前，表面上中立性的实践、程序或测试，甚至中立的动机，只要固化了以往就业歧视实践的后

① See Griggs v. Duke Power Co. ,401 U. S. 424 (1971).

② See Joel WM. Friedman, “The Law of Employment Discrimination”, *New York*: *Foundation Press*, 2007, pp. 247 - 251.

果,同样是违法的。”①格里格斯有关歧视效果的判例对于就业优惠的兴盛具有重大的历史意义。首先,在本案中,法院通过广义解释扩大了《民权法》所规定的就业歧视的内涵,根据社会与经济因素重构了歧视的法律概念,社会经济不利因素不再成为雇主剥夺少数族裔平等权利的免责因素;②其次,原告不再需要负担证明雇主故意实施歧视的举证责任,这意味着不仅整个雇佣环节而且最终的雇佣结果都会面临空前严格的司法审查标准;最后,法院在本案中采信了平等就业机会委员会的就业测验指导意见,这意味着平等就业机会委员会虽然没有直接的执法权,但是该委员会的规则和意见在司法判决中起着至关重要的作用,为了避免可能的司法风险,大量雇主开始认真审视和遵守该委员会有关就业优惠的规定。

最后,联邦法院开始加强就业优惠的强制执行工作,法院在判决中开始大量采用数量化的就业优惠措施。

第三节　就业优惠的衰退

一、政治保守主义的回潮

在尼克松及其继任者福特政府时期,各种就业优惠全面展开,就业优惠计划已经成为美国经济系统的重要组成部分。在司法和行政系统的支持下,就业优惠遍及美国所有主要的就业领域。从 20 世纪 80 年代中期开始,随着美国政治格局的变化,有关就业优惠的社会政

---

① See Griggs et al v. Duke Power Company 401 U. S. 430.

② See Alfred W. Blumrosen, “Strangers in Paradise: Griggs v. Duke Power Co. and the Concept of Employment Discrimination”, *Michigan Law Review*, Vol. 71, No. 1, 1972, pp. 59 – 100.

治争议开始加剧,各种反对就业优惠的思潮与行动逐渐增加。[①] 更为重要的变化出现在行政系统与司法系统中,里根(Ronald Wilson Reagan)政府开始从就业优惠议题上大规模后退,里根政府后期联邦司法系统也开始采取严厉的态度,长期以来行政与司法都是推动就业优惠的两个引擎,行政政策与司法态度的转向不可避免地带来了就业优惠的衰退。

里根政府带来了美国种族政策的重大变化,此前为数届政府所积极推行的种族就业平等政策与政府就业干预措施在一定程度上遭到抛弃。"与过去半个世纪以来的任何一届政府相比,里根政府对民权与消除种族不平等显然不具有太多的兴趣。埃德温·梅森(Edwin Meese)在1985年成为合众国的司法部部长,他和总统先生的其他私人顾问都呼吁撤销上面提及的行政命令,从而停止要求政府发包方为提高少数种族的雇佣而设定指标。司法部还支持原告挑战那些自发的纠偏行动政策。"[②]里根政府的主要关注点并不在黑人问题上,其"反对政府干预市场""削减公共预算与福利开支"的政策理念与就业优惠存在明显的冲突。在就业平等问题上,里根政府拒绝接受广泛的系统性歧视的概念,否认以往歧视历史的现实后果,以上两种理念经由此前几届政府逐渐建构起来,并构成了群体性就业优惠的法理基础。里根政府将就业歧视解释为针对特定个人实施的行为,歧视的救济对象只能是那些能够证明自己已经遭受就业歧视伤害的个人。这种保守的歧视理念在很大程度上解构了就业优惠的政策与

---

① 有关里根政府的保守主义转向,参见 Betty Glad,"Reagan's Midlife Crisis and the Turn to the Right",*Political Psychology*, Vol. 10, No. 4, 1989, pp. 593 – 624。

② [美]阿奇博尔德·考克斯:《法院与宪法》,天雷译,北京大学出版社2006年版,第297页。

实践,并与整个20世纪70年代的民权战略产生了尖锐对立,行政性的就业优惠如"雇佣少数族裔员工数量标准、目标与时间表"等政策受到直接威胁,而司法性的就业优惠如"反歧视共同诉讼、差别效果诉讼"则处于潜在的风险之中。

里根政府的一系列重要人事任命对于就业优惠产生了消极影响。一方面,里根政府任命了大批保守主义行政官员掌管重要的民权政策制定与执行工作。"对于就业优惠至关重要的联邦司法部、民权委员会等关键部门均由就业优惠的反对者掌管,这些行政任命使得民权组织难以利用联邦行政资源推动就业优惠的实施。"①另一方面,对就业优惠而言,更为不利的人事任命发生在联邦司法系统中,从里根政府到随后的布什政府连续任命了大量保守主义者担任联邦法官,司法任命从根本上改变了联邦法院的人事格局,逐渐造成了不利于就业优惠的司法转向。联邦最高法院首席大法官伯格(Warren Earl Burger)在1986年退休,里根获得了增强最高法院保守力量的绝佳机会,随后的布什政府延续了里根政府的法官任命风格。

二、司法能动主义的衰退

在就业优惠形成与发展过程中,联邦法院扮演着决定性的作用,就业优惠的推广主要得益于联邦法院的支持。然而,在1989年,里根总统(Ronald Wilson Reagan)任命了桑德拉·奥康纳(Sandra O'Connor)、安东尼·斯卡利亚(Antonin Scalia)、安东尼·肯尼迪(Anthony Kennedy)担任联邦最高法院大法官,并且任命威廉·伦奎

① See Elder Witt, *A Different Story: Reagan and the Supreme Court*, Washington, DC: Congressional Quarterly Inc. Press, 1986, pp. 111 – 126.

斯特(William Rehnquist)担任首席大法官,联邦最高法院具备了挑战和颠覆就业优惠的足够司法力量,自当年的沃德斯科夫包装公司诉安东尼奥案(以下简称沃德斯科夫案)①和里士满市诉 J. A. 克罗森公司案(以下简称克罗森案)②开始,联邦法院对就业优惠的态度发生了逆转,而且在克罗森案中首次形成了质疑就业优惠合宪性的多数意见。

在 1989 年的沃德斯科夫案中,联邦最高法院反对该项就业优惠,尤其是重新审视了“差别效果理论”的司法适用问题。在该案中,法院多数意见虽然在一定程度上认可了差别效果理论的司法效力,承认了可以用差别效果来判断雇主的主观目的和雇佣实践,但法院提高了原告差别效果诉讼的证据责任,强调不同部门之间单纯的员工种族成分的不同并不足以构成差别效果诉讼的初步证据。首先,联邦最高法院宣告了何种就业统计分析方法可以作为就业歧视的证据,该项有关统计分析的司法判决决定着以纠正歧视效果为目的的就业优惠是否合法;其次,法院重新规定了差别效果诉讼中的举证责任分配规则,加重了原告的举证责任,减轻了雇主的举证负担。

在 1989 年的克罗森案③中,联邦最高法院的多数意见否决了涉案的就业优惠计划,安东尼·肯尼迪、拜伦·怀特(Byron White)、约翰·保罗·史蒂文斯(John Paul Stevens)三位法官加入了由威廉·伦奎斯特、桑德拉·奥康纳、安东尼·斯卡利亚法官组成的保守派阵营,最终以 6∶3 的多数意见宣告了该案中的就业优惠违法,该案奥康

---

① See Wards Cove Packing Co. v. Atonio, 490 U. S. 642 (1989).

② See City of Richmond v. J. A. Croson Co., 488 U. S. 469 (1989).

③ See City of Richmond v. J. A. Croson Co., 109 S. Ct. 706 (1989).

纳法官起草的多数意见得到了5位法官的支持。①

在1990年的都市广播电台诉FCC案中(以下简称都市广播电台案)②,联邦最高法院支持了都市广播电台案在发放广播执照时的两项少数族裔就业优惠计划,在本次判决中怀特法官和史蒂文斯法官加入了由小威廉·约瑟夫·布伦南(William Joseph Brennan,Jr.)、瑟古德·马歇尔(Thurgood Marshall)、哈里·布莱克曼(Harry Blackmun)组成的自由主义者阵营,并最终形成了支持就业优惠的5∶4的多数意见。该案是联邦最高法院最后一次形成支持就业优惠合宪性的多数意见,都市广播电台案之后,联邦最高法院最终完成了离弃就业优惠的司法转向。③

在1993年的佛罗里达州东北部联合承包商诉杰克逊维尔市案(以下简称杰克逊维尔案)中④,联邦最高法院减轻了挑战就业优惠的司法难度。在1995年的阿达兰德建筑商诉佩纳案(以下简称阿达兰德案)中⑤,联邦最高法院再次以5∶4的多数意见做出对就业优惠不利的判决,多数意见宣布联邦就业优惠计划必须如州和地方就业

---

① 有关克罗森案的审判实务及判例评析,参见Charles Fried,"Affirmative Action after City of Richmond v. J. A. Croson Co.:A Response to the Scholars' Statement",*The Yale Law Journal*,Vol. 99,No. 1,1989,pp. 155 - 161。

② See Metro Broadcasting v. FCC,497 U. S. 547 (1990).

③ 有关都市广播电台案的审判实务及判例分析,参见Patricia J. Williams,"Metro Broadcasting, Inc. v. FCC: Regrouping in Singular Times",*Harvard Law Review*, Vol. 104, No. 2 (Dec., 1990), pp. 525 - 546; Jonathan Weinberg, "Broadcasting and Speech",*California Law Review*, Vol. 81, No. 5 (Oct., 1993), pp. 1101 - 1206; Samuel L. Starks,"Understanding Government Affirmative Action and Metro Broadcasting, Inc. v. FCC",*Duke Law Journal*, Vol. 41, No. 4, 1992, pp. 933 - 975。

④ See Northeastern Fla. Chapter, Associated Gen. Contractors of America v. Jacksonville, 508 U. S. 656 (1993).

⑤ See Adarand Constructors, Inc. v. Peña, 515 U. S. 200 (1995).

优惠计划一样,接受最严格的合宪性审查。阿达兰德案再次重申了克罗森案确立的针对就业优惠的严格审查标准,实际上颠覆了都市广播电台案的判决。

三、州法修订引发的挑战

就业优惠在20世纪70~80年代达到高潮,从20世纪90年代开始受到广泛的政治与法律挑战,挑战不仅来自联邦系统,也来自州法的层面。“在联邦系统中,就业优惠的危机主要表现为联邦司法系统愈加严厉的司法审查,联邦法院对于就业优惠的司法限制极大地解构了就业优惠的强制力,使得就业优惠愈加成为自发性质的雇佣活动。”[①]在州法的层面,就业优惠面临着更为严峻的法律挑战,这种挑战主要来自政治环境的变化和因此而发生的州法的修改,州的修宪运动往往从根本上废除特定州内的就业优惠。反就业优惠的群体采取的政治策略是影响州的社会舆论,通过民主政治手段促成州法的修改,最终通过州法在州的层面上废除就业优惠。

反就业优惠运动中最重要的政治团体是个人权利中心(the California Civil Rights Initiative,CIR),这是一个以加州为中心的反就业优惠组织,反就业优惠组织的策略是通过政治与司法工具在州的范围内废除就业优惠。一方面,这些组织通过司法诉讼挑战就业优惠的合法性;另一方面,借助司法诉讼增加就业优惠的社会争议,进而在州内发起全民公投,通过修改州法废除就业优惠。1996年,CIR成功地在加州发起了有关就业优惠的公投,制定了加州《1996年209号

---

① See James A. Beckman, *Affirmative Action: An Encyclopedia*, London, Greenwood Press, 2004, p. 24.

提案》(1996 California Proposition 209),通过修改州法成功地废除了加州的就业优惠。此后,反就业优惠运动又在得克萨斯、密歇根、阿拉巴马、华盛顿、佛罗里达等州获得了不同程度的成功。1998 年,华盛顿州通过公投制定了华盛顿州《倡议 200》(Initiative 200),宣告该州实施的就业优惠非法。1999 年,佛罗里达州颁布了《一项佛罗里达倡议》(A Florida initiative),宣告废除该州范围内的以公立教育系统为主的优惠照顾计划。20 世纪 30 年代至 21 世纪初,美国就业优惠政策的变革如表 2-2 所示。

表 2-2 就业优惠政策的制度沿革时间

	1933 年	PWA 开始实施首个针对黑人劳工的就业优惠计划
罗斯福总统颁布第 8802 号行政命令,禁止防务工业和政府部门中的就业歧视行为,并建立公平就业实践委员会(FEPC)	1941 年	
	1943 年	罗斯福总统颁布第 9346 号行政命令,将禁止歧视的规定从单纯的防务工业扩大到了所有政府合同领域
杜鲁门总统发布第 9980 号行政命令,要求联邦政府机构应当实现就业公平,不得因种族、肤色、信仰和原始国籍而受到歧视	1948 年	
	1953 年	艾森豪威尔总统发布第 10479 号行政命令,建立了 PCGC

续表

肯尼迪总统签署第 10925 号行政命令,首次将"优惠照顾"一词用于民权执行政策,并决定建立总统平等就业机会委员会	1961 年	
	1963 年	肯尼迪总统向国会提交了有关禁止在公共设施实施种族隔离的议案(后来的《民权法》第二章);同年 11 月,白宫与国会两党领袖均同意在议案中增加禁止就业歧视条款(后来的《民权法》第七章)
伊利诺伊州公平就业委员会的一名黑人听证员判令摩托罗拉公司雇用一名入职考试不及格的黑人求职者,并认定此类入职考试忽视了黑人所处的不平等的和不利的社会环境,对文化上受压制的和不利的群体构成了不公平对待	1964 年	
	1965 年	约翰逊总统发布有关就业优惠的第 11246 号行政命令,禁止行政机构、联邦合同承包商和分包商基于种族、肤色、信仰、原始国籍的就业歧视行为;约翰逊总统在霍华德大学发表演讲,宣布:"我们的社会政策寻求的是公平机会而非仅仅是自由"
约翰逊总统发布 11375 号行政命令,要求联邦政府机构建立一种积极的就业机会平等政策	1967 年	

续表

	1969 年	尼克松政府制订“费城计划”，要求联邦建筑项目承包商对建筑业黑人工人实施就业优惠措施；尼克松政府在商务部内成立了少数族商企业办公室，以便促进联邦合同资金加速向少数族商企业流动；政府颁布第 11478 号行政命令，规定了联邦机构实施就业优惠的方法与步骤
卡特政府颁布了第 1138 号行政命令，规定联邦机构需要采取“就业优惠”以支持妇女企业	1979 年	
	1985 年	梅森成为美国的司法部长，他呼吁政府发包方停止为提高少数种族的雇佣而设定指标
CIR 在加州发起有关就业优惠的公投，制定了加州《209 号提案》，通过修改州法成功地废除了加州的就业优惠	1996 年	
	1998 年	华盛顿通过公投制定了华盛顿州《倡议 200》，宣告该州实施的就业优惠非法
佛罗里达州颁布了《佛罗里达倡议》，宣告废除该州范围内的以公立教育系统为主的优惠照顾计划	1999 年	

第四节　南非等国就业优惠制度的沿革

南非完成社会转型后,就业优惠制度同样经历了涨落变化,这种变化反映了就业优惠作为暂行特别措施的法律性质,以及社会舆论与政治环境的变迁过程。1990 年至 2000 年,族群平等是社会中心议题,快速改善黑人地位是国家中心任务,广泛的平权立法是主要举措。就业平等法律制度得以快速建立,从宪法到部门法均在增加就业平等条款,因为采取了群体权利视角,各种就业优惠措施广泛出现在法律规范中,以期纠正种族隔离时代的恶果。

2010 年之后,平等观念已经深入人心,公正理念已成社会共识,基础性的反歧视制度业已稳固,就业优惠法律制度形成体系,群体教育和就业状况出现改善,群体就业平等逐渐碰触到深层次结构性问题,通过直接的就业优惠措施提高少数群体就业机会的紧迫性逐渐降低,上述情况给就业优惠制度的发展变化带来了新的影响。这一阶段,就业领域制度变革难以突破现实困境,进入深层次结构调整期。就业优惠的主要形式是间接的优惠措施,主要体现为赋能、赋权、积极消除障碍等,就业优惠的重点是有效执法而非新的立法活动。该阶段的主要做法如表 2－3 所示。

表 2－3　南非社会制度变革的主要措施①

南非《1995 年劳资关系法》	该法涉及各种劳动权利，包括结社自由和集体谈判权
南非《1998 年就业公平法》（1998 年第 55 号法案）	该法旨在通过消除（不公平的）歧视来促进就业领域的平等机会和公平待遇，并推动实施就业优惠措施，以解决弱势群体的不利因素，确保在劳动人口的所有职业类别和职业层次上得到公平代表权
南非《1998 年技能发展法》（Skills Development Act of 1998）和南非《1999 年技能发展征税法》（Skills Development Levies Act 9 of 1999）	该法规定了一个技能发展管理框架。南非《1998 年就业公平法》需要和《技能发展框架》协同执行。此外，《技能发展法》规定了针对各种族妇女（占 54%）、包括妇女在内的黑人以及残疾人的技能发展目标
南非《2000 年促进平等和防止不公平歧视法》	该法全面处理歧视问题，并解决影响促进工作场所平等的残余因素。它涵盖了南非《1998 年就业公平法》未涉及的雇员问题，其范围涵盖包括家庭在内的所有生活领域。该法还禁止基于性和其他理由的“骚扰”，禁止“仇恨言论”
南非《2000 年优先采购政策框架法》（Preferential Procurement Policy Framework Act of 2000）	这是根据南非《宪法》第 217（2）条发布的一部宪法性法律。该法旨在保障采购交易中给予各妇女、黑人和残疾人优待，以此纠正历史因素造成的就业失衡现象，加速实现事实上的平等。该法建立了针对妇女、黑人、残疾人的优惠点数制度。该法在执行中效果并不显著，未根本性改变优势群体中标的局面。该法的效果取决于其与南非《2003 年黑人经济赋权法》综合运用的程度

① 资料来源：OHCHR。

续表

南非《2000 年住房贷款和抵押披露法》(Home Loan and Mortage Disclosure Act of 2000)	该法将信贷扩大到弱势群体，鼓励金融机构向他们提供购房贷款
南非《2003 年黑人经济赋权法》	该法涉及黑人妇女和男子以及残疾人的经济赋权问题，通过人力资源发展、优先采购和国有资产重组等方法，优先解决诸如就业公平和机会均等的问题
南非《2002 年失业保险缴费法》(Unemployment Insurance Contributions Act of 2002)	该法适用于帮佣工人和季节工人及其雇主，规定每月向失业保险基金缴纳工资的 1%，并强制雇主对其雇员进行登记，大大提高了弱势工人的福利
南非《2002 年就业基本条件法：部门确定 7：家庭工人部门》(Basic Conditions of Employment Act：Sectoral Determination 7：Domestic Worker Sector)	该规定由劳工部制定，以确保弱势工人受到保护。它提出了帮佣工人和园丁的基本工作条件和最低工资，还规定了工人工资的年增长率。截至 2003 年 11 月 1 日，这类全职雇员的工资收入增幅最低为 8%
南非《2003 年广义黑人经济赋权法》	该法旨在纠正南非经济系统中种族隔离的残余影响，涉及所有权、控制权和参与权方面的不平衡现象，黑人赋权的基本原则体现在了法律规范之中。政府还努力将性别纳入该法的执行工具，特别是《黑人赋权良好做法准则》和衡量黑人赋权情况的《通用平衡计分卡》。 该法涵盖广泛的经济问题，包括业务发展和取得信贷问题，还涉及与黑人妇女和男子赋权相关的就业公平和技能发展问题

第三章 Chapter 03

就业优惠的制度结构

域外国家就业优惠多涉及立法、行政、司法权力中的一种或几种。其中,具有迫切需求的国家则是综合运用了三种法律资源,采取了强制措施与市场力量相结合的方式,可以说是调动了所有可以调动的资源,尝试了各种可能有效的手段,这本身就说明了其推动就业优惠过程的复杂博弈。以美国为例,就业优惠的法律渊源包括联邦制定法、政府行政命令与行政规则、联邦法院司法判例;根据法律主体的差异,就业优惠分为私营企业自愿实施的就业优惠、联邦政府引导实施的就业优惠、联邦法院判决实施的就业优惠;根据法律方法的不同,就业优惠包括激进的种族就业配额、灵活的就业优惠措施、间接的教育平权手段、积极的禁止歧视原则。就业优惠具有以下制度特点:族群对象的倾向性、法律指引的能动性、种族优惠的暂行性、法律调控的利导性、法益相称的比例性、行政与司法驱动性。

加拿大、南非、北爱尔兰经历了与美国相似的法治历程,在反歧视法的基础上逐渐增加了就业优惠的法律功能,就业优惠措施的受益群体主要涉及特定种族、少数族群、女性、残疾人等,就业优惠的拘束对象不仅包括政府雇主,而且涉及广泛的私营企业,就业优惠的法律方法主要采用“设定目标与任务”等灵活手段。印度社会在历史上曾经深受歧视问题的困扰,1947 年印度独立之后通过宪法禁止基于信仰、种族、种姓、性别、出生地、居住地的歧视行为,并以宪法修正案的方式规定了就业优惠制度,宪法授权议会制定严格的就业配额制度来保障代表性不足的群体担任公职的机会。“1990 年印度政府宣布实施‘曼达尔方案’,为表列种姓(SCs)和表列部落(STs)在政府和公共企业中保留27%的职位。"①印度尼西亚同样长期面临就业不均衡的问题,马来人就业困难及其引发的经济贫困多次引发了全国性的族群骚乱。"出于政治稳定的需要,宪法确认了对马来人实施就业优惠的合法性,用配额制度来保障马来人的就业与经济权利成为新经济政策的主要措施,政府公共职位中的四分之三被保留给了马来人。"②此外,宪法关于就业优惠的条款受到了修宪程序上的严格限制,即使达到了2/3多数也不得对此条款进行修改。

第一节　就业优惠的法律渊源

一、国会制定法规范

美国《民权法》由十一章组成,其中六章分别从不同的角度规定了如何维护种族平等、废除种族隔离以及消除种族歧视的问题,其中第六章和第七章与"就业优惠"关系紧密。第六章标题为"联邦资助项目中的非歧视"(Nondiscrimination in Federally Assisted Programs),涉及所有联邦资助项目中的种族歧视现象,其核心内容为第601条,即:"在合众国境内,任何人在任何接受联邦财政资助的项目或活动中,均不应因其种族、肤色或族裔背景被拒绝参与或从中获益,或者

---

① See Jain, H. C. and Ratnam, C. S. V, "Affirmative Action in Employment for the Scheduled Castes and the Scheduled Tribes in India", *International Journal of Manpower* Vol. 15, No. 7, 1994, pp. 6 – 25.

② See Harish C. Jain, *Employment Equity and Affirmative Action: An International Comparison*, M. E. Sharpe, 2003, p. 16.

遭受到歧视"。[①] 第七章标题为"平等雇佣机会"(Equal Employment Opportunity),关注的是雇佣中存在的种族歧视现象,其核心内容为第703条(a)款,即"对于某雇主而言,下述之雇佣实践将是非法的:(1)因任一个人的种族、肤色、宗教信仰、性别或族裔背景而未能或拒绝雇佣或解雇此人,或用其他方式在雇佣薪酬、雇佣条款、雇佣条件或雇佣特权上歧视此人;或者(2)因任一个人的种族、肤色、宗教信仰、性别或族裔背景,通过剥夺或倾向于剥夺此人之雇佣机会的方式,或对此人成为雇员产生负面影响的其他方式,对雇员进行限制、隔离或区别分类"。[②]

美国《1965年小商业法案》(Small Business Act of 1965)第8条A款创立了少数民族保留制度,"要求联邦政府的合同应该为少数族裔拥有的企业保留一定的份额"。[③] "从立法部门看,这时期的立法进一步完善和加强了就业优惠。1972年国会通过了学校援助紧急法案,旨在消除种族隔离过程中援助校区,如用公车接送学生、重新划

---

① 《民权法》第六章规定了联邦资助项目中的非歧视原则,一方面将禁止歧视扩展到了联邦经济活动领域,另一方面为联邦就业优惠的强力扩长奠定了基础,有关《民权法》第六章联邦资助项目的非歧视与肯定行动责任。See Seth A. Goldberg,"The Origins of Affirmative Action:Civil Rights and the Regulatory State",*Stanford Law Review*, Vol. 30, No. 4 (Apr., 1978), pp. 803 – 833.; Hugh Davis Graham,"The Origins of Affirmative Action:Civil Rights and the Regulatory State",*Annals of the American Academy of Political and Social Science*, Vol. 523, Affirmative Action Revisited, 1992, pp. 50 – 62.

② 有关1964年《民权法》第七章的规定及分析,参见 Cheryl Krause Zemelman,"The After – Acquired Evidence Defense to Employment Discrimination Claims:The Privatization of Title Ⅶ and the Contours of Social Responsibility",*Stanford Law Review*, Vol. 46, No. 1 (Nov., 1993), pp. 175 – 211; Elaine W. Shoben,"Differential Pass – Fail Rates in Employment Testing:Statistical Proof under Title Ⅶ",*Harvard Law Review*, Vol. 91, No. 4, 1978, pp. 793 – 813。

③ 鞠立斌:《当代美国的"肯定性行动"与黑人就业问题》,内蒙古大学人文学院历史系2007年硕士学位论文,第5页。

分校区，对一些学校进行关停并转，以便在公立学校中实现种族融合。"①美国《1973 年全面就业与培训法》(Comprehensive Employment and Training Act of 1973)的出台，不仅扩大了对少数族裔劳工等弱势群体的就业和培训，而且加强了地方政府在职业培训中的责任和职能。1977 年国会通过了美国《1977 年公共就业法案》(Public Works Employment Act of 1977)，②授权支出 40 亿美元用于地方公共就业项目，该法案规定了预留金(set - aside)制度，要求给予地方公共建筑业的联邦基金中，至少有 10% 的款项用于纠正以往种族歧视对黑人等少数族裔造成的不利后果，具体的方法可以通过少数群体企业优惠的方式，如将一定的联邦资金专项用于购买少数族裔企业的服务或物资。③ "1978 年国会为'社会上或经济上处于不利的人拥有的企业'(DBEs)的预留项目提供了法律基础，它要求与联邦政府签约超过 50 万美元的承包商拨出一定的百分比指标留给 DBEs 次级承包商。1978 年，小企业局项目中的 96% 以上的公司属于少数族裔集团，其中 2/3 的公司是黑人办的。1982 年，国会通过的陆上交通援助法要求联邦高速公路管理局的支出中至少有 10% 要流向 DBEs。"④

联邦政府相继制定了美国《1977 年青年就业与示范项目法》(Youth Employment and Demonstration Project Act of 1977)、《1982 年工作培训伙伴关系法》(Job Training Partnership Act of 1982)、《1990

---

① 张立平：《论肯定性行动》，载《太平洋学报》2001 年第 3 期。

② See Hugh Davis Graham, *Civil Rights in the United States*, Pennsylvania: Pennsylvania State University Press, 1994, p. 24.

③ See Drew Day, "Fullilove", *Yale Law Journal* 96, No. 3, 1996, pp. 453 - 485; *Minority Firms on Local Public Works Projects: Mixed Results*, General Accounting Office, 1979, p. 135.

④ 张立平：《论肯定性行动》，载《太平洋学报》2001 年第 3 期。

年职业教育和应用技术法》(Vocational and Applied Technology Education Act of 1990)等,“加大了职业教育的投入,强化了对职业教育机构的管理,逐渐理顺了职业教育与市场需求之间的关系,从而使少数族裔等弱势群体在就业技能方面有所提高,为其进入就业市场、参与公平竞争准备了条件”。①

二、行政命令与规则

(一)行政命令

“行政命令(Executive Order)是总统为了执行宪法、法律、国际条约而发布的具有法律效力的指示,不需要通过国会的批准。美国宪法没有规定总统发布行政命令的权力。但宪法规定总统有保障法律忠实执行的义务。总统根据这项规定,认为为了执行法律有发布行政命令的权力。即使在法律没有授权的时候,总统也往往认为法律中有默示的权力可以发布行政命令,所以总统在不能得到国会的配合时,有时使用行政命令作为执行政策的工具。无论如何,总统的行政命令不能和国会的法律冲突,在一般情况下,国会对总统合理的和必要的行政命令不会反对,但引起国会反对时,国会也可采取措施,例如进行调查或限制拨款。”②就业优惠的制度发展过程中,行政命令扮演着至关重要的角色,在美国反歧视制度初创时期,由于国会一度采取保守态度,数次否定了广泛的反歧视法,更为激进的族群就业优惠措施绝无可能获得国会支持,因而总统往往利用行政命令的方式推行就业优惠措施,从而绕过了国会的立法障碍。

---

① 杨超:《美国“肯定性行动”对中国反就业歧视的借鉴意义》,载《鲁东大学学报》2009年第6期。

② 王名扬:《美国行政法》,中国法制出版2005年版,第139页。

1961 年 3 月 6 日,肯尼迪总统签署了第 10925 号总统行政命令,该法令首次提出了现代意义上的“就业优惠”。第 10925 号行政命令明确禁止:“联邦政府的合同承包商歧视雇员,要求承包商采取就业优惠,以确保雇员不因其种族、信仰、肤色、出生地的不同而受到不公正的差别对待。”[①]该法令将雇主的就业歧视行为纳入法律拘束之下,对歧视行为规定了明确的法律责任。法令建立了由副总统担任主席的执行机构——平等就业机会委员会。委员会的责任在于监督和报告联邦合同承包商的雇佣实践,以便确定承包商是否遵循了法令的原则,是否主动采取了必要的雇佣积极措施。按照法令的规定,每一个承包商应当在所有招聘广告和资料中加入“不歧视”的声明,为了便于政府合同监管部门的监督,承包商应当公布其所有雇佣手册与记录。当承包商违反了本法令的规定时,将失去未来的承包资格。

1963 年 6 月 22 日,肯尼迪政府在第 11114 号总统行政命令中再次强调了“就业优惠”政策:合众国政府的政策是鼓励通过就业优惠,消除在涉及联邦财政资助之事业的雇佣问题上,由于种族、宗教信仰、肤色或族裔背景而发生的歧视性行为,直到所有合格人士均可平等地利用这些由联邦资金所创造的雇佣机会。

1965 年 9 月 24 日,约翰逊总统签署了第 11246 号行政命令,该法令禁止在就业活动中基于种族、肤色、信仰和出生地的歧视行为,法令的拘束对象包括行政机关以及政府合同的承包商与分包商。在第 10925 号法令的基础上,该法令规定了更为严厉的执行措施和更

---

① 有关第 10925 号行政命令的详细内容,参见 EEOC,“Executive Order 10925”,website page address:http://www.eeoc.gov,February 12,2017。

加严格的报告监督机制。[①] 虽然第11246号法令的文本表达较为中立和保守,仅仅要求联邦合同承包商及分包商采取就业优惠以便确保雇主不因种族、肤色、信仰、性别和出生地而拒绝录用求职者。但是该法令在应用中被做了广义解释,被赋予了实质性就业优惠的含义,即使承包商没有实施非法的歧视行为,只要发现其所雇佣的少数族裔与女性的数量低于本地劳动力市场的供给水平,承包商必须增加适格的以上群体的雇佣数量。从第10925号法令一直到第11246号法令,美国行政机构的就业优惠政策都是为了使少数族群成员获得与多数族群成员平等的竞争机会,而非使少数族群成员获得比多数族群成员更多的就业机会,就业优惠政策总体上属于积极的禁止就业歧视措施。

1967年10月13日,约翰逊总统签署了第11375号行政命令,该法令扩大了保护群体和拘束范围,将妇女、残障人士、越战老兵纳入保护范围,并将联邦政府的雇佣行为纳入管辖范围。[②]

1969年8月8日,尼克松总统签署了第11478号行政命令,要求在联邦机构中实现平等就业机会,并禁止基于种族、肤色、信仰、性别、出生地、残障和年龄的就业歧视行为。该法令要求"所有联邦行

---

① 有关第11246号行政命令的详细内容,以及对第10925号法令的修改和变更事项,参见EEOC,"Executive Order 11246", website page address:http://www.eeoc.gov,September 20,2017。

② 第11375号行政命令扩大了就业优惠的保护范围,女性、残障与老兵成为新的保护对象,第11375号行政命令成为女性平权运动的重要法律文件。See Helene S. Markoff,"The Federal Women's Program", *Public Administration Review*, Vol. 32, No. 2 (Mar. – Apr., 1972), pp. 144 – 151; Trina Jones,"Shades of Brown: The Law of Skin Color", *Duke Law Journal*, Vol. 49, No. 6 (Apr., 2000), pp. 1487 – 1557; Mary Eastwood,"Fighting Job Discrimination: Three Federal Approaches", *Feminist Studies*, Vol. 1, No. 1 (Summer, 1972), pp. 75 – 103.

政机构建立和维持针对文职人员的就业优惠计划,提供必要的支持资源以便增强雇员的业务技能,为管理人员和执行人员提供必要的培训,确保机构内部与跨机构的参与合作”。[①] 此外,该法令也将联邦立法机构、联邦司法机构、哥伦比亚特区政府机构、美国邮政总局、美国邮资委员会的雇佣行为纳入管辖范围。该法令赋予了 EEOC 大量的执行权力,平等就业机会委员会获得了制定发布“条例、规则、命令、指示的权力,且可以要求相关机构提供必要的相关信息”。[②]

1980 年,卡特总统颁发了第 12232 号行政命令,旨在“克服歧视性待遇的后果,并加强和扩大历史上的黑人学院和大学的建设,以提供合格教育”,为此,它要求教育部长,“为每个局设立年度指标……目的是增强历史上黑人学院和大学参与联邦主持的项目的能力”。同年,卡特总统还颁发了第 12259 号行政命令,指令联邦机构所有“涉及住房及城建”项目以“一种肯定性的方式来管理,以促进公平住房”。[③]

(二)行政规则

美国管辖就业优惠执行事务的主要行政部门是“联邦平等就业机会委员会”和“联邦合同遵循办公室”,以上两个联邦行政部门具有制定联邦行政规则的权力。

联邦劳工部平等就业机会委员会发布了一系列就业优惠规则和指南,用以指导雇主的就业优惠实践。平等就业机会委员会就业优

① See Stanley Fish, “The Nifty Nine Arguments against Affirmative Action in Higher Education”, *The Journal of Blacks in Higher Education*, No. 27, 2000, pp. 79 – 81.

② See U. S. National Archives and Records Administration, Office of the Federal Register, http://www. Archives. gov/federal_register/index. html, September 20, 2017.

③ See Exec. Order No. 12, 259, 3, C. F. R. 307(1981).

惠规则涉及就业优惠与实施中的问题,包括法律依据,行政立法目的,雇主实施就业优惠的原则、条件、方法、免责事项等内容。"根据行政规则,雇主在以下情况下可以自发地实施就业优惠:(1)雇佣实践中存在种族性的差别效果,且该差别效果与'职业需要'无关。(2)雇佣实践中存在以往就业歧视的现实后果,雇员族群结构比较可以作为以往歧视后果的依据。(3)雇佣实践中存在少数族群合格候选者缺乏的情况,且这种情况是由于以往的就业、培训、提拔中的歧视所致,此时可以通过广泛的就业优惠扩大少数族群员工数量,如特别的职业培训项目、扩大招聘宣传和招募范围、改善和更新录用标准、完善集体谈判制度。"①

联邦合同遵守办公室依法管辖联邦合同执行中的就业平等事项,发布了"联邦合同就业优惠项目规则"(Office of Federal Contract Compliance Affirmative Action Programs:41 CFR 60 2001)。该规则规定了联邦合同承包企业的就业优惠要求,涉及政府合同就业优惠法律依据、立法目的、适用范围、方法与程序等事项,其中就业优惠的实施方法与程序是核心问题。"按照该规则的规定,政府合同承包企业实施就业优惠的方法与程序包括以下方面:(1)雇主雇佣结构的自我测评,以此查明自身雇佣实践的族群和职业特点。(2)少数族群合格劳动者的可获得性分析,以此确定当地劳动力市场中少数族群合格员工的供给情况。(3)少数族群在职员工与可获得员工对比,以此判断在特定部门中是否存在少数族群代表性过低。(4)设定少数族群员工雇佣目标,根据以上对比分析确定企业承担的少数族群员工雇

① See Samuel Leiter, *Affirmative Action in Antidiscrimination Law and Policy*, New York: State University of New York Press, 2003, p. 95.

佣责任。”①

对于联邦政府合同就业优惠规则的适用主体和法律责任,1970年2月联邦劳工部颁布了“劳工部第4号行政命令”(1971年12月被重新修订),该命令要求:“在联邦合同开始执行的120天内,每一个合同金额在5万美元以上、员工数量在50人以上的承包商和分包商都必须为其每一个机构制定书面的就业优惠计划。即使只是其下属机构承包了联邦合同也需履行以上义务”。② 1971年12月联邦合同遵守办公室颁布了第四号修正命令(Revised Order 4),该命令规定了执行联邦合同的行政规则,作为正式的联邦条例一直沿用至今。该命令规定承包商违反就业优惠规定不仅会导致当前合同的撤销,而且会丧失今后参与联邦合同的竞标资格。

三、普通法司法判例

族群就业优惠采取族群分类的法律方法,在就业、培训、提拔、教育、政府合同、少数族群企业等领域给予少数族群成员优惠和照顾,这种做法引发了白人社会的不满。就业优惠伤害到具体白人的权利时,不可避免地导致了司法诉讼,就业优惠的反对者往往将就业优惠视为一种新型的歧视,只不过歧视的受害者从以往的少数族群变成了白人男性,这类诉讼因而被称为反向歧视诉讼。根据涉嫌违反的法律依据的不同,反向歧视诉讼分为两种类型:其一,涉嫌违反宪法平等保护条款的诉讼;其二,涉嫌违反《民权法》第七章的诉讼。反向歧视诉讼萌芽于1974年教育领域的德菲尼斯诉奥德加德案(以下简

---

① See Samuel Leiter, *Affirmative Action in Antidiscrimination Law and Policy*, New York: State University of New York Press, 2003, pp. 100 - 107.

② See Revised Order #4, U. S. Code of Federal Regulations, 60 - 2.1.

称德菲尼斯案)[①],正式兴起于第二年的加利福尼亚诉巴克案(以下简称巴克案)[②]。在1989年的克罗森案之前,联邦最高法院审理了12起就业优惠案件,始终未能就就业优惠的合宪性审查判决达成多数意见,未能形成有效先例。从克罗森案起,最高法院的判决开始否定就业优惠的合宪性,且此后的多数此类判决形成了多数意见。

第二节　就业优惠的法律主体

一、企业自发实施的就业优惠

《民权法》第七章最初禁止私营部门与政府部门基于种族、肤色、信仰、性别、原始国籍实施就业歧视行为,在随后的法律发展中,第七章管辖就业歧视的范围得到了扩张,不仅制止雇主基于以上因素而故意实施的就业歧视,而且也禁止雇员因上述因素而遭受歧视的效果。为了执行《民权法》的规定,约翰逊政府颁布了第11246号行政命令,授予联邦劳工部实施劳动就业领域的执法权力,如果劳工部通过劳动力市场调查发现特定族群在某就业领域代表性过低,则可以要求雇主实施就业优惠来纠正业已存在的种族就业不平衡现象;在随后的费城计划中,尼克松政府要求联邦合同承包商实施就业优惠计划,建立针对特定少数族裔的雇佣目标;联邦司法系统也宣告了私营雇主可以通过自愿的就业优惠计划来消除以往就业歧视行为的现实后果或者残余。

在特定的法律条件下,私营企业可以自发实施就业优惠,企业就

---

① See DeFunis v. Odegaard,416 U. S. 312 (1974).

② See Regents of Univ. of California v. Bakke,438 U. S. 265 (1978).

业优惠的目的一般是消除以往就业歧视行为的现实后果。“随着积极行动计划的推行,一些公共的机构和私人的企业或组织也开始自主地采取积极行动计划来提高少数族裔和女性的就业水平,但自愿实施的积极行动计划的合法性受到质疑。”[①]联邦最高法院在1979年美国钢铁工人联合会诉布莱恩·F.韦伯案(以下简称韦伯案)[②]中支持了企业针对少数族裔员工实施的职业培训就业优惠计划,同时为了防止过分伤害白人工人的正当利益而对就业优惠做了必要的限制。

实施就业优惠的私营企业主要集中于联邦政府承包商,这主要因为联邦政府在政府合同中附加了一定的雇佣义务,以企业达到了特定的雇佣保障义务为竞标政府合同的要件,雇佣保障义务主要用于保护少数族裔、女性、残障人士、退伍军人等群体的平等就业权利。联邦政府合同规则中设定了两类企业,分别承担不同的就业保障责任,其中“基本责任企业”主要针对承担小额合同的小微企业,“优惠责任企业”主要针对承担5万美元以上且员工数量达50人以上的企业。前者的主要责任是实施积极的禁止歧视措施,在充分预防就业歧视的基础上酌情实施优惠措施。后者的主要责任是根据相关就业优惠计划所确立的明确规则、规范执行就业优惠计划,这些规范包括就业优惠的保护对象、规则制定、事实依据、报告制度、实施步骤、合规审查、争议解决等。此外,平等就业机会委员会同样发布了一系列企业就业优惠规则与意见,可用以指导企业自愿实施的就业优惠计划。

---

① 郭延军:《发展中的美国女性就业权平等保护》,华东政法大学2010年博士学位论文,第173页。

② See Steelworkers v. Weber, 443 U. S. 193 (1979).

二、政府引导实施的就业优惠

政府机构的就业优惠计划是公平就业机会保障制度的重要组成部分。政府是美国最重要的雇主，联邦、州与地方政府直接雇佣的员工数量占据了劳动力市场较大的比例，此外，政府雇佣实践还具有社会表率和市场引导作用，对于就业市场而言，政府雇佣实践往往反映了政府执行公平就业机会政策的严格程度。为此，政府在雇佣实践中也无法回避就业优惠问题，也实施过广泛的就业优惠计划。

《民权法》第七章不仅拘束私人企业的雇佣实践，同样适用于州政府和地方政府的雇佣行为，但是第七章的规定并未适用于联邦政府。第11246号行政命令规定每一个政府行政机构均得制定和维持积极的雇佣政策，以便保障政府雇员的平等就业机会，其授权公务员委员会制定积极雇佣政策的实施办法，并建立联邦雇员就业歧视申诉程序。1969年，第11478号行政命令颁布实施，该法令要求每一个行政机构建立并维持就业优惠计划，以便保护所有政府雇员与求职者的平等就业机会。1972年，国会通过调查发现联邦政府机构中存在着严重的就业歧视现象，少数族裔与女性在联邦政府中的代表性过低，代表性过低的现象在较高的行政岗位上更为普遍。随后，国会在《民权法》第七章中增加了第717部分，用以消除联邦政府机构中的就业歧视现象。考虑到联邦政府需要在美国社会中担负起模范雇主的表率作用，国会对联邦政府的雇佣要求当然不会仅仅停留在禁止歧视的范畴，国会要求联邦政府作为雇主应当制定就业优惠计划，以便加速实现就业平等。《民权法》第七章授权公务员委员会和平等就业机会委员会审查和批准联邦政府机构的就业优惠计划，并责成平等就业机会委员会就联邦政府平等就业实践向国会作年度报告。

1978 年的《公务员改革法》(Civil Service Reform Act.,亦称《文官制度改革法》)同样要求联邦政府实施就业优惠,该法的立法目的是“使联邦雇员的组成符合美国社会的多元化特征”。

三、法院判决实施的就业优惠

启动就业优惠的法律主体不仅包括私营企业与联邦政府,联邦司法系统同样是实施就业优惠的重要力量。司法机关推动就业优惠的措施主要是通过有关劳动争议的司法审判,在反歧视司法诉讼中,联邦法院可以通过司法判决的形式判令被告实施特定的就业优惠,法院通过就业优惠判令为原告提供司法救济。

法院在反歧视诉讼中的司法救济权力具有联邦制定法依据。《民权法》第七章授权联邦法院对就业歧视受害者实施就业优惠司法救济,第七章第 706 条(g)款(1)部分规定:“如果法院认定涉案被告已经故意地实施了或者正在故意地实施非法的就业歧视行为,则法院可以判令被告停止非法的就业歧视侵权行为,也可以判令被告执行适当的就业优惠方案,这些就业优惠方案包括但不限于雇佣或恢复原职以及法院认为正当的任何其他救济措施。”① 1991 年《民权法》修订了第七章第 706 条(g)款(2)(B)部分,授予法院更为宽泛的司法救济权限,只要雇主的雇佣实践与种族、肤色、性别、信仰、原始国籍有关,法院皆可对原告提供适当的司法救济。② 根据成文法和判例,联邦法院有权采取从停止就业歧视到实施就业优惠在内的司法救济措施,法院在具体案件审判中不仅可以救济具体当事人,还可以

① See U. S. C. § 2000e - 5(g)(1)(2000).

② See Pub. L. No. 102 - 166, § 107(a), 1991 U. S. C. C. A. N. (105 Stat.) 1071, 1075.

采取更积极的措施以改善当事人所属群体的不利处境。当然，司法审判一旦涉及就业优惠措施，比如涉及不同当事人之间、不同劳动者之间以及不同群体之间的利益冲突，尤其是在个人审判中推动针对一个群体的优惠措施时，这种利益冲突与意见分歧更为明显。为此，法院需要在法律范围内，立足于衡平和比例，确立就业优惠原则，运用司法解释技术，对于禁止歧视之诉、恢复职位之诉、群体优惠之诉建立类型化的司法规则。

第三节　就业优惠的法律方法

一、激进的种族配额制度

“配额（Quotas）指的是特定的个人、群体在总量中所享有的份额。”[①]世界范围内，种族、性别等配额制度具有长期的历史，曾经广泛运用于分配重要社会利益，如劳动就业、教育、社会福利等领域。配额作为政策工具本身是中性的，但由于不同的政策体现着截然相反的价值与导向，配额因而具有了完全不同的功能与性质。实际上，在实施种族配额制度的国家，配额往往处于平等与歧视争议的核心位置，某种意义上说，配额制度也是美国种族平权运动的风向标，配额的发展和变化基本上可以勾勒出其推动平等权利的法治历程。

配额首先出现在教育领域，后来被尝试运用于就业领域，由于教育机会对于就业能力至关重要，因而教育配额与就业配额制度密切相关，异曲同工。从配额制度的历史看，配额的性质与功能经历了戏

---

① See James A. Beckman, “Affirmative Action: An Encyclopedia”, *London*: *Greenwood Press*, 2004, p. 697.

剧性的变化。早期的配额制度是种族歧视的工具。民权运动时代，配额成为矫正种族歧视、实现权利平等的有效措施。20 世纪 70 年代之后的反向歧视诉讼,使种族优惠措施经历了严格的司法审查,配额最终被一些更为灵活、审慎的政策所替代。伴随着配额制度的兴衰，美国的种族关系经历了歧视、反歧视和反向歧视的过程。在 20 世纪调整种族关系的关键历史时期,配额制度引发的司法审查和社会争议,最终促进了种族平等。配额作为一种刚性的制度,优势是效果立竿见影,问题是涉嫌制度性歧视,实施配额制度的过程中,总是伴随着道德、法律层面的激烈争议。

（一）作为种族歧视工具的配额制度

在欧美种族关系的早期历史上,配额是通过规定最高雇佣、入学比例,来限制犹太人等特定族群的就业与受教育机会的政策措施。[①] 在西方的社会学和政治学语境中,民权时代之前的配额制度有着特定的含义,主要是与反犹太主义相联系的。在高等教育领域内,最早的种族配额出现在 1880 年左右的俄国。针对当时第一次犹太人移民潮,俄国当局迅速作出反应。“1887 年,俄国政府规定了大学招收犹太学生的数量限制——即犹太学生录取配额。具体规定如下: 1. 犹太人定居区内的大学,招收犹太学生的数量限额为 10%;2. 犹太人定居地之外的大学,招收犹太学生的数量不得超过 5%;3. 圣彼得堡地区的大学,招收犹太学生的数量不得超过 3%;俄国针对犹太人的配额,直接导致了 20 世纪初俄国犹太学生的留学潮。”[②]“犹太留

---

① See Wikimedia Foundation, “Inc. Jewish Quota”, http://en. wikipedia. org/wiki/Jewish_quota, July 10,2015.

② Harold S. Wechsler, “The Rationale for Restriction: Ethnicity and College Admission in America,1910 - 1980”, *American Quarterly* 2,1984, pp. 643 - 645.

学生先是流向欧洲强国,随后转向美国。”①犹太学生的主要去向国先后制定了种族配额以限制犹太学生的最高录取比例。美国高等教育种族配额同样与移民问题密切相关。首先,20 世纪初大量犹太学生进入了美国大学,犹太人迥异的生活习惯、封闭的文化系统对美国大学的传统构成了挑战。最为典型的例子是纽约城市大学,由于接受了大量犹太学生,犹太学生逐渐成为学生主体。纽约城市大学的变化使其他大学充满了疑虑,学校管理层、董事会、校友、学生和教师群体皆产生了保护学校传统的强烈愿望。其次,美国 1924 年制定的《移民限制法案》也在某种程度上支持了美国大学的担忧。歧视性的大学录取配额与移民限制政策几乎是同时出现的。从 1918 年到 1950 年,虽然没有关于高等教育配额的正式法律规定,但是大量的私立大学和医学院用种族配额的做法来限制具有特定种族或宗教背景的学生的录取比例。种族配额在西方国家的首次出现,即被打上了种族主义的烙印。作为种族歧视的工具,配额制度不仅局限于教育系统,而且逐渐进入就业领域,不仅严重损害了犹太社会的平等权利,而且其适用范围逐步扩展到天主教徒、非洲裔、东欧和南欧移民、妇女等群体。其中,尤以对非洲裔的歧视为甚。在 20 世纪前半叶,配额制度是维护美国种族隔离二元社会经济系统的重要工具。②

(二)作为反歧视手段的配额制度

随着民权时代的到来,“消除针对少数族裔的种族歧视”“实现种族平等”开始得到制定法和判例的确认;保障少数族裔的平等权

---

① Charles K. Feinberg, “Census of Jewish Students for 1916 - 1917”, *Menorah Journal*. 3, 1917, pp. 252 - 253.

② 李昊:《从配额制的兴衰看美国实现教育平等的法治历程》,载《河南师范大学学报》(哲学社会科学版)2011 年第 1 期。

利、矫正高等教育系统中的种族不均衡现象成为立法、司法与执法领域的优先目标;针对少数族裔的暂行特别措施被认为是有效的和理所当然的手段。优惠照顾也被称为暂行特别措施或是肯定行动,其核心是对少数族裔和弱势群体实施临时性的优惠措施。在民权时代,暂行措施的方式较为简单、粗糙,其依据往往是单一的种族身份,种族配额是一种普遍的做法。

1. 反歧视法律制度的更新

美国追求种族平等的努力始于1868年的《第十四修正案》,但真正意义上的种族平等却是最近几十年的事情。受"内战""废除奴隶制"以及"黑人法典"的直接影响,《第十四修正案》致力于消除白人与黑人之间在公民权利上的鸿沟。[①] 虽然联邦宪法修正案的制定者明确表达了他们的立法目的,但是在随后的近百年里,联邦及各州却依然延续着种族歧视与种族隔离的做法。[②] 1896年,联邦最高法院在弗格森案[③]中提出的"隔离但平等"即是例证。[④] 此案有关"隔离但平等"的判决,实际上为歧视性的种族配额提供了法理基础。直到1954年的布朗案[⑤]中,最高法院最终扭转了种族隔离与歧视的做法,判令禁止用种族标准来划分公立学校。[⑥] 部分归因于最高法院解释《第十四修正案》时的摇摆立场,国会于1964年制定了《民权法》。根据《民权法》的授权,有多个机构具有高等教育种族事务的管辖权。

---

① See Frank and Munro, "The Original Understanding of 'Equal Protection Of The Law'", 50 *Colum. L. Rev*, 1950, pp. 131 - 140.

② See John E. Fleming et al., *The Case for Blacks in Higher Education* 3, 1978, p. 135.

③ See Plessy v. Ferguson, 163 U. S. 537 (1896).

④ See Plessy v. Ferguson, 163 U. S. 537 (1896).

⑤ See Brown v. Board of Education of Topeka, 347 U. S. 483 (1954).

⑥ See Brown v. Board of Education, 347 U. S. 483 (1954).

联邦教育部民权事务办公室总体负责种族平等的监督与实施。对于私人团体或社团所属学校，由美国退伍军人管理局负责管辖。对于享受联邦税务豁免的私立学校，其种族歧视和矫正措施的监督由美国国内收入署负责管辖。[①]

在高等教育领域，《民权法》第六章是处理歧视问题的主要联邦法律。《民权法》第六章"禁止任何联邦资助的项目实施基于种族、肤色和原始国籍的歧视行为"。[②] 第六章不仅在理论上，而且在技术上成为种族优惠措施的法律依据。首先，第六章所追求的实质平等构成了积极措施的理论基础。第六章禁止种族歧视，但并非禁止一切与种族有关的分类。从《民权法》的立法目的和立法背景来看，它与《第十四修正案》具有内在联系，实际上它禁止的只是有违《第十四修正案》精神的种族分类。[③] 布朗案的判决表明《第十四修正案》追求的是实质上的和地位上的平等，而非仅仅是形式的和机械的平等。"很明显，《民权法》的制定者注意到了法院在解释《第十四修正案》时的左右摇摆的历史，因而希望通过《民权法》来进一步明确《第十四修正案》所追求的平等保护的真实内涵。《民权法》实际上是对布朗案判例和《第十四修正案》的再次确认。从这一点看，《民权法》确实成为美国实现社会与经济公正历程中的分水岭。"[④]其次，《民权法》有关"歧视效果"的规定为积极措施提供了技术手段。种族歧视

---

① See George E. Simpson and J. MiltonYinger, *Racial and Cultural Minorities*, Plenum Press, 1985, p. 372.

② See 42 U. S. C. § 2000d (1964).

③ See 42 U. S. C. § 2000d(Interpretive Note 5).

④ See Robert J. Weiss, *We Want Jobs: A History of Affirmative Action*, Routledge Press, 1997, p. 70.

的效果理论在格里格斯案①中为联邦最高法院所阐明:《民权法》禁止雇主使用表面上中立的手段,去维护因歧视性的雇佣历史而造成的事实上的种族不平等。歧视效果的规定并不要求实施者具有歧视的主观恶性,也不要求原告提供歧视目的的证据,而只是强调行为具有歧视的客观后果。② 联邦《民权法》第六章明确要求受联邦财政支持的机构矫正和补救不公正的种族歧视的后果,并授予联邦教育部执法与监督责任。由此一来,所有州立大学、公立中小学及部分受惠于联邦财政支持的私立大校皆受联邦制定法的拘束,皆有采取积极措施以矫正以往种族歧视后果之义务。在高等教育录取环节,大学的录取政策是否违反了《民权法》第六章所规定的"歧视后果",将取决于学生种族的均衡程度,学生种族数量的极端不均衡,将构成"歧视后果"的初步证据。③ 美国联邦教育部制定了《民权法》第六章的《实施办法》,《实施办法》宣布了所有联邦资助机构皆应避免的"特定歧视行为规则",即避免采用因种族、肤色或原始国籍而使个人遭受歧视后果的标准和方法。④

2. 社会历史条件的形成

在处理高等教育种族平等的问题上,以《民权法》第六章为核心的整个联邦法律体系有着明确的价值取向。不仅要求相关的政府部门与高等教育机构消除现有的不公正的种族歧视行为,而且要求以上机构采取有效措施去矫正长期的种族歧视历史所造成的社会后果。20 世纪在 60 年代的美国,严酷的社会现实与美好的立法目标相

---

① See Griggs v. Duke Power Co. ,401 U. S. 424(1971).

② See Michael J. Zimmer, Charles A. SullivanRichard F. Richards, *Cases and Materials on Employment Discrimination*, Aspen Law & Business Press, 1997, p. 413.

③ See Castaneda v. Partida, 430 U. S. 482, 496 n. 17 (1977).

④ See 34 C. F. R. §100. 3(b)(2)(2008)170.

距甚远。种族分布的极端不均衡反映在高等教育的各个层次。首先，最优质的教育资源几乎完全为白人所垄断，在各类竞争性大学和专业学院中，黑人及其他少数族裔寥寥无几。直到 1976 年的调查中依然可以反映出这一状况：在大型综合性公立大学和私立本科学校中，黑人的代表性最低；在普通公立本科学校和两年制专科学校以及社区学校中，黑人代表性最高，而且在后两种学校中黑人学生的辍学率极高。① 其次，在整个高等教育领域尤其是南方各州，种族隔离的现象依然十分普遍。在 1969 年，联邦政府官员通过调查后发现，在以下十个州的公共教育系统中存在严重的种族隔离的双重教育系统。这些州是：阿拉巴马、阿肯色、佛罗里达、佐治亚、路易斯安那、密西西比、北卡罗来纳、俄克拉何马、宾夕法尼亚、弗吉尼亚州。在这一时期，少数族裔代表性严重不足的高等教育机构面临着较大的违法风险和行政与财政压力。在某些地区，公共教育机构的种族隔离的现状使联邦与州政府遭受了频繁的司法审查。② 最后，20 世纪 60 年代的民权运动，特别是 1968 年马丁·路德·金博士遇刺事件所引发的大规模社会骚乱，形成了种族积极措施的强大政治与道德压力。1968 年后，北方各州开始采取措施招收黑人学生。③ 以上三个因素促使高等教育机构和联邦政府开始采取种族矫正的积极措施。

---

① See Weinberg, *Meyer*, *A Chance to Learn*, Cambridge University Press, 1977, p. 325.

② See Jane E. Browning and John B. Williams, *History and Goals of Black Institutions of Higher Learning*, *In Black College in America*, Teachers College Press, 1978, pp. 68 – 93.

③ See Harold Orlans, "Affirmative Action in Higher Education", *Annals of the American Academy of Political and Social Science*, Vol. 523, 1992, p. 145.

3. 实施方式与社会效果

基于改善高等教育种族不平衡的迫切需要,种族配额再次为一些美国大学和政府教育机构所采取。具体方法包括以下两种:第一,规定录取少数族裔的最低人数;第二,为少数族裔设计单独的录取系统和标准;这个时期的配额制与早期反犹太主义的配额制有着根本不同。在价值取向上,它追求种族平等,而非种族歧视;在方法上,它通过规定少数族裔入学比例的下限,以保证其在高等教育中的临界数量,而非通过规定少数族裔的上限,以剥夺其参与高等教育的平等机会。以种族配额为核心的积极措施是实现教育平等的有效工具,使联邦政府第一次获得了主动地、大规模地干预种族歧视社会后果的手段。种族配额有效地改善了部分高等教育机构的种族结构,极大地增加了黑人学生的入学机会。人口普查的结果显示,从 1965 年到 1981 年,在 18 ~ 24 岁年龄组内,黑人学生的入学率从 10.3% 增加到了 19.4%,(其中黑人男性在 1974 年达到了巅峰数值 24%),而白人学生的入学率则始终维持在大约 26%。① 这一时期,《民权法》开始生效,大学录取领域普遍采取了以配额为核心的种族优惠政策,这些措施与黑人学生大学入学率的显著提高具有内在的关联性;但与此同时,以种族身份为唯一标准的极端化的种族配额制度,也开始遭到越来越多的质疑。配额制度也引起了广泛的社会争议和频繁的司法审查。在 1978 年的巴克上诉案中②,最高法院否定了以种族身份为唯一标准的"严苛的种族配额"制度。③

---

① See John D. Reid, "Black America in the 1980s", *Population Bulletin*, Vol. 37, 1982, p. 4.

② See Regents of Univ. of California v. Bakke, 438 U. S. 265 (1978).

③ 参见[美]保罗·布莱斯特:《宪法决策的过程:案例与材料》(下册),陆符嘉等译,中国政法大学出版社 2002 年版,第 35 页。

（三）作为反向歧视争议焦点的配额

联邦制定法和联邦行政法令皆敦促教育系统加快实现族群平等，重点是提高少数族裔在高校中的代表性。通过规定高校录取少数族裔的最低比例，配额制度有效地矫正了以往歧视历史的后果；然而，许多批评者认为配额在照顾少数族裔的同时，也对无辜者构成了反向歧视。此后的30年间，配额始终处于反歧视司法争议的核心。司法判例更新了美国反歧视法律体系，完善了族群优惠的措施。在1974年之前，在教育领域，有关种族问题的司法诉讼主要是少数族裔针对多数族裔的歧视之诉。从1974年开始，两次针对高等教育种族积极措施的诉讼，开启了多数族裔针对少数族裔的反向歧视之诉。联邦最高法院针对巴克上诉案的判决对暂行特别措施的合理性提出了质疑，否定了以种族身份为唯一标准的"严苛的种族配额制度"的合宪性。此后，种族积极措施开始受到越来越多的司法审查，种族优惠措施逐渐开始更新和完善。

（四）配额制度在就业优惠领域的运用

教育和劳动就业领域的配额问题。教育主要立足于对未来的预期，主要功能是影响人们的发展，劳动就业则事关人们生存，是一种更为直接的利益形式，为此，社会对于教育优惠措施更为温和，但对于就业优惠措施则往往针锋相对。配额制度运用于劳动就业领域，意味着通过法律、法规、政策、惯例规定特定群体占据某行业或某部门的固定比例。总体而言，配额制度在欧美国家劳动就业的平权保障中受到限制。如《民权法》制定过程中，劳动就业领域的种族配额就曾引发激烈争论，主流意见认为就业配额的初衷虽然是帮助少数族裔，但这种仅依据身份而采取的刻板的差别对待措施，本质上与种族歧视是一样的。

南非利用配额制为黑人经济赋权,“在相关法律体系中规定公司根据黑人所有权,对高级管理人员、培训和供应商的配额进行评分,这些分数然后转化为他们竞争政府标书的能力”。[①] “南非警察局(SAPS)针对招聘和晋升制定了配额制度政策。如果没有特定群体的合适的候选人,即使有其他合格的人,也将保留职位空缺。”[②]

二、灵活的就业优惠措施

相对于严苛的种族配额制度,主流的种族就业优惠较为温和与灵活,致力于维持少数族裔与非少数族裔之间,男性劳动者与女性劳动者之间的利益平衡,注意在现行法律框架中扩大少数族裔和少数群体的平等就业机会。当前,主流的就业优惠措施主要包括“灵活的数量目标”“有效的雇主激励”“自我监督与报告”“族群间的资源调配”等方式。

“灵活的数量目标”是就业优惠的主要法律手段之一。以提高少数族裔在特定就业领域的数量为归宿,规定了具体的、可执行的族群就业数量目标,但此数量目标属于附条件的法律责任,雇主享有特定的免责条件,当雇主不具备执行此数量目标的客观条件时,或当雇主尽到了主观上的善良注意义务但仍无法完成此雇佣目标时,雇主并不会必然受到严格的法律处罚。

有关平等就业机会的规范性文件规定雇主就业优惠措施的合理

---

① See Department of Industry and Trade, “Amended B – BBEE Codes of Good Practice Launch Presentation by the Minister”, http://www. thedti. gov. za/economic_empowerment/docs/bee_launch. pdf, 28 March, 2014.

② See IOL, “Solidarity to fight for minorities in SAPS”, https://www. iol. co. za/news/solidarity – to – fight – for – minorities – in – saps – 1746787#. VBoAXaFwbiw, June 15, 2020.

性取决于三个方面：一是雇主对自身雇佣失衡情况的系统调查；二是员工中的种族与性别失衡情况是否与雇主的雇佣政策有关系；三是在不违反法律禁止性规定的情况下可以采取适当的优惠照顾措施。

灵活的就业优惠措施着眼于在一定期限内改善特定群体的总体就业状况，而非死板、严苛、即时的配额措施，灵活的就业优惠多采用雇佣目标、雇佣计划、雇主自查、雇主报告等措施。

三、有效的间接歧视之诉

在就业市场中，企业是用工主体，如果能够发挥企业的主动性，就业优惠措施将更加高效。理论上，企业作为理性经济人对于利导机制高度敏感，因而，其实施就业优惠的动力来自威压与利诱两个方面。“灵活的数量目标”属于利诱机制，政府在政府合同或工程招标中规定企业的投标资格，企业中的少数群体员工需达到一定比例才能参与政府的合同与工程，企业为了达到招投标门槛，会积极主动地实施就业优惠措施。但参与政府项目的企业毕竟数量有限，利诱机制的有效性和覆盖面都有局限性，政府需要一种介于严苛的配额制度与有限的利诱机制之间的优惠措施，这种措施即可以避免就业配额制度的法律风险，又可以给企业施加足够的法律压力以迅速改变员工比例，这种需求催生了间接歧视法律制度。间接歧视是与直接歧视相对应的法律概念，指的是那些看似公平、中立的就业政策，却对特定群体造成了整体性的不利后果，雇主可能没有歧视的主观故意，或者歧视故意不易证明，但雇佣过程却不合理地排除了特定群体的求职者，最终造成企业员工结构严重失衡。间接歧视是一种以雇佣结果为导向的法律制度，考察间接歧视的重点不再是主观恶意，而是客观后果。为了制裁间接歧视行为，立法或判例创设了“差别效果”制度，只要企业的雇佣过程中存在差别效果，即受保护群体的员工在企业中过低，企业就有可能构成了间接歧视，政府部门或求职者即有可能发起间接歧视之诉。政府常常选择具有雇佣差别效果的大企业或典型企业发起强有力的诉讼，以起到社会警示作用。差别效果与间接歧视相互配合，使所有受保护群体员工比例过低的企业都处于潜在法律风险之中。为摆脱法律风险，企业开始审查自己的劳动就业政策，积极采取措施快速提高受保护群体的雇佣比例，在此过程中企业会创造出很多既行之有效又符合实际的就业优惠措施。

四、间接的教育平权手段

就业与教育是各国优惠措施涉及的两个主要领域，教育的主要功能是提高个人的人力资本投资，高等教育的主要目的是提高社会成员的职业竞争能力，在各国就业优惠的历史上，教育就业优惠往往被作为间接的就业优惠措施。由于就业优惠计划往往意味着政府直接干预雇主的经济自由，与契约自由的传统经济理念冲突较大，相对于就业优惠，教育优惠被作为一种温和的就业促进措施，更容易为社会所接受。域外国家教育优惠同样引发了大量的司法诉讼，司法审查的核心问题依然是族群分类与优惠的合宪性问题。20 世纪 90 年代，域外国家教育优惠的司法实践不仅对就业优惠产生了重要影响，同时也是判断司法系统对就业优惠的态度的关键指标。

20 世纪 70 年代之前，有关歧视问题的司法诉讼主要是少数族裔诉多数族裔的歧视之诉。70 年代之后美国教育系统广泛实施了教育优惠计划，在有效改善校园种族结构的同时，以种族身份为唯一标准的极端化的优惠计划如种族配额,也开始遭到社会质疑与司法审查①。1974 年的德菲尼斯案②则开启了多数族裔诉少数族裔的反向歧视之诉。联邦法院第一次介入种族优惠的教育配额争议即是 1974 年的德菲尼斯案。华盛顿大学法学院针对少数族裔采取了完全独立的录取系统,使用了不同的资格标准,少数族裔的录取率远高于白人学生。本案原告是一名白人学生,其认为被告的录取政策违反了《第十四修正案》有关法律平等保护的规定。华盛顿州最高法院支持了原告诉讼请求,根据州法院的裁决,原告进入法学院。随后,联邦最高法院推翻了州法院结论。威廉姆·道格拉斯大法官发布了中止裁定,以便使原告得以继续学业。最终,最高法院于 1974 年宣告此案"争论未决"(Moot),当年原告顺利毕业。联邦最高法院采取折中主义的态度,做出了皆大欢喜的判决。但是,本案并未根本解决教育领域的优惠措施的合宪性问题。在此案中,威廉姆·道格拉斯法官在少数意见中表达了优惠涉及的法律问题,禁止将种族优惠作为录取制度的基础。威廉姆·道格拉斯法官在少数意见中关于种族优惠违宪的警告犹如一个预言,预示着新的司法审查时代即将来临。1978 年,联邦最高法院再一次面对种族积极措施的合宪性争议,并不得不做出一个明确的判决。

巴克案被称为真正的"优惠第一案"。联邦最高法院针对巴克上诉案的判决对优惠措施的合理性提出了质疑,否定了以身份为唯一标准的"严苛的种族配额制度"的合宪性。此类优惠措施开始受到越来越多的司法审查,优惠措施逐渐开始更新和完善。巴克是一名白

---

① 参见[美]保罗·布莱斯特:《宪法决策的过程:案例与材料》,陆符嘉等译,中国政法大学出版社 2002 年版,第 883 页。

② See DeFunis v. Ode - gaard,416 U. S. 312(1974).

人工程师,于1973年和1974年两次申请加州大学达拉斯医学院,均被拒绝。当时,加州大学采取了最严格的录取配额制度。在100个录取名额中,有16个名额被专门预留给少数族裔。巴克于1974起诉后,此案经由地区法院、加州最高法院和联邦最高法院的审理。联邦最高法院于1978年6月28日公布了判决结论,5名大法官认为达拉斯医学院的配额太过严苛,基于宪法考量,录取方案漠视了《第十四修正案》所保障的个人权利。由于州政府受《第十四修正案》的拘束,公立的医学院属于州政府的一部分,《第十四修正案》对此医学院具有拘束力。鲍威尔大法官(Lewis Powell)起草了该案的多数意见,他认为“达拉斯医学院使用了一种明显的种族归类,这种做法从未得到以往法院的支持。这种做法告诉了所有非少数族裔申请人,他们将在整体上被剥夺特定比例的入学机会(少数族裔专属的16个名额)”。联邦最高法院因此支持了加州最高法院的部分结论,即达拉斯医学院的录取项目非法,被上诉人应当被医学院录取。同时,联邦最高法院也否决了加州最高法院的部分判决,即禁止在医学院录取中考虑任何种族因素。联邦最高法院并未绝对禁止公立大学在录取中考虑种族因素,而只是禁止不适当地使用种族区分的手段。

鲍威尔大法官认为,学生群体的多样性是州政府的重大利益,因为多种教育利益将取决于多样性的程度。教育多样性的信念深深地植根于美国《宪法第一条修正案》(First Amendment to the United States Constitution)。“学生群体多样化可以大大增强思想交流的潜力,并最终创造出思考、实验和创造性的学术气氛。”[①]在认可教育多

---

① See Bakke, 438 U. S. 265, 312, quoting Keyishian v. Board of Regents, 385U. S. 589, 603(1967).

样性可以构成合宪的政府重大利益的同时，鲍威尔大法官基于以下三个理由，坚决否定了配额制是实现这种教育多样性的正当手段。首先，如果认可这种做法，就等于法院为了特定群体的利益而强加给无辜的个人以负担，这种做法十分危险。其次，如果执行这种做法，可能仅仅是增强了业已存在的群体刻板印象，即离开了特别的优惠和保护，某些群体将寸步难行。最后，让无辜的人去承担救济责任本身就是不公正的。

为了防止优惠措施变得危险、不公正和难以控制，鲍威尔大法官提出了两段论观点，用以衡量优惠措施的合宪性。第一，多样性的学生群体是重大政府利益，高等教育机构可以追求学生多样性的目标。第二，即便基于重大政府利益，种族分类依然要接受最严格的司法审查。需要证明种族分类对于实现重大政府利益是必须的、充分相关的、灵活的和合比例的。具体到高等教育录取领域，矫正行为是针对大学本身的歧视历史，而非社会性歧视。此案中，既无歧视历史需要去纠正，也无法证明每个被录取的少数族裔学生对于多元化的具体贡献，在此情况下采用严苛的配额标准，既非“必须的”也非“充分相关的”和“灵活的”，因而构成违宪。此案中，最高法院在否决加州大学种族配额政策的同时，也承认适当的种族优惠措施具有合宪性，但并未对种族优惠的具体标准达成一致。[①] 鲍威尔大法官单独发表的意见中，详细论证了积极措施合宪性审查的原则、规范和方法，但并未得到多数法官的支持，不具有判例的拘束效力。因而，后巴克时代的法院可以对鲍威尔法官的意见采取“参照”而非“依照”的态度。

---

① See John W. Johnson, *Affirmative Action: Historical Guides to Controversial Issues in America*, Greenwood Press, 2009, p. 75.

这就导致了各巡回法院判决的差异与冲突。

由于巴克案不具有明确的判例地位,此后的近30年中,各联邦巡回法院产生了一系列相互冲突的判决。巴克案之后,教育优惠诉讼主要围绕着两个原则来审查优惠活动:第一,学生群体的多元化;第二,纠正以往的歧视历史。基于对两项原则的不同态度,联邦巡回法院产生了一系列迥异的判决,但法院判决在总体上反映出对优惠措施愈加严厉的司法态度,最高法院在2003年重新介入高等教育优惠诉讼,虽然挽救了教育优惠,但是同样对于基于种族分类的优惠计划提出了诸多限制,并且明确表示希望美国的种族优惠在25年内能够消失①。

联邦最高法院虽然认可了维持学生群体多元化的合宪性,承认谨慎的优惠措施有助于多元化的实现,但也对优惠设置了诸多限制。首先,实现多元化的手段并非仅限于种族身份;其次,在录取中设置严苛的配额是一种不可取的做法。

1996年,在得州法学院录取上诉案中,联邦第五巡回法院裁定认为,群体优惠的唯一理由在于对学校以往歧视历史的纠正,而不是实现大学的群体多元化,且优惠措施应当受到严格审查。事实上,第五巡回法院窄化了鲍威尔大法官在巴克案中的严格审查标准,禁止了高校录取中的种族配额,除非是出于纠正以往歧视历史的需要。

1997年,在华盛顿大学法学院录取案中,联邦第九巡回法院基于州法的修改而否决了华盛顿大学法学院的种族优惠政策。

1998年,在韦斯曼诉吉滕斯案中②,联邦第一巡回法院遵循了鲍

---

① 联邦最高法院希望废止优惠照顾的时间节点是2028年,或者Gratz案与Grutter案的判决之后25年内。

② See Wessmann v. Boston School Committee, 996 F. Supp. 120 (D. Mass. 1998).

威尔大法官在巴克案中的严格审查标准,重新确立了"高校学生多元化"和"纠正以往歧视历史"两项原则的司法效力。

2003年,联邦最高法院通过密歇根大学本科录取案和密歇根大学法学院录取案重新介入了高校录取争议。这两个案件的背景都是密歇根大学为促进多元化而采纳的优惠措施。"最高法院采取折中态度,维持了一个但撤销了另一个案例的具体优惠措施,同时在原则上明确肯定了高等教育多元化的合宪地位。和巴克案不同的是,最高法院在这两个案件的判决中具有明确的多数意见,具有先例地位。更重要的是,两个判例明确肯定校园多元化构成'令人信服'的政府利益,因而种族可以在大学录取中作为一个考虑因素。最高法院完全不排除大学采取非数量化的方法以适当考虑种族因素,而只是要求不同的评审官在审查众多申请材料的时候必须保持一致。"①最高法院虽然认可了维持学生群体多元化,承认谨慎的优惠措施有助于多元化的实现,但也对优惠设置了诸多限制。首先,实现多元化的手段并非仅限于种族身份;其次,在录取中设置严苛的配额是一种不可取的做法;最后,教育优惠是暂时性的而非无期限的。

五、积极的禁止就业歧视原则

就业优惠法律制度的内涵与外延并非一蹴而就的,而是经历了一个先扩张后收缩的过程。在就业优惠产生之初,更多的是一种积极的禁止歧视措施,而非激进的族群就业优惠,早期就业优惠的族群优惠更多地体现在招聘程序上,而非雇佣结果上,即在招聘宣称、登记手续、培训实习等活动中加强对少数族群成员的影响力,帮助少数

---

① 张千帆:《西方宪政体系》(上册),中国政法大学出版社2004年版,第376页。

族群充分地获得招聘信息,便捷地办理应聘手续,有效地获得培训与实习机会,要求企业积极开展自查自检工作,以便主动发现和有效防止歧视少数族群的雇佣实践。这种就业优惠的目的主要是克服雇佣程序对少数族群的排斥与歧视,增强招聘程序对少数族群的友好性。这种就业优惠的原则依然是择优录取的绩效制度,强调为少数族群参与就业竞争创造积极条件,但最终的竞争必须遵循统一的录取标准,不关注最终录取结果的族群特征。其就业优惠方法如图3－1所示。

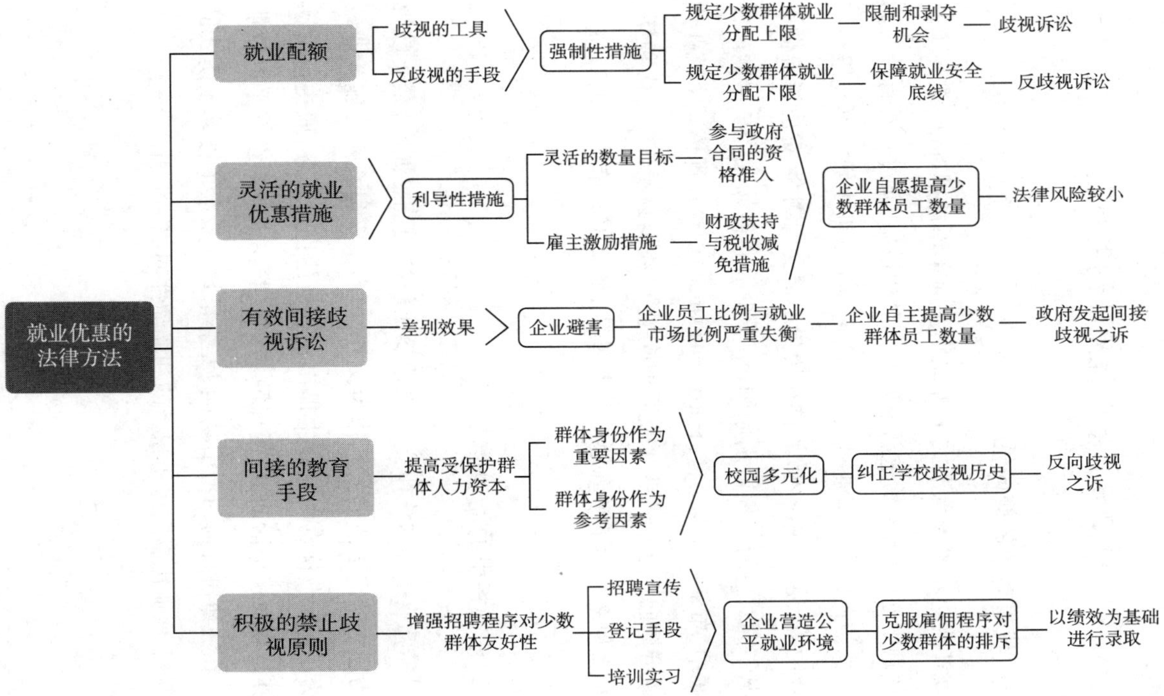

就业优惠的法律方法
就业配额
歧视的工具
反歧视的手段
强制性措施
规定少数群体就业分配上限
限制和剥夺机会
歧视诉讼
规定少数群体就业分配下限
保障就业安全底线
反歧视诉讼
灵活的就业优惠措施
利导性措施
灵活的数量目标
参与政府合同的资格准入
雇主激励措施
财政扶持与税收减免措施
企业自愿提高少数群体员工数量
法律风险较小
有效间接歧视诉讼
差别效果
企业避害
企业员工比例与就业市场比例严重失衡
企业自主提高少数群体员工数量
政府发起间接歧视之诉
间接的教育手段
提高受保护群体人力资本
群体身份作为重要因素
群体身份作为参考因素
校园多元化
纠正学校歧视历史
反向歧视之诉
积极的禁止歧视原则
增强招聘程序对少数群体友好性
招聘宣传
登记手段
培训实习
企业营造公平就业环境
克服雇佣程序对少数群体的排斥
以绩效为基础进行录取

图3–1　就业优惠的方法

第四节 就业优惠的制度特点

一、优惠对象的倾向性

就业优惠不再秉承形式平等原则和简单不歧视标准,放弃了肤色与性别中立立场,开始重新采取差别对待措施,通过受益行政行为帮助受保护群体提高就业机会。无论是为了帮助少数族群克服当下的就业困境,还是补偿少数族群在历史上遭受的剥夺,都应当遵循不同情况不同对待的合理差别原则,给予少数族群就业优惠照顾。在巴克案中,布莱克曼大法官(Harry Blackman)的论述即体现了就业优惠的族群倾向性立场:"为了克服种族主义,我们必须首先考虑种族,此外别无他途。为了平等地对待某些人,我们必须有差别地对待他们"。①

二、法律指引的能动性

保障就业平等的法律方法包括禁止歧视与优惠照顾,禁止歧视原则为雇主设定了消极的不作为义务,即雇主不得故意实施就业歧视行为。而就业优惠则对雇主提出了积极的作为义务,雇主得主动实施族群就业优惠活动,以便保障弱势族群在事实上享有平等就业机会。在法律对行为的指引功能上,禁止歧视采取了被动预防式的指引方式,就业优惠则采用积极的和能动性的法律指引。

① See Regents of the University of California v. Bakke,438 U. S. 265,407(1978).

三、优惠措施的暂行性

就业优惠在法律性质上属于一种暂行特别措施,是为实现紧迫的公共利益而临时性采取的特别措施,只适用于较为特殊的例外情况。一般情况下都是附期限的措施,仅在法定或约定期间内发生效力,其目的是改变弱势群体的总体就业处境,也应当随该群体总体就业状况的改善而取消。

四、法律调控的利导性

法律规则调控的对象是人的行为,而人们在实施重要行为时可以被视为追求利益最大化的理性选择者,因而,法律可以通过设定行为的利益进而影响人们的行为。通常情况下法律主要通过克减或增加利益的方式引导人们趋利避害,克减利益对应着法律上的处罚措施,增加利益对应着法律上的奖励措施。在劳动就业领域,法律通过禁止和处罚就业歧视行为,防范雇主侵害特定群体的平等就业权利。法律通过授予利益倡导就业优惠措施,鼓励雇主积极主动雇佣特定群体的劳动者,对于实现就业优惠目标的企业提供参与政府合同、享受税收减免等政策,对于未达到就业优惠目标的企业实施权利限制与利益克减。

五、法益权衡的比例性

就业机会总是社会的稀缺资源,处于不同群体的激烈竞争之中,优惠措施属于利益再分配,优惠措施应当具有合理性。其合理性的最低要求是广义比例原则,为此,就业优惠的目的应当正当,手段应当适当,法益应当相称。

六、驱动手段的多元性

世界各国实施就业优惠的时代与社会背景各不相同,就业优惠的法治资源与政策储备差异较大,就业优惠的政策目标与紧迫程度各异。从而形成了多种实施路径与驱动手段。第一,立法驱动型。通过立法机关制定明确的就业优惠法律。第二,行政驱动型。这种情况往往缺乏明确的就业优惠立法,但法律规范也没有明确禁止就业优惠,政府出于紧迫的行政利益通过行政手段推动就业优惠。第三,司法驱动型。总体而言司法机关的驱动具有救济性,较少直接管辖社会经济生活的具体活动,但在普通法国家的司法机关显现司法能动主义倾向时,往往积极介入就业歧视诉讼,并将具体的就业优惠计划作为权利救济手段。

第四章 Chapter 04

就业优惠的法理基础

就业优惠的争议根源于若干理论范畴之间的紧张关系，主要涉及差别对待与差别效果理论、形式平等与实质平等理论、市场竞争与族群优惠理论，就业优惠的法理基础正是这些理论在碰撞的过程中建构起来的。结构性歧视理论、差别效果理论、实质平等理论以及市场缺陷理论构成了美国就业优惠的理论基础。就业歧视与就业优惠的相关理论关系如图 4－1 所示。第一，美国就业优惠的首要理论基础是结构性就业歧视理论。该理论解释了就业歧视与族群就业不平等的内在关系，揭示了就业歧视是造成族群就业机会不平等的根本原因。第二，差别后果理论关注表面上中立的雇佣标准与实践，但是却造成了不利于少数族裔就业的后果，差别后果理论是以雇佣结果为导向，以群体代表性为理论视角。差别效果理论弥补了差别对待理论的缺陷，使得族群优惠和族群就业均衡具有了合法性基础，为大规模地实施族群就业优惠奠定了法理基础。第三，就业优惠的法律争议主要围绕着宪法的平等保护条款与《民权法》的就业平等规范展开，平等是就业优惠法律制度的核心问题。平等是一个具有多重维度的哲学范畴，涉及形式平等与实质平等、福利平等与资源平等、政治平等与经济文化平等、能力平等与机会平等。就业优惠的争议主要反映了形式平等与实质平等之间的理论对立，就业优惠以实质平等为理论基础，以合理差别为法律方法，以结构性歧视为拘束对象。第四，就业优惠借助于歧视经济学与种族批判主义两个理论工具，回应了市场绩效制度的理论挑战，指出了市场机制的内在缺陷和择优录取的族群特征，在族群分割的社会经济系统中，以“择优录取”为特征的“市场竞争”机制具有内在局限性，市场绩效制度既不符合经济理性，也有违于分配正义的标准。

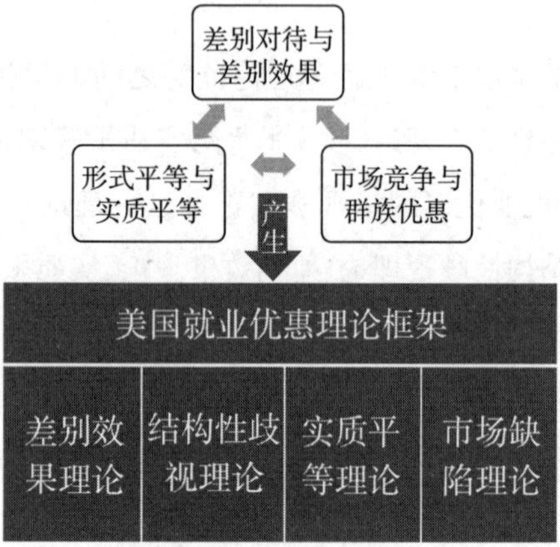

图 4－1　就业歧视的理论根源及美国就业优惠框架理论的关系

第一节　差别对待与差别后果

一、差别对待理论强调歧视故意

从理论发展的线索上看，就业平权措施经历了差别对待理论、差别后果理论两个主要的环节。差别对待理论着眼于具体受害人的故意歧视行为，以雇佣过程为导向，以歧视故意的主观过错为要件，以针对具体受害者的侵权行为为理论视角；差别后果理论关注的是适用于不特定多数人的雇佣标准与实践，这些雇佣标准与实践表面上是种族中立的，但是却造成了不利于少数族裔就业的后果，就业差别后果理论是以雇佣结果为导向，以群体代表性为理论视角，构成了就业优惠的重要理论环节。

1964年《民权法》第七章是美国维护少数族裔平等就业权利的里程碑,奠定了现代就业平权保护的法律基础。第七章的意图是禁止私营企业中刺眼的、公然的和故意的种族歧视行为。[①] 为此,第七章第703条(a)款(1)规定:雇主由于求职者的种族、肤色、宗教信仰、性别或原始国籍,而拒绝雇佣或解雇该人,或基于同样的原因而在其工作报酬、条件、环境或特别待遇方面歧视该人,即构成了非法的雇佣行为。第七章虽未能明确定义就业歧视的具体概念,但是反复强调了"故意的歧视",基于立法文件的字面含义,形成了最初的也是最直接的反歧视理论——差别对待理论。在这种歧视类型中,原告身为受保护群体的一员,但是相对于其他群体成员受到了直接的和不利的差别对待,且这种差别是基于种族因素做出的。"差别对待案件的关键是证明雇主具有种族歧视的主观故意与动机,歧视动机可以通过直接证据或间接证据来证明,直接证据包括雇主的雇佣文件,间接证据则是一系列能够侧面印证歧视动机的事实。所有差别对待案件中的最终问题都体现为求职者是否是故意歧视行为的受害者。"[②] 差别对待法律理论与诉讼实践的目的是消除雇主公开的种族歧视行为,只能救济某一个特定的原告,难以整体性地改变黑人社会的不利就业处境,且由于很多情况下证明雇主的歧视动机较为困难,白人陪审团也使差别对待诉讼前景较为暗淡。

二、差别效果理论追求平等结果

就业优惠的核心问题是少数族裔在职业领域的代表性问题。其

---

① See Int'L Bhd. Of Teamsters v. United States,431 U. S. 324,335 (1977).

② See Barbara T. Lindemann, *Employment Discrimination Law* (*Fourth Edition*), Washington DC,BNA Books,2007,p. 11.

理论前提是这样一种假设:在公平的就业环境中,族裔身份不应当成为影响职业莅选的因素,少数族裔在职业领域的代表性应当符合当地劳动力市场中适格少数族裔劳动力的数量,即就业平等意味着雇佣结果的平等。

差别效果理论瓦解了主观故意的歧视构成要件,以数量化的雇佣结果为主要考察目标,采用了种族雇佣数量的统计分析方法,推翻了《民权法》第七章第703条(j)款有关反对种族优惠对待的解释,①扩大了少数族裔求职者的救济与受益范围,从而打通了种族就业优惠的法理基础与法律方法。自此,以群体为目标、以数量比例为标准、以优惠而非中立为手段、以《民权法》第七章第703条(j)款为主要法律障碍的种族就业优惠开始成为合法的平权法律手段。由于面临差别效果诉讼的潜在风险,任何雇员结构中具有种族比例不平衡特征的雇主开始重视雇佣中的种族与性别因素,开始自愿实施就业优惠计划。如果雇主能够主动地提前消除企业黑人雇佣比例与劳动力市场中的合格黑人比例之间的统计性差异,雇主就可能在抗辩未来的差别效果诉讼时具有较为有利的诉讼地位。以差别效果理论为主要法理基础,第11246号总统行政命令与最高法院的一系列判例,逐步建构起了种族就业优惠的法律制度。

---

① 就业优惠的主要法律障碍是《民权法》第七章第703(j)条款的文本表达方式,该条款的文本反对基于雇员结构中该群体的比例失衡,而要求雇主给予任何人或任何群体以优惠对待。但联邦最高法院在Int'L Bhd. Of Teamsters v. United States案中否定了雇主关于第703(j)条禁止在雇佣歧视诉讼中使用统计性证据来证明法律责任的抗辩理由。增强了统计性证据的证明效力以及与就业歧视的关联性。See Int'L Bhd. Of Teamsters v. United States, 431 U.S. 324(1977).

三、差别效果理论引领制度更新

诉讼实践中的困境反映了差别对待理论的局限性，为了跨越这一理论与实践中的障碍，需要引入一种新的就业歧视理论，这种理论应当具有以下特点：不以雇主的歧视故意为主观构成要件，而要以雇佣实践的实际后果为归宿，救济范围不仅仅局限于原告本人，而应当救济不利族群的更多成员，这种新的理论就是后来的差别后果理论。超越差别对待理论的最初尝试出现于1968年的夸尔斯诉菲利普公司案中（以下简称夸尔斯案）①，该判例向差别后果理论的方向迈出了阶段性和关键的一步。夸尔斯案中确立了一种介于差别对待与差别后果之间的过渡性理论模型，被称为“过去歧视的当前结果”理论。“过去歧视的当前结果”同时包含着“歧视故意”与“歧视后果”双重标准。该理论建立在《民权法》第703条（a）款（1）和第703条（a）款（2）两个条款的基础之上，同时利用了第七章第703条（a）款（1）部分与第703条（a）款（2）之间的细微文本分歧，为第703条（a）款（2）赋予了差别后果的含义与功能，前者强调“歧视”与“故意”，而后者则意味着“消极影响”。第703条（a）款（2）部分的规定是：雇主的下列行为构成违法——（2）基于个人的种族、肤色、宗教信仰、性别或原始国籍，而限制、隔离、归类雇员或求职者，且该行为已经或可能剥夺个人的雇佣机会，或对雇员身份产生不利影响。② 如果《民权法》的目的仅仅是禁止故意的歧视行为，第703条（a）款（2）就显得多余，因为该条文既未论及“故意”也未提到“歧视”，而是强调了“不利影

① See Quarles v. Philip Morris, Incorporated, 279 F. Supp. 505 (E. D. Va. 1968).

② See 42 U. S. C. §2000e-2(a)(2).

响"。但显然,第703条(a)款(2)有关不利影响的规定具有特定的含义,在夸尔斯案中,该条文被解释为"过去歧视的当前结果",即"不利影响"指的是过去已经发生的歧视行为在当前依然产生和维持着歧视的后果。具体而言,"过去歧视的当前结果"理论包括两个部分。其一,"过去歧视"部分建立在第703条(a)款(1)基础上,要求提供故意歧视的证据,主要关注雇主雇佣实践中的种族隔离历史与公开的种族歧视行为。其二,"当前结果"部分则建立在第703条(a)款(2)的基础上,主要关注那些非公开歧视的行为,如那些表面上中立的、同时适用于所有族群的,但却维持着以往歧视效果的雇佣行为。

夸尔斯案的"过去歧视的当前结果"理论虽然提出了歧视的现实后果问题,但是并未完全摆脱证明歧视故意的困扰。随后的格力格斯案最终完成了完全以雇佣结果为导向的差别效果理论建构,该案的法律文件重塑了"过去歧视的当前结果"理论,剔除了原告在挑战表面中立的雇佣政策或行为时需证明存在故意歧视的法律义务。法院认为,《民权法》第七章的法律规范不仅禁止雇佣和晋升中公然的种族歧视行为,同样禁止形式上中立但实质上具有不利后果的行为。那些是白人受惠的"客观"与"中立"的标准,如果并非企业重大的"运营需要",将构成非法的就业歧视行为。差别效果理论的关键是企业的运营需要,如果无法证明排斥黑人的雇佣行为是基于企业必需的运营需要,则这种雇佣行为必须加以废止。[①] 通过宣告雇主实施雇佣政策时的心理状态与第七章无关,法院将差别效果理论与差别对待理论彻底分离开来。差别效果理论的核心问题是企业运营需

---

① See Griggs v. Duke Power Co. ,401 U. S. 424,431(1971).

要,企业需负担运营需要的举证责任,而且企业基于运营需要的抗辩遭到严格的司法审查。差别效果理论认为,某种具有歧视效果的雇佣实践是否能够成立,关键看雇主是否具有合理的运营需要理由,对运营需要的检测不仅包含涉案雇佣行为是否具有商业运营目的,更需要审查是否具有一项极端重要的运营需要,即该雇佣行为是企业安全生产有效运行所必需的。运营需要必须足够充分,要能够压倒一切种族方面的后果,而且不存在任何使黑人损失更小的替代方案。

差别效果理论的主要着眼点是雇佣行为在种族方面的数量平衡问题,而非雇主的主观过错,只要雇佣结果出现了种族数量失衡现象,且该数量失衡又不是因为企业运营的重大需要,则雇主将承担违法责任。由于以雇佣行为中的群体数量平衡为着眼点,种族数量的统计方法成为理论应用中的关键方法。统计数据可以单独构成不利效果的初步证据,统计方法的科学性直接决定了证据的有效性和雇佣政策的合法性。在初步证据阶段,原告必须证明被告的雇佣政策或措施对被告所在的群体具有“显著的”“不成比例的”排斥。统计方法和统计数据是构成初步证据的关键因素。如果原告能够通过统计数据建立起统计显著性,则满足了初步证据责任。联邦最高法院曾在多个案件中认可统计方法的有效性和统计数据的证明力,并宣称:“明显不同的选择率、完全不成比例的淘汰率及其与歧视之间的因果关系皆可通过统计数据加以证明。”原告可以使用多种统计工具来证明被告公司存在种族分布的不均衡,如选择率分析、通过率或淘汰率对比分析、职业人口对比分析、回归分析等。在得到被告公司种族分布不均衡的初步结论之后,原告还需进一步证明,这种种族分布的不均衡已经达到了显著的和不成比例的程度。联邦最高法院并未公布统一的数量指标和权威的统计方法来验证不均衡的程度是否达到了违法程度。在联邦最高法院的审判实践中,使用较多的方法主要有以下两种。第一,“假设验证与5%标准”。假设验证是一种统计学方法,其作用在于建立统计证据与争议问题的关联性。被验证的假设通常被称为“零假设或虚假设”。在就业歧视争议中,零假设通常是“雇主的雇佣决定与种族或性别因素无关”,通过采集雇佣决定的样本,并对样本的统计分析,可以最终决定这一假设是真命题或伪命题。随着样本规模的增加,假设验证方法的证明价值相应的提高。在差别后果歧视诉讼中,样本规模与证明价值的关系体现为:对于雇主雇佣决定的观察越不充分,雇佣歧视的结论越不可靠。此外,为了保证统计推断的有效性,样本必须是对相关群体进行随机选择的结果。样本和数据选择是统计分析的基础性工作,但同时也是最为重要的步骤。事实上,统计分析的有效性直接取决于样本选择的随机性和相关性。零假设和统计样本一旦完成,就需要进一步确定统计显著性的标准,以便进行统计显著性测试。统计显著性测试是社会科学解释差异性的常用方法,主要作用在于排除偶然性。在就业歧视争议中,统计显著性测试可以证明种族不均衡是否达到了法院规定的统计显著性标准,即是否达到了显著的和不成比例的程度,这种程度的种族不均衡在随机状态下是不可能发生的。统计显著性测试表明了由偶然性所决定的种族不均衡的概率。以这一概率为基础,法院可以确定统计显著性标准。很多联邦法院认为,5%(或更低)的概率标准足以排除偶然性对种族不均衡的影响。此标准源于联邦法院卡斯塔涅达案的判例①,该案中,法院运用标准偏离模型分

---

① See Castaneda v. Partida, 430 U. S. 482 (1977).

析了统计显著性的标准，并认定当种族不均衡的程度超出了两到三个标准偏离值时，不均衡就已超出了偶然性的概率范围，两个标准偏离值相当于0.05的双向分布概率。[①] 第二，录取率对比与五分之四规则。录取率对比是指通过比较受保护群体与其他群体的录取率，以此判断在录取过程中是否存在种族不均衡。联邦法院认为，在某种客观的选择标准下，如果被录取者在种族比例上存在明显差异，且明显不同于应聘者的种族比例，则这种客观的录取标准构成了差别后果的歧视。法院虽然认可了种族录取率的差别反映了差别后果的歧视，但并没有制定出统一的司法标准用以确定何种程度的录取率差别将构成歧视。在司法实践中，很多法院采用五分之四规则，来判断种族录取率的差别是否达到了歧视的程度。五分之四规则是指，根据某一雇佣标准，如果受保护群体的录取率低于其他群体录取率的五分之四，则可以认为此雇佣标准具有不利的后果，原告据此可以形成初步证据。例如，如果雇主根据某种标准，分别录用了35%的黑人申请者和50%的白人申请者，两者的相对录用率为35/50或70%，由于黑人录取率低于白人录取率的80%，因而可以判定存在差别后果。五分之四规则实际上是联邦执行机构制定的统一指导标准，用

① See Barbara A. Norris, "Comparable Worth, Disparate Impact, and the Market Rate Salary Problem: A Legal Analysis and Statistical Application", *California Law Review*71(2), 1983, pp. 730 - 775.

以指导雇佣程序。[①]

第二节　形式平等与实质平等

就业优惠在美国引发了激烈的社会争议与哲学论战,平等始终处于争论的中心。就业优惠的争议并不是在平等的支持者与平等的反对者之间展开的。相反,无论是赞成就业优惠的人还是反对就业优惠的人,双方都是平等的支持者,都是依据平等的名义。可见,就业优惠的理论争议反映了双方在理解平等这一基本的哲学范畴时存在根本性的分歧。双方在平等问题上的分歧主要是源于平等的复杂性,平等是一个具有多层含义的哲学概念,按照平等的实践历程和实践程度,平等分为形式平等和实质平等,就业优惠的争议反映了形式平等与实质平等理论之间的对立。就业优惠的反对者主要是基于形式平等的要求对就业优惠提出了批评,就业优惠的支持者则是着眼

① 此规则具有简单直观的优点,很多联邦法院在差别效果诉讼中参考了这一标准。但由于此规则的证明力低于假设验证法中的标准偏离分析,因而联邦法院系统对于此规则存有争议。联邦最高法院承认,“五分之四规则由于技术上的原因而遭到了批评……对于法院而言,这一规则仅仅是一种粗略的衡量或经验法则。”五分之四规则的缺陷体现在两个方面:其一,当样本规模非常小时,此规则将失去作用。比如,一个雇主在1000个黑人应聘者中录取了600人,在1000个白人应聘者中录取了800人,此时黑人的录取率是60%,白人的录取率是80%。按照五分之四规则,此时雇主构成了歧视。但如果雇主在5个黑人应聘者中录取了3人,在5名白人应聘者中录取了4人,此时黑人与白人的录取率同样是60%和80%,此时虽然黑人与白人的录取人数只相差一人,但依然违反了“五分之四规则”。可见,“五分之四规则”在样本规模小时会失效。其二,当对某一主的多次雇佣行为进行综合考察时,此规则将产生很大的误差。See David Kaye, “Statistical Evidence of Discrimination”, *Journal of the American Statistical Association*77(380), 1982, pp. 773 – 783; D. L. McLeish and Christopher G. Small, “Likelihood Methods for the Discrimination Problem”, *Biometrika* 73(2), 1986, pp. 397 – 403.

于实质平等的理念，就业优惠也只有以实质平等观念为基础才能证明是正当的，因为实质平等要求不一样的待遇和相似性的结果。形式平等与实质平等的主要区别体现在以下四个方面：第一，正义标准不同。第二，适用重点不同。第三，法律方法不同。第四，法律功能不同。形式平等与实质平等的上述差异，引发了就业优惠问题上的根本性分歧。

一、就业优惠以实质平等为理论基础

平等是一个伴随着民主制度的成长而不断解释和实践的议题。作为最早出现的平等理念，形式平等的主要特点是规则适用性与形式正义性，所谓规则适用性指的是法律和制度应当统一地适用于所有拘束主体，规则的适用不能因人而异。“所谓形式正义性指的是假定社会的基本规则满足了正义的内在要求，那么它就应该为制度所遵循并得以一贯地坚持执行，这种对法律和制度的公正一致的管理，不管它们的实质性原则是什么，我们可以把它们称之为形式的正义。”①“可见，无论法律与制度承载着怎样的正义原则，只要将法律与制度平等地适用于所有的人，就符合了形式正义的要求，形式正义关注于法律所承载的正义原则是否平等和无差别地适用于所有人，而不关注这种正义原则的具体内容。形式平等的核心理念是平等地对待每一个人。”②形式平等通常被称为“机会平等”，它要求经济上、社会上和生理上的“弱者”与“强者”按照同一规则平等地自由竞争。

---

① 姚大志：《现代之后：20 世纪晚期西方哲学》，东方出版社 2000 年版，第 58 页。

② 王立：《平等的双重维度：形式平等和实质平等》，载《理论探讨》2011 年第 2 期。

就业优惠反对者所持的形式平等理念体现在了阿达兰德案[①]中,大法官托马斯指出:“在旨在使某个种族屈服的法律和旨在以种族为基础分配福利以便促进目前的某些平等观念的法律之间,存在‘道德和法律上的等同’。政府并不能使我们平等,政府只能承认、尊重和保护我们在法律面前人人平等。”[②]

实质平等是与形式平等相对应而言的。由于形式平等是以过程为导向,只能保证一种原则上的和形式上的正义,难以保证最终分配结果意义上的正义。实质平等则是建立在实质正义的基础之上,具有实质正义性和结果导向性两个特点。所谓实质正义性指的是法律与规则不仅简单地承载着某种正义原则,而且这种正义原则应当在分配社会基本的善时具有足够的公正性。正如康德所言,这种正义原则应当能使个人在做出社会行为选择时“用你一贯对待人性的方式行事,无论以你自己个人的身份还是以任何他人的身份,绝对不要仅仅当成是一种手段,而要始终当成一种目的。”[③]“结果导向性指的是实质平等应当关心基本善的分配在结果上是否趋向于平等,而非形式上是否平等。按照这样的划分和理解,实质平等要求善被平等地分配给每一个人。”[④]在种族就业优惠的法律实践中,就业优惠的支持者常常表达出种族间实质平等的理念。如在阿达兰德案中,对判决表示异议的史蒂文斯和金斯伯格大法官指出,“在一项旨在使等级制度永久化的政策和一项意欲消除种族从属的政策之间,不存在

---

① See Adarand Constructors, Inc. v. Peña, 515 U. S. 200(1995).

② [美]保罗·布莱斯特等:《宪法决策的过程——案例与材料》,陆符嘉等译,中国政法大学出版社2002年版,第938页。

③ [美]亚历克斯·卡利尼克斯:《平等》,徐朝友译,江苏人民出版社2003年版,第52页。

④ 王立:《平等的双重维度:形式平等和实质平等》,载《理论探讨》2011年第2期。

道德或宪法上的等同。……以种族为基础的纠正性优先体现了相反的冲动：一种促进社会平等的渴望”。并认为，由多数代表所作出的、使某个弱势少数群体受益而让多数的选民承受附带代价的决定在某些场合下与平等的理想完全吻合。①

二、就业优惠以合理差别为法律方法

“形式平等指的是任何人都具有法律上的人格和尊严，在自由人格的形成上必须享有平等的权利。换言之，人作为具体的人，必然在种族、性别、门第、天资、能力等方面存在事实上的差别，但作为抽象的人或一般意义上的人，即作为独立、自由的人格主体，则应该在法律上是无差别的。”②形式平等的构成要素包括平等对待、程序正义和权利平等。在法律制度层面，形式平等是指国家承认所有的人在法律上一律平等，在法律权利和义务上给以相同的对待，禁止差别待遇的歧视对待。形式平等在近代宪法规范中被表述为“法律面前平等”“法律上的平等”，也可以称为“规则的平等”“机会平等”。形式平等的规范内涵表现为法律应当“相同情况相同对待”，或法律禁止“不合理的差别对待”。具体到美国种族就业优惠的语境中，海伦大法官在“隔离但平等”一案中所坚持的“肤色中立的宪法”既是法律形式平等的体现。基于形式平等的原则，就业优惠的反对者坚持认为肤色不应当成为法律区别对待的理由，法律应当同等对待不同肤色的公民，对黑人实施优待和照顾同对其实施歧视和压迫具有相同

---

① 参见［美］保罗·布莱斯特等：《宪法决策的过程——案例与材料》，陆符嘉等译，中国政法大学出版社2002年版，第939～941页。

② 韩大元、林来梵等：《宪法学专题研究》，中国人民大学出版社2004年版，第293页。

的违宪性,唯一的区别在于歧视的受害者从黑人变成了白人。

就业优惠超越了形式平等进一步追求实质平等。就业优惠以实质平等为理论基础,以合理的差别对待为主要法律方法。在现实生活中,人们在自然生理或社会结构方面存在明显的差异,以上差异不仅难以通过个人的努力加以克服,并且从根本上决定着社会竞争的成败,如果法律无视这些差异,进而将所有人视为抽象的和无差别的人格主体,并赋予相同的权利义务,最终将加剧社会阶层与族群群体之间的不公平。哈耶克就将形式平等的这种缺陷描述为:"自由所要求的法律面前的人人平等会导致物质的不平等。"①为了克服形式平等的缺陷,现代立宪国家均确立了实质平等的宪法原则,即根据特定群体的特殊情况而规定必要的和合理的差别待遇,以便满足社会不利群体基本的生存与发展需要。"对于形式上的平等可能导致的事实上的不平等,法律制度应当针对具体情况和实际需要,对特定的人群在经济上、社会上、文化上等方面与其他人群存在事实上的差异,根据理性的、合理的、正当的决定,采取某些适当的、合理的、必要的区别对待的方式和措施,为实现实质上的平等而采取的措施,从而在实质上为公民提供平等发展的条件,缩小仅仅由于形式平等造成的差距,其目的是实现实质上的平等。"②正如布莱克曼大法官在巴克案中的论述:"为了克服种族主义,我们必须首先考虑种族,除此之外别无选择。为了平等地对待一些人,我们必须以差别的方式对待他们。"③由于就业优惠基于族群身份而对不同的公民实施差别对待,

① [英]哈耶克:《自由秩序原理》(上册),梁治平、贺卫方等译,三联书店 1997 年版,第 105 页。

② [美]L.亨金:《权利的时代》,信春鹰等译,知识出版社 1997 版,第 199 页。

③ See Regents of the University of California v. Bakke, 438 U. S. 265, 407(1978).

常常涉及限制或克减优势族群的公民的就业权利,或者扩张或增加弱势族群的就业权利,因而差别对待是否具有合理性往往决定着就业优惠的正当性与合法性。“公共权力的正当性被明确地设定为在尊重与维护公民自由权的前提下,对公共福祉之追求。”①但是自由权的维护与公共利益的追求也会出现冲突,此时,政府为了整体的公共利益常常要限制和牺牲部分的公民自由权利。如何确保个人平等享有的自由权利的牺牲确有其必要性和正当性。换言之,多大程度的国家权力的行使是必要的和合益的,就业优惠所采用的差别对待是否合理,是否符合实质平等的内在要求,需要从以下三个方面加以判断:首先,差别对待的目的的正当性。一项法律文件或一项法律制度对公民自由权利的触动,必须有合法的目的。比如对黑人因长期种族歧视历史造成的不利就业处境给予其必要的救济与帮助。其次,差别对待措施具有适合性和必要性。即差别对待是能够有效达成上述合法目的,差别措施仅限于必要的范围。②“差别对待措施不能是与合法目的无关的,且差别措施应当在不违反或减弱所追求之目的或效果的前提下,面对多种可能选择的处置方式,应尽可能选择对公民权利侵犯最轻或不良作用最少的方法。”③必要性原则以适当性原则为存在基础,不符合适当性原则的规定必然不符合必要性原则的要求。最后,差别措施应当符合法益相称性。即使采取了适合和必要的手段以试图完成其追求的目的,但若该手段所侵害的利益显然大于其所保护的公共利益,则违反了合理差别的原则。

---

① 林更盛:《论广义比例原则在解雇法上之适用》,载《中原财经法学》2000 年第 5 期。

② 参见谢世宪:《论公法上之比例原则》,载城仲模主编:《行政法之一般法律原则》,台北,三民书局股份有限公司 1994 年版,第 125 ~ 126 页。

③ 郑琦:《比例原则的个案分析》,载《行政法学研究》2004 年第 4 期。

三、就业优惠以结构歧视为拘束对象

形式平等具有规则适用性和形式正义性的特点,强调法律规则平等适用于所有的人,反对法律制度关注个体或群体之间的差别。作为一项资产阶级革命时期所确立的宪法理念,形式平等的主要功能在于防范等级特权、法律恣意或故意的歧视行为。在劳动就业领域,制度性就业歧视和个体性就业歧视将相同的劳动者区分为不同的族群群体,仅因特定的族群身份而剥夺公民的劳动就业权利,这种不合理的差别对待违反了形式平等原则。保障形式平等的法律方法在于禁止歧视,即禁止以种族、民族、性别等与劳动生产率无关的因素剥夺劳动者的劳动就业机会。在美国的反歧视法制历史中,"肤色中立的宪法"与1964年《民权法》主要体现了形式平等的要求,即禁止基于种族、肤色等因素实施故意的歧视行为。形式平等的法律制度虽然可以有效消除公然的歧视行为,但是由于忽略了社会个体与群体之间的巨大差异,也会造成社会强者与社会弱者、富裕与贫穷之间的两极分化。"因为形式平等强调自由竞争,而自由的目的在于使所有的人尽情地发挥自己的才智和能力,因而这就意味着自由会在某种意义上集中于具有卓越才智和能力者,而对于非卓越才智和能力者,自由的存在却稀薄化了。自由或多或少地存在着这样的倾向,即自由与其说是社会全体成员的自由,倒不如说是一部分成员的垄断性自由。"①"这种平等的权利,对不同等的劳动者来说是不平等的权利,它不承认任何阶级差别,因为每个人都像其他人一样只是劳动者,但是它默认不同等的个人天赋,因而也是默认不同等的工作能力

① [日]大须贺明:《生存权论》,林浩译,法律出版社2001年版,第32页。

是天然特权。所以，就它的内容来讲，它像一切权利一样是一种不平等的权利。”①

在法律的平等保护功能上，形式平等处于基础性和主导性的地位，实质平等则处于补充性或从属性地位。实质平等是建立在形式平等基础之上的更高的要求，是对形式平等功能缺陷的补充与完善。实质平等要求通过国家权力的积极干预，消除公民或族群之间的经济与社会不公平。在公然的制度性歧视与故意的个体性歧视得到形式平等的法律制裁之后，社会结构性歧视成为现代社会主要的就业歧视形态。结构性就业歧视反映了少数族裔面临的一系列社会结构性障碍，如语言障碍、文化差异、族群认同冲突、长期的歧视历史、区域发展不平衡、职业隔离、人口与家庭结构缺陷、社会分层不合理、机会结构失序，以上社会因素赋予了族群身份以重大的社会公共意义，并在根本上决定着就业市场的群体特点与形态，在具有结构性缺陷的社会中和族群分割性质的劳动力市场中，少数族裔劳动者不可避免地面临着整体性的不利处境。传统反歧视法所遵循的形式平等原则主要是建立在过错责任基础上的，然而结构性就业歧视有别于传统的制度性歧视与个体性歧视，少数族裔就业困难难以归结为特定雇主的故意歧视，雇主往往无明显的主观过错，形式平等与禁止歧视无法成为干预雇主经济自由权利的法理基础。此外，无视社会结构性障碍与整体性的不利处境，单纯地要求形式平等只能固化少数族裔的不利就业处境。为了有效增加少数族裔的平等就业机会，就需要引入以结果为导向的实质平等和以无过错责任为基础的就业优

① ［德］马克思、恩格斯：《马克思、恩格斯全集》（第 19 卷），人民出版社 1972 年版。转引自陈霞明：《论实质平等》，载《江西社会科学》2007 年第 4 期。

惠,以改变族群之间在就业机会上的不平等与不公正状态。

第三节 择优录取与市场缺陷

一、择优录取机制具有内在缺陷

在现代就业市场中,就业优惠必须回应来自经济理性与分配正义的理论挑战。传统经济学理论强调市场机制在劳动者与生产资料结合过程中的支配性地位,认为"市场竞争"是实现经济理性的最佳方式,以"择优录取"为特征的绩效制度是分配正义的最佳途径。就业市场是现代社会分配就业机会的主要场所,市场竞争与择优录取是市场分配就业机会的主要方式,这种分配方式符合主流的社会正义标准。在择优录取的雇佣标准下,劳动者在竞争性的劳动力市场中展开竞争,更有能力和资格的劳动者将会取得成功。由于就业优惠依据群体身份实施就业照顾措施,不符合市场竞争与择优录取的原则,不仅违背了经济理性,而且不符合分配正义的标准。

就业优惠借助于歧视经济学与族群批判主义两个理论工具,回应了市场绩效制度的理论挑战,发现了市场机制的内在缺陷,也指出了择优录取的族群后果,在族群分割的经济系统中,市场绩效制度既不符合经济理性,也有违于分配正义的标准。歧视经济学理论是现代劳动经济学的重要分支,自 20 世纪 50 年代兴起于芝加哥大学以来,就业歧视相关理论已经数次蝉联诺贝尔经济学奖。歧视经济学理论的创始人是芝加哥大学的加里 · 贝克尔教授,他运用经济学模型分析个人偏好,将理性分析引入了感性世界。加里 · 贝克尔立足于古典经济学立场提出了歧视口味(偏好)理论,认为歧视偏好有违利益最大化的经济理性原则,种族歧视的雇主将在市场竞争中遭到淘汰。① 由于看不见的市场之手具有自我调节作用，因而，消除就业歧视的方法是强化市场竞争而非实施市场管制。这种传统歧视经济学理论（如图 4－2 所示）虽然不反对禁止歧视，但也不认为反歧视法

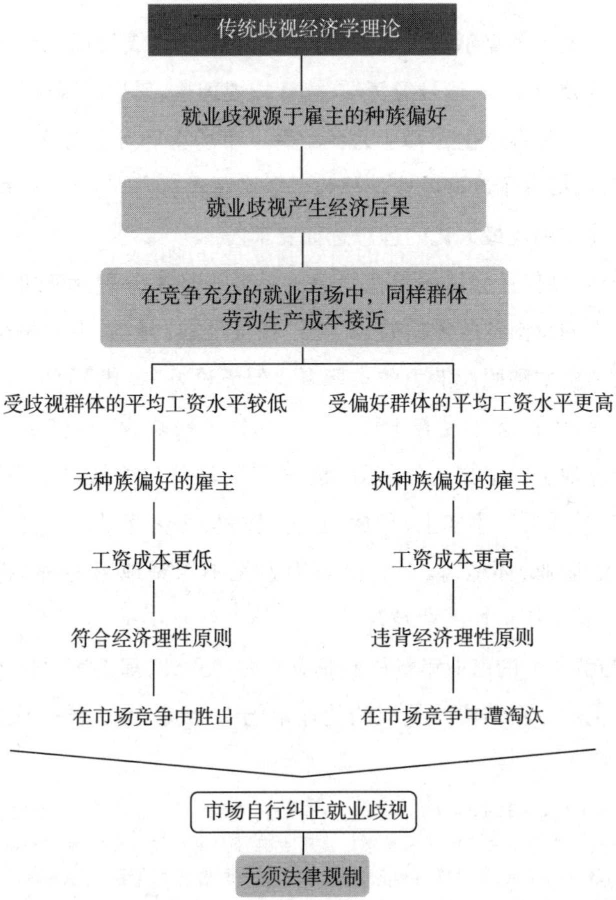

图 4－2　传统歧视经济学理论

① See Gary Becker, *The Economics of Discrimination*, Chicago, University of Chicago Press, 1971.

是实现就业平等的唯一途径,强调市场竞争与择优录取是消除歧视的最有效机制。该理论虽然不反对禁止歧视,却与就业优惠理论具有内在的逻辑冲突,认为就业优惠违背了市场经济的自由竞争与自我调节。

在加里·贝克尔教授之后,歧视经济学迅速成为现代经济学最为活跃的领域之一,信号经济学、统计歧视理论、累积歧视理论、结构性歧视理论相继产生,[①]以上理论解释了市场竞争与择优录取制度的内在缺陷,揭示了族群就业歧视与市场机制具有内在一致性,就业歧视符合雇主利益最大化的理想选择要求。[②]

诚然,现代社会依赖自由竞争的就业市场来分配就业机会。就业市场上的自由竞争依据的是一套"择优录取"规则,为的是莅选出最具人力资本和职业潜力的求职者。但无论是"择优"的标准,还是"择优"的程序,无不受着生物和社会属性的影响。[③]"优"的标准可能仅仅体现了特定文化的偏好,选"优"的过程往往是出于降低"搜寻成本"的需要。事实上,种族、肤色、教育、文化背景、经济能力、信仰、收入、职业、环境、社会阶层等因素无不深刻地影响着"择优录取"。无论是制度性就业歧视,还是个体性就业歧视与结构性就业歧视,皆与竞争性的就业市场机制具有内在一致性,都无法通过市场竞争加以消除。在结构性歧视的就业市场中,族群就业不平等无法通

---

① See Lester Thurow, *Generating Inequality*, New York, Basic Books, 1975, p. 172.

② 就业市场中的统计歧视现象颠覆了古典自由主义歧视理论有关经济理性会自发抑制歧视的观点,统计歧视理论证明,在族群分割的就业市场中,歧视有助于雇主实现利益最大化,雇主的经济理性只会加剧歧视而非消除歧视。See Edmund S. Phelps, "The Statistical Theory of Racism and Sexism", *The American Economic Review* 62 (4), 1972, pp. 659 - 661.

③ See James A. Beckman, *Affirmative Action: An Encyclopedia*, London: Greenwood Press, 2004, p. 200.

过禁止歧视加以消除。

因而,对少数族群施以适当的就业优惠有其经济上的合理性,符合经济理性和分配正义,现代经济学歧视理论构成了就业优惠法律制度的理论基础。

(一)就业市场无法控制制度性歧视

制度性歧视源于法律与政策的强制性规范,对于雇主和求职者双方都具有拘束力。无论是否喜欢歧视性的法律制度,雇主皆需遵循这些就业规范的指引。制度性歧视高度稳定,无法通过市场机制消除。在"抵制蒙哥马利公共汽车公司"事件中,亚拉巴马州的种族隔离法与蒙哥马利的市政法令授权公交公司优先安排白人乘客、限制雇用黑人司机。公共汽车公司可能并不喜欢种族歧视的政策,因为其主要客户群体是有色人种。但由于这种歧视源于法律制度的规定,公交公司还是严格致力于排斥黑人乘客与黑人司机。①

(二)市场竞争难以纠正个体性歧视

个体性就业歧视源于雇主的族群偏好,难以通过劳动力市场的自由竞争来消除。在有些情况下,雇主的雇佣决定反映了特定的族群偏见。这些族群偏见可能来自雇主本人,也可能来自在职员工和顾客。按照传统的经济学理论,雇主的决定是出于自己或他人的主观的族群偏好,从而背离了利益最大化的经济理性标准。持有这种非理性的歧视行为的企业将在充分竞争的市场环境中失败。一方面,族群偏好是高成本的行为,意味着雇主愿意支付更高的工资去雇用其偏爱的群体;另一方面,歧视降低了被歧视者的工资水平,进而

---

① See Encyclopedia Americana. Grolier Online, "Parks, Rosa Louise", http://ea.grolier. com/cgi - bin/article? assetid = 0303225 - 00, May 8, 2009.

使无偏见的公正的雇主获益,并最终在竞争中淘汰持有族群偏见的雇主。然而,市场竞争将自动消除歧视的假设不仅在理论上,而且在实践中都存在缺陷。首先,在很多情况下市场竞争并不充分。比如,由于少数族群地区较低的工业化与城市化水平,以及欠缺的基础教育水平和人力资本投资,导致该族群多数成员并不具有基本的现代劳动技能。从而使少数族群整体性地被隔离于就业市场之外,极少数进入劳动市场的少数族群成员不足以影响市场竞争。其次,劳动力市场竞争有可能是无序的。比如重大的区域开发政策在促进区域经济发展的同时,也极大地改变了少数族群地区的人口结构与就业市场的族群成分。与数量极为有限的合格的少数族群劳动者相比,外来劳动力的供给可能趋向于无穷大,从而抵销了少数族群因工资水平降低而对歧视的市场矫正效应。

(三)就业市场加剧了结构性歧视

结构性就业歧视与竞争性的就业市场具有内在一致性,同样无法通过市场机制加以消除。在不平等的经济结构中,理性与效率常常导致雇主的歧视。通过就业歧视,雇主得以实现其利益最大化。在就业市场中,怎样准确判断求职者的劳动生产率,怎样获得其劳动生产率的信息,是雇主面临的一个难题。[①] 对于雇主而言,求职者的劳动生产率信息往往是稀缺的和昂贵的。雇主倾向于尽量降低信息成本,因而常常采用统计归纳的方法来判断某一群体的劳动能力,并以此为基础确定莅选标准。逐一获得求职者的能力信息是十分困难的,但是按族群进行分类统计却是较为简单的途径。对求职者进行

---

① See Burman George, The Economics of Discrimination: The Impact of Public Policy (Ph. D. diss, University of Chicago, 1973).

分类的最简单的标准就是群体身份，雇主多采用群体标准来判断不同群体的劳动能力。“如果有经验证据和统计数据证明，少数群体的劳动生产率总体上低于其他群体，则雇主的就业歧视行为就符合经济上的理性，并能使其获得经济利益的最大化。”[①]以群体的平均劳动生产率来评估特定个体有失公允，但由于种族、族群、性别等群体身份往往是显而易见的，因而在缺乏其他低成本的莅选标准时，雇主倾向于只雇佣平均劳动生产率较高的群体，而对平均劳动生产率较低的少数群体加以整体性排除。通过这种群体就业歧视，雇主可以安全且低成本地提高其雇员的整体平均劳动生产率。[②] 这又形成统计歧视的反馈效应：受歧视伤害最大的是少数族群中的优秀者，歧视伤害了少数族群进行人力资本投资的愿望，降低了少数族裔的整体性人力资本投资，最终将少数族裔塑造成偏见者所期望的样子（如图4－3所示）。

此外，优势族群在就业市场上的垄断地位及其企业雇员结构和雇佣传统加剧了针对少数群体的就业歧视。在就业市场上，岗位信息和求职信息往往是通过人际关系网络进行传播。在具有高度族群分割特征的社会经济系统中，不同的族群身份往往意味着不同的社会阶层和相互隔离的人际网络。如果企业的在职员工主要由特定的族群成员构成，或者社会阶层中的中层和上层主要为特定族群所占

---

① See Burstein P. ,“Equal Employment Opportunity Legislation and the Income of Women and Nonwhites”,*American Sociological Review*44,1978,pp. 367－391.

② See Freeman Richard B. ,“Black Economic Progress After 1964: Who Has Gained and Why?”,In Rosen,Sherwin,ed. ,*Studies in Labor Markets*,Chicago,University of Chicago Press,1981,pp. 247－294. See George A. Lundberg,“The Measurement of Socioeconomic Status”, *American Sociological Review* 5(1),1940,pp. 29－39. SeeLester C. Thurow,“A Theory of Groups and Economic Redistribution”,*Philosophy and Public Affairs* 9(1),1979 pp. 25－41.

据,则弱势族群将很难得到就业机会。

以往的歧视历史降低了少数族群的人力资本投资,使少数族群持续处于不利的经济地位。歧视具有累计效应,上一代人所遭受的不平等待遇可以进一步阻止下一代的平等机会。① 少数族群在就业市场所遭受的歧视会降低下一代的人力资本投资,从而使少数族群在就业竞争中处于劣势地位,并使歧视在代际传播。②

就业歧视的产生依赖于社会经济结构的缺陷,反映了少数族群所面临的结构性的社会与经济障碍。在现有的经济结构中,市场竞争与就业歧视具有内在一致性。以效率为导向的市场机制不仅无法消除歧视,而且极大地强化了族群就业歧视的严重程度。因而,单纯依赖经济发展虽然可以在一定程度上促进区域经济平衡,但并不能必然消除少数族群面临的就业歧视,更无法提高少数族群分享经济发展成果的能力。

① See George A. Lundberg, "The Measurement of Socioeconomic Status", *American Sociological Review* 5(1), 1940, pp. 29 - 39.

② See Lester C. Thurow, "A Theory of Groups and Economic Redistribution", *Philosophy and Public Affairs* 9(1), 1979, pp. 25 - 41.

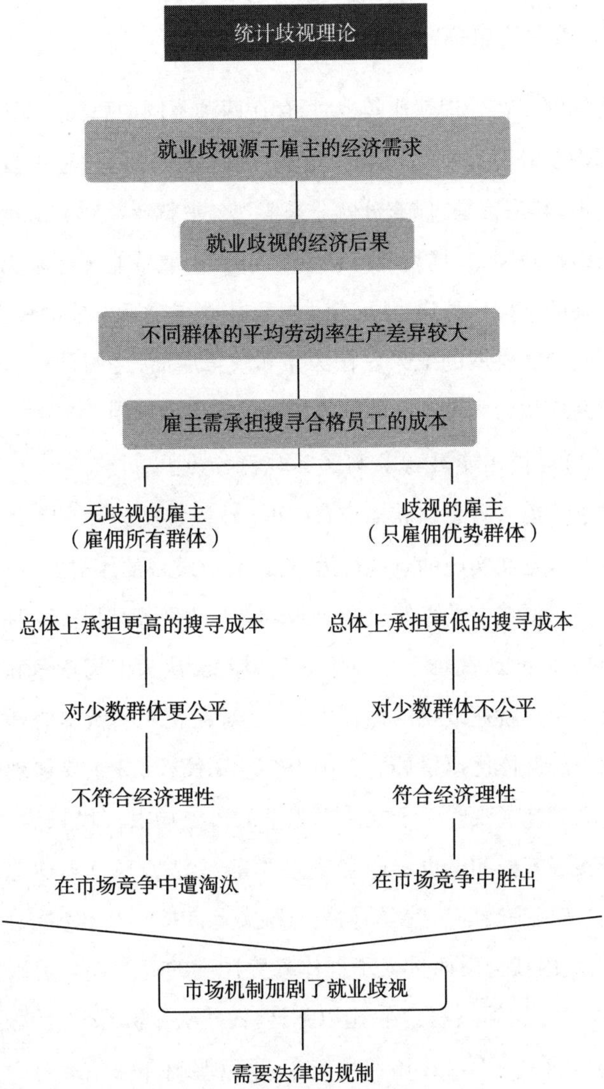
统计歧视理论
就业歧视源于雇主的经济需求
就业歧视的经济后果
不同群体的平均劳动率生产差异较大
雇主需承担搜寻合格员工的成本
无歧视的雇主
（雇佣所有群体）
歧视的雇主
（只雇佣优势群体）
总体上承担更高的搜寻成本
总体上承担更低的搜寻成本
对少数群体更公平
对少数群体不公平
不符合经济理性
符合经济理性
在市场竞争中遭淘汰
在市场竞争中胜出
市场机制加剧了就业歧视
需要法律的规制

图 4－3　统计歧视理论

二、就业优惠弥补市场缺陷

现代国家在处理就业歧视时,存在两种不同的思路。第一,通过"禁止歧视"增强劳动力市场的竞争,在经济发展的过程中自动消除就业歧视,其宗旨是"以充分就业来实现公平就业"。第二,承认就业市场的内在缺陷,在提高经济总量的同时,采取就业优惠来克服少数群体面临的结构性障碍,从而使少数群体获得公平发展的机会,并充分享受到经济发展的成果。在法律和政策层面,这两种社会和经济发展思路反映为两种不同的平等权利法律保障机制。

(一)以简单不歧视原则预防歧视行为

与上述第一种思路相对应,法律将歧视定义为社会个体之间因个人族群偏见而实施的歧视行为,否认就业歧视的族群特征,此时法律追求的是形式上的平等机会而非事实上的平等结果。这种类型的反歧视法往往以"简单不歧视原则"为标准,认为市场竞争和种族中立政策是制止就业歧视的最佳方式,反对在就业领域实施任何有违自由竞争的群体优惠措施。美国1964年《民权法》主要体现了这种自由主义的歧视观。由于立法思想上的历史局限,《民权法》的通过既没有实现族群和谐也未产生就业平等,无法实现肯尼迪总统将族群对抗"从街头转向法院"的初衷。事实上,1964年《民权法》颁布实施之后,美国社会反而进入了群体暴力冲突的高发期。美国联邦政府和司法系统不得不采取措施以弥补《民权法》的缺陷。约翰逊政府在1965年通过了第11246号总统令,用以明确和强化针对少数族裔的种族就业优待;[1]联邦法院则通过对《民权法》的扩张解释确立了“不利后果歧视”判例,以此克服少数族裔面临的结构性就业障碍。[2]美国制定和实施反歧视法的经验与教训,具有借鉴意义。它从一个侧面说明了在族群关系因就业歧视而处于激烈对抗的历史时期,面对歧视性的族群关系和不平等的经济结构,禁止制度性的歧视和惩罚个人的偏见是远远不够的,还需要针对少数族裔的不利处境采取各种必要的优惠措施,以使其获得公平竞争和经济独立的起点。

(二)以就业优惠纠正事实上的不平等

就业优惠提供了消除群体就业歧视和经济地位不平等的另一种思路,即承认少数群体在就业市场上面临的结构性障碍和整体性不利地位。以上障碍并非仅仅来自优势群体的偏见与歧视,而是根植于现行社会结构和经济结构的内在机理,既无法通过少数群体成员的个人努力加以克服,也很难通过惩罚孤立的歧视行为来消除。在此情况下,通过法律和政策上的优惠措施克服就业障碍,提高少数群体就业的竞争力,增强其参与社会经济生活并分享经济发展成果的能力,就显得极为必要。暂行特别措施是实现公平和克服歧视的一种有效手段,其目的是加速实现平等。作为一种公共政策与法律制度,不仅禁止明显的偏见与歧视,而且致力于采取有效措施去消除歧视背后的社会支配关系与社会不平等结构,以实现事实上的平等。

就业优惠涉及立法、行政执法与司法三个方面。以美国为例,首先,《民权法》第七章“禁止任何联邦资助的项目实施基于种族、肤色

---

① See Robert J. Weiss, *We Want Jobs: A History for Affirmative Action*, New York and London, Garland Publishing, 1997, p. 80.

② See John W. Johnson and Robert P. Green, *Historical Guides to Controversial Issue in America Affirmative Action*, New York, Greenwood Press, 2009, p. 51.

和原始国籍的歧视行为”。“雇主因为种族、肤色、宗教信仰、性别或者民族血统而拒绝雇佣或者解雇某个员工,或者在补助、期限、条件以及就业权利方面歧视员工被认为是非法的。”[①]第七章禁止种族歧视,但并非禁止一切与种族有关的分类。从《民权法》的立法目的和立法背景来看,它与《第十四修正案》具有内在的联系,实际上它禁止的只是有违《第十四修正案》精神的种族分类。[②] 布朗案的判决表明《第十四修正案》追求的是实质上的和地位上的平等,而非仅仅是形式的和机械的平等。“很明显,《民权法》的制定者注意到了法院在解释《第十四修正案》时的左右摇摆的历史,因而希望通过《民权法》来进一步明确《第十四修正案》所追求的平等保护的真实内涵。”[③]从这一点看,《民权法》实际上是对布朗案判例和《第十四修正案》的再次确认。其次,联邦政府通过行政命令和规则来制定暂行特别措施。如 1961 年,肯尼迪总统时代的第 10925 号联邦行政命令;1965 年,约翰逊总统时代颁布的第 11246 号联邦行政命令,以及 3 年后所颁布的第 11375 号联邦行政命令。正是在肯尼迪政府时代,美国政府通过行政命令的形式第一次提出了积极措施。最后,联邦法院可以通过两种司法手段来消除结构性就业歧视。其一,《民权法》第七章第 706 条(g)款明确赋予了联邦法院实施就业优惠的权力:“如果法院认定被告已经实施了故意的雇佣行为,法院判令被告停止这种非法侵权行为,法院得酌情执行暂行特别措施,这些暂行特别措施包括复

---

① [美]弗兰克·N. 马吉尔主编:《经济学百科全书》,吴易风译,中国人民大学出版社 2009 年版,第 411 页。

② See 42 U. S. C. § 2000.

③ See Saverio Cereste, Minority Inclusion Without Race - based Affirmative Action: An Embodiment of Justice Powell's Vision, 18 N. Y. L. Sch. J. Hum. Rts. 577.

职或雇佣”。[1] 其二,联邦法院创立了歧视效果诉讼理论。联邦法院在格力格斯[2]案中阐明:《民权法》禁止雇主在雇佣过程中使用表面上中立的手段,去维护因歧视性的雇佣历史而造成的事实上的种族不平等。歧视效果的规定并不要求实施者具有歧视的主观恶性,也不要求原告提供歧视目的的证据,而只是强调行为具有歧视的客观后果。[3] 美国优惠照顾主要涉及就业、教育、少数族裔企业三个领域,其中促进少数族裔公平就业的措施构成了就业优惠的核心议题。方法与措施主要包括配额、加分、优先、转移支付、资源调配、目标与时间表等多种方式,其核心在于国家依靠法律与政策手段,通过机会和财富的再分配纠正初次分配领域的结构性缺陷。

---

① See Leonard Jonathan S. , “Anti – Discrimination or Numerical Balancing: The Impact of Title Ⅶ, 1978 – 1984,” unpublished paper, U. C. Berkeley, 1987.

② See Griggs v. Duke Power Co. ,401 U. S. 424, (1971).

③ See Michael J. Zimmeret, al. , *Cases and Materials on Employment Discrimination*, New York, Aspen Law & Business, 1997, p. 413.

第五章 Chapter 05

就业优惠的合宪性审查

美国保障平等就业权利的法律制度主要包括《第十四修正案》与《民权法》第七章两个维度,《第十四修正案》中的平等保护条款主要适用于政府强制实施的就业优惠计划,《民权法》第七章主要用以拘束私营企业与公共雇主自愿实施的雇佣优惠实践。由于美国《联邦宪法》与《民权法》具有时代局限性,因此法律文本在表述上秉承种族中立的风格。种族中立的立法原则为禁止歧视提供了法律依据,但也给就业优惠带来了违宪与违法风险。比如,就业优惠的反对者依据宪法平等保护条款和《民权法》第七章提起了反向歧视诉讼,在这两类诉讼中,联邦最高法院的司法审查决定着就业优惠的合宪性与合法性边界。

受立宪时代的限制,美国的宪法文本与立宪史均未涉及就业优惠的问题,宪法平等保护条款在文本表达和宪法实施中,更多地采用了种族中立的禁止歧视原则。因此,就业优惠并未得到宪法规范上的明确确认,而只能通过联邦法院直接适用宪法的方式推导出就业优惠的法律根据。将就业优惠合宪性审查适用于政府的就业优惠计划,其争议点在于:善意的种族分类是否违宪,若违宪应当适用何种违宪审查标准;就业优惠方案是否符合法益平衡与比例原则。联邦最高法院有关就业优惠的司法审查经历了两个阶段:第一个阶段中,最高法院总体上肯定了就业优惠的合宪性,但法院意见往往呈现5:4的高度分裂态度;第二个阶段始于1989年,法院开始明确否定就业优惠的合宪性,有关就业优惠违宪的判决出现6:3的多数优势,且判决受司法并存意见的影响较小,对就业优惠的实践具有明确的法律指引功能。

第一节 意见分裂的合宪判决

一、就业优惠分裂的司法意见概述

美国联邦最高法院审理的第一个就业优惠案件是1978年的巴克案,该案涉及教育就业优惠的合宪性问题。最高法院审理种族就业优惠案件则始于1980年的厄尔·弗里拉夫诉合众国商务部部长菲利普·M.克鲁茨尼克案[1]。自1978年至1987年,最高法院审理了一系列就业优惠案件,其间所有这些案件的判决均呈现5:4的表决结果,判决背后的司法意见与法官态度呈现出高度分裂的态势,且多数意见内部往往也包含相互冲突的多个并存意见。司法意见的裂痕主要由以下问题导致:就业优惠是否符合《第十四修正案》平等保护原则?就业优惠是否是合法的救济手段?就业优惠合宪性审查的标准是什么?就业优惠是否仅限于救济歧视行为的实际受害者?这种救济手段是否对无辜的第三者造成负担?

司法审查中的关键问题是合宪性审查的标准问题,即在判断政府实施的就业优惠是否违反宪法平等保护条款时,究竟是采用中度审查标准,还是严格审查标准。对于中度审查而言,就业优惠必须服务于重要的政府利益,就业优惠的手段必须与政府利益之间具有实质性的联系;对于严格审查而言,就业优惠必须出于迫切的政府公共

---

① See Fullilove v. Klutznick, 448 U.S. 448 (1980).

需要,就业优惠的手段必须是实现迫切政府公共需要适当的和必要的。① 就业优惠宪法审查标准的争议根源实际上可以追溯到布朗案时代,在布朗案中,联邦最高法院推翻了弗格森案所确立的“隔离但平等”的判决,宣告了在《第十四修正案》平等保护条款面前政府实施的种族归类手段高度可疑。② 然而,在随后的巴克案及其系列案件中,一方面,法院认为宪法要求对以往的种族分类给予禁止和规制;另一方面,法院认为种族分类措施如果是为了救济以往的种族违宪行为,则有可能是合宪的。由此,在种族分类的合宪性问题上,最高法院的判决形成了一系列法律歧义。由于种族归类是就业优惠的主要法律手段,也就造成了最初的就业优惠司法实践的矛盾与纷乱。

---

① 美国联邦最高法院在解释和适用《第十四修正案》过程中,就区别分类标准和立法目标之间的关系创设出“严格审查”“中度审查”“宽松审查”三种司法审查标准,以期在贯彻法律的平等保护时,确立一个审查区别分类是否违宪的标准。“严格审查”主要适用于与种族相关的可疑归类;“中度审查”主要适用于基于性别因素的归类;“宽松审查”主要适用于与经济自由相关的经济归类案件中。参见张千帆:《西方宪政体系》(上册),中国政法大学出版社 2004 年版,第 350 ~ 362 页。从 1953 年起担任联邦最高法院首席大法官的沃伦主张的是两个司法标准,即“严格审查”和“合理基础审查”标准,并明确根据种族所做的区别分类因违反了《第十四修正案》而适用于前者。1969 年首席大法官伯格接任沃伦掌管高法之后,高法逐渐形成了“中等程度审查”标准,此后审查标准扩展为三种:“对于政府的利益或立法目的,‘严格审查’标准要求必须有迫切需要的关注,‘合理基础审查’标准只要求合法,‘中等程度审查’标准则强调重要;对于手段和目的之间的关系,‘严格审查’标准要求手段是目的之必需,‘合理基础审查’标准只要求合理关系,‘中等程度审查’标准则强调本质联系。”种族问题仍适用“严格审查”标准。1986 年伦奎斯特担任高法首席大法官后指出,只有种族问题能适用于“严格审查”标准,但是在进行审查时,应“查明政府法律和公共政策有无故意的歧视”。参见邱小平:《法律的平等保护》,北京大学出版社 2005 年版,第 100 页、第 256 页。

② See Brown v. Board of Educ. ,347 U. S. 499(1954).

二、联邦就业优惠的合宪性审查

厄尔·弗里拉夫诉合众国商务部部长菲利普·M. 克鲁茨尼克案①

该案缘起于国会在1977年制定的公共工作雇佣法。该法规定,所有接受联邦资金援助的州与地方公共事业项目必须保留至少10%的资金给少数族裔企业(MBES),这些资金用以购买少数族裔企业提供的产品或服务。该法同时规定了免责条款,如果没有适当的少数族裔企业可供选择,也可免除州与地方政府的上述就业优惠责任。此外,该法要求资金保留份额应当被用于救济那些在过去遭受歧视的少数族裔企业。然而,在该法律的执行过程中,却遭到了非少数族裔企业的起诉。原告诉称:美国《宪法第五条修正案》(Fifth Amendment to the US Constitution)与《第十四修正案》皆禁止国会与州政府实施种族性的行为,国会无权制定要求公共事业项目为少数族裔承包商保留特定的合同份额的法律,且这种保留份额的做法过于宽泛,构成了不当包含。联邦最高法院以6:3的多数意见否决了原告的诉讼请求,裁定为少数族裔企业保留份额的做法符合宪法,国会救济以往歧视的立法并不限于"肤色中立"的范畴。②

在该案中,最高法院的多数成员认可了救济性手段——种族分类的合宪性以及特定情况下种族配额制度的合宪性。但是,法院的判决意见中包含了多个相互冲突的并行意见,并未就判决的法律理由形成明确的共识。首席大法官沃伦·厄尔·伯格(Warren Earl

---

① See Fullilove v. Klutznick,448 U. S. 448(1980).

② See Fullilove v. Klutznick,448 U. S. 448(1980).

Burger)起草的司法意见得到了拜伦·怀特(Byron White)和刘易斯·鲍威尔(Lewis Powell)的支持,该司法意见遵从了国会通过第1条的"开支与商业条款"和《第十四修正案》的执行条款(第5款)授予特定种族的特殊地位。[①] 国会并不需要以完全"色盲"的方式实施立法活动,保留份额的做法是推动政府矫正以往歧视立法后果的合法的和必要的手段。在救济种族歧视时,国会与法院采取的方法和遵循的原则不尽相同,国会可以通过主动立法以根除社会罪恶,而法院则必须在确认涉案行为的违宪与违法性质的基础上,方可实施司法救济行为。

关于宪法审查的标准问题,伯格的司法意见回避了巴克案中确立的审查原则,而是认为国会的保留份额立法不仅需要满足中度审查,也能够经得起严格审查。用于救济以往歧视后果的良性种族优惠做法即便使无辜的第三方损失了一定的机会,但依然是合宪的。[②] 鲍威尔虽然支持了伯格的判决意见,但同时强调了严格审查标准的重要性,要求就业优惠只能用于救济政府歧视行为的真实受害者。

瑟古德·马歇尔(Thurgood Marshall)、小威廉·约瑟夫·布伦南(William Joseph Brennan,Jr.)、哈里·布莱克曼(Harry Blackmun)3位法官基于不同的理由支持了该案判决,并发布了并存意见。在审查标准问题上,该意见倾向于采用布伦南法官在巴克案中的中度审查观点,认为保留份额的做法在本质上虽然是种族配额,但是此项种

---

① See Fullilove v. Klutznick,448 U.S.472 -84(1980).

② See Fullilove v. Klutznick,448 U.S.484 -85(1980).

族配额并非用于限制和伤害少数族裔企业的恶意行为。① 良性就业优惠计划即使是善意的,也可能给无辜的第三方造成负担,因而对该计划应当采取中度审查标准。

对该案判决持反对意见的 3 名法官是波特 · 斯图尔特(Potter Stewart)、威廉 · 哈布斯 · 伦奎斯特(William Rehnquist)、约翰 · 保罗 · 史蒂文斯(John Paul Stevens)。斯图尔特与伦奎斯特的意见认为,宪法是"色盲的"和"肤色中立的",国会无权仅仅因为一个人的肤色而使其蒙受伤害。少数族裔企业配额的做法是在重复"隔离但平等"案中以种族为基础的错误做法。政府的种族分类做法虽然是出于善意且符合一定的公共利益,但会强化社会的种族观念,其中错误的种族观念会进一步强化社会族群分裂。因而,法律必须首先按照公正的程序确定具体的受害者和伤害者,方可主动提供种族救济和种族优惠活动,这样的就业优惠才具有正当的目的,才符合手段的适应性。②

厄尔 · 弗里拉夫诉合众国商务部部长菲利普 · M. 克鲁茨尼克案虽呈现高度分裂的司法意见,但依然具有重要的意义。第一,种族分类的做法并不必然违背宪法的平等保护规定,有可能是合宪的。该案虽未形成统一的就业优惠宪法审查标准,但是 7 名立场不同的法官都同意用种族分类的手段来救济以往的歧视行为,而且对更为多样化的种族就业优惠持肯定态度。第二,在就业优惠的救济主体问题上,就业优惠开始针对群体而非具体的个人。鲍威尔法官在巴

---

① 布伦南法官在巴克案中分析了种族配额的性质,强调恶意的种族配额是为了限制少数族裔的机会,往往设置少数族裔份额的上限。善意的种族配额并不设置少数族裔份额的上限,而是规定少数族裔份额的下限。See Fullilove v. Klutznick,448 U. S. 521(1980). quoting Bakke,438 U. S. at 375.

② See Fullilove v. Klutznick,448 U. S. 527(1980).

克案中坚持的以具体个体而非族群为救济对象，这种观点在本案中仅仅得到了两位法官的支持。第三，就业优惠的救济对象并不局限于歧视行为的实际受害者。在就业优惠的拘束对象问题上，广泛的社会歧视与结构歧视开始代替个体性歧视，6 名法官认为笼统的社会性歧视就足以构成就业优惠的合宪性。该案在以上领域的变化鼓励了联邦、州和地方的就业优惠计划，各级政府开始在公共工程项目中加强少数族裔就业优惠力度。

该案判决虽然对种族就业优惠持较为宽松的态度，在合宪性、救济对象等问题上对宪法进行了扩张解释，但是，该案未能就善意种族分类的合宪性审查标准问题达成共识。合宪性审查标准问题将在后续的就业优惠案件中引发长期争议。

三、解雇中就业优惠合宪性审查

温迪·维根特诉杰克逊教育局案①

该案涉及州政府在解雇程序中对少数族裔教师实施优惠照顾措施的合宪性问题。1970 年开始，密歇根州杰克逊教育委员会与杰克逊教育协会签署了集体谈判协议，该协议第 12 款（以下简称第 12 款）规定了教育委员会在裁员时应对少数族裔教师予以照顾。必须裁员时，“首先应当保留最高资历的老师，除非被裁少数族群教师在所有被裁教师中所占的比例超过了实行裁员时少数族群教师在所有教师中所占比例”。可见，不降低现有少数族裔教师比例是保留高资历白人教师的前提。在 1976 ~ 1977 年度以及 1981 ~ 1982 年度的裁员行动中，教育委员会积极执行了第 12 款的规定，致使具有终身教

① See Wygant v. Jackson Bd. of Educ. ,476 U. S. 267 (1986).

职资格的白人教师被解聘,而少数族群见习教师反而被保留。于是,被解雇的白人教师威甘特(Wygant)向联邦地区法院提起诉讼,状告教育委员会的解雇政策侵犯了他们基于《第十四修正案》所享有的法律平等保护权利。联邦地区法院驳回了白人教师的诉讼请求,法院认为涉案解雇政策的目的是救济以往种族歧视的后果,并为少数族裔学生提供成功的行为榜样,因而并不违反宪法平等保护条款。联邦第六巡回法院确认了下级法院的判决。该案上诉至联邦最高法院,最高法院以5:4通过了大法官鲍威尔撰写的判决,推翻了下级法院的裁决。

法官在该案判决中亦呈现出高度分裂的态度,形成了多个并存意见。鲍威尔法官撰写的司法意见得到了伯格、伦奎斯特、奥康纳法官的支持,鲍威尔法官认为政府实施的任何种族分类都应当受到严格审查,政府的种族分类必须与州政府利益相关,而且州政府在不得已的情况下使用此种分类时,必须精细裁量。具体到该案中,州教育系统实施的这种自发性的解雇就业优惠计划是基于种族的可疑分类,理应接受严格审查。按照严格审查的标准,在政府的利益或立法目的问题上,就业优惠只有在用于救济被告自己实施的就业歧视时才符合政府的迫切利益,而涉案教育委员会并没有实施种族歧视的历史,用就业优惠来救济无具体加害者的笼统的社会性歧视并不符合政府的迫切利益;在就业优惠与政府的利益之间的关系问题上,就业优惠的具体措施应当是实现政府利益所必需的,该案被告根据少数族裔学生数量确定少数族裔教师数量的做法与迫切的政府利益并无紧密联系。① 此外，在就业优惠的适用范围问题上，鲍威尔强烈反对将就业优惠计划用于裁员，要求将职业领域的就业优惠限定在雇佣与就业上。这是因为，以往的就业优惠都是属于补偿正义的范畴，即在就业、入学、政府合同等领域补偿少数族裔遭受的歧视历史，以便使其获得平等的社会经济机会，但解雇中的种族优惠则超出了补偿正义的范畴，会对无辜第三方造成重大伤害。教育委员会完全可以采用更为灵活的和伤害较小的替代方案，如总体性的种族雇佣目标。因此，解雇中的种族优惠措施违背了严格审查所要求的精细裁量。他认为虽然种族就业优惠可能给无辜者造成负担，但是这种负担仅仅是获取额外利益的多寡，无法和解雇造成的重大损失与伤害相提并论，相对于失去未来可能的工作机会，失去当下已经拥有的工作机会是一种更为严重的伤害。

在该案中，四名法官基于两种理由支持了涉案教育委员会的解雇就业优惠计划。马歇尔、布伦南、布莱克曼 3 位法官认为，该案应当适用中度审查标准，而且，无论是采用中度审查还是严格审查，该案就业优惠计划均能满足以上审查标准；②史蒂文斯法官提出了第二种反对理由，否定了“善意的和良性的种族分类只能用于救济以往具体歧视后果”的意见，认为只要就业优惠有助于促进预期的公共利益就是合宪的，并认为教师族群身份的多样化与少数族裔“行为榜样”可以成为解雇就业优惠政策的合宪理由。③

---

① 有关该就业优惠计划不符合严格审查标准的司法意见，参见 Wygant v. Jackson Bd. of Educ,. 467 U. S. 274 –76(1986)。

② 马歇尔法官起草了第一种反对意见，参见 Wygant v. Jackson Bd. of Educ,. 467 U. S. 301 –03(1986)。

③ 史蒂文斯法官独立发表的反对意见倾向于对该案适用宽松审查的标准，参见 Wygant v. Jackson Bd. of Educ,. 467 U. S. 313 –17(1986)。

该案主要涉及两个法律问题。第一,就业优惠与种族歧视是否适用相同的种族归类审查标准。种族歧视给黑人造成了不利负担,属于法律上的可疑归类,但涉案就业优惠给白人造成了不利负担,这种就业优惠是否也属于可疑归类?第二,就业优惠与种族歧视是否应当适用同样的审查标准。种族歧视由于对弱势群体造成了伤害而接受宪法严格审查,涉案就业优惠则是为了给予弱势群体优惠和帮助,这种基于善良目的的种族区分是否应当受到宪法严格审查?该案判决认为,以伤害白人教师的方式保留资历较低的黑人职位的做法是违宪的,判决同时否决了少数族裔“行为榜样理论”的合法性。该案在种族分类的审查标准问题上并未形成司法多数意见,但是明确表达了就业优惠应当符合法益相称原则和比例原则,对少数族群的就业优惠与照顾政策不能不成比例地伤害多数群体的合法利益,否则将构成违宪。

四、法院就业优惠的合宪性审查

钣金工国际协会第 28 号分会和联合学徒委员会第 28 号分会诉平等雇佣机会委员会案①

该案缘起于下级法院判令钣金工国际协会第 28 号分会(以下简称钣金工会)与联合学徒委员会第 28 号分会(以下简称学徒委员会)实施就业优惠计划。学徒委员会与钣金工会具有业务合作关系,学徒委员会负责钣金工会学徒的培训工作,钣金工会则掌管钣金工会会员资格,而参加学徒委员会的培训计划是成为钣金工工会会员的必经程序。学徒委员会与钣金工会具有长期的种族歧视历史,纽约

① See Sheet Metal Workers v. EEOC, 478 U. S. 421 (1986).

州人权委员会曾多次起诉以上两被告，法院系统曾经多次判令两被告在招募、选择、培训以及接受工会成员的过程中对黑人执行就业优惠计划，法院判令的就业优惠计划包括录取黑人学徒的临时性配额措施。① 两被告长期拒不履行就业优惠判决，基层法院判令两被告交纳罚金用于黑人学徒就业优惠计划，两被告上诉请求被第二巡回法院驳回，第二巡回法院认为：第一，上诉人具有长期的和恶意的种族歧视历史；第二，下级法院判决上诉人支付罚金、实施就业优惠以及指定就业优惠监督人的做法是合法的；第三，下级法院设定的就业优惠目标是适当的，并不违反宪法平等保护条款，也不违反《民权法》第七章的规定。两上诉人不服第二巡回法院的判决，遂于 1986 年上诉至联邦最高法院。② 联邦最高法院维持了第二巡回法院的判决。

布伦南法官的司法意见得到了马歇尔、布莱克曼、史蒂文斯 3 位法官的支持，考察了下级法院就业优惠的合法性与合宪性两个方面。第一，下级法院的就业优惠判令符合《民权法》第七章的规定，具有合法性。布伦南法官详细考察了《民权法》第七章的立法史，承认《民权法》第七章赋予了下级法院实施就业优惠的权力，认为《民权法》第七章禁止用单纯的种族不平衡作为种族歧视的证据，但是在被告的种族歧视行为已经得到确认的情况下，《民权法》第七章并未禁止

---

① 1964 年《民权法》第七章明确赋予了法院判令实施就业优惠的权力，目的在于强行纠正长期存在的和根深蒂固的种族就业歧视行为。当法院在反歧视诉讼中认定雇主具有长期的歧视实践，形成了模式化的歧视传统，法院可以涉及就业肯定行动计划并判令雇主予以履行。法院判决实施的就业优惠计划与雇主自愿实施的肯定行动、以及政府引导实施的就业优惠构成了美国就业优惠的三种主要方式。本案中基层法院正是基于法定职权为被告设计了就业优惠计划，并多次判令被告履行就业优惠的作为义务。

② 参见王凡妹：《美国“肯定性行动”的历史沿革——从法律性文件的角度进行回顾与分析》，载《西北民族研究》2010 年第 2 期。

用种族性措施来实施救济。[①] 第二,下级法院的就业优惠判令具有合宪性。布伦南法官指出,虽然最高法院在该案的审查标准上未能达成一致意见,但是即使按照严格审查的标准,下级法院的就业优惠判决也是合宪的。因为,下级法院的就业优惠是用以消除恶意的种族歧视行为所造成的长期后果,构成了政府消除以往种族歧视后果的迫切政府公共利益,而且是以精细裁量的手段实现上述合法目的。[②] 此外,下级法院的就业优惠方案考虑到了对白人工会成员利益的衡平,并未对白人工会成员的正当利益构成威胁。第三,对于法院就业优惠方案的救济范围问题,布伦南法官特别强调了种族优惠措施的救济对象并不限于具体歧视行为的实际伤害者,就业优惠同样可以用来救济不利群体中实际受害者之外的其他人,这一论断得到了总共6名法官的支持。[③] 但与此同时,布伦南与鲍威尔法官都强调了就业优惠既不是严苛的种族配额,也不是强制性的种族平衡。对该案判决持反对意见的4名法官主要是从《民权法》第七章的角度分析了下级法院判决的违法性,并未从宪法角度论述其合宪性问题。[④]

该案在就业优惠的合宪性审查标准问题上并未取得司法突破,但再次明确了就业优惠的受益对象并不限于歧视的直接受害者,巩固了就业优惠的合宪性基础。

---

① 布伦南法官有关《民权法》第七章的立法背景与立法历史分析,参见 Local 28, Sheet Metal Workers Int' LAss' n v. EEOC, 478U. S. 444 – 70 (1986)。

② 有关该案所涉及的合宪性审查标准的详细论述,参见 Local 28, Sheet Metal Workers Int' LAss' n v. EEOC, 478U. S. 480 – 81 (1986)。

③ 有关种族就业优惠救济对象不限于歧视的实际受害者的详细论述,参见 Local 28, Sheet Metal Workers Int' LAss' n v. EEOC, 478U. S. 482 – 83 (1986)。

④ See Local 28, Sheet Metal Workers Int' LAss' n v. EEOC, 478U. S. 489 – 90 (1986).

第二节　多数意见的违宪判决

一、否定态度的司法判例形成背景

1989 年之前的 15 年间，美国联邦最高法院审理了 6 起就业优惠的宪法案件，其中，与雇佣有关的就业优惠案件 4 起，教育与选举权就业优惠案件各 1 起。在全部 6 起就业优惠案件中，联邦最高法院裁定其中 4 起案件合宪，违宪的 2 起案件涉及教育就业优惠与解雇就业优惠。在 4 个雇佣就业优惠案件中，涉及就业优惠的 3 个案件全部被裁定合宪，唯一被裁定违宪的是解雇中的就业优惠案件。在就业优惠的合宪性问题上，最高法院形成了较为鲜明的阵营，法院中的 3 名自由派法官认为全部 6 起就业优惠案件符合宪法，而 3 名保守派法官则仅仅对 1 起就业优惠案件投了赞成票。最高法院虽然在就业优惠上存在一定的分裂，但由于伯格法院在较长的时间内保持了沃伦法院的自由派宪政主义，在追求种族平等的社会政治背景中，法院在大多数的判决中形成了有利于就业优惠的微妙平衡。一方面，在大多数就业优惠案件中，支持就业优惠的意见形成了微弱的多数，几乎所有案件均以 5∶4 的表决结果而呈现高度分裂的态度；另一方面，所有支持就业优惠合宪的判决意见均形成了多种并存意见，并存意见的存在使有关就业优惠的合宪性判决意见难以形成足够的司法权威。然而，随着 20 世纪 80 年代后期美国政治保守主义的回潮，最高法院法官人事结构发生了较大的变化，法院在就业优惠上的微妙平衡被打破了。在 1989 的克罗森案中，最高法院首次以 6∶3 的表决结果裁定就业优惠违宪。此外，在该违宪判决所包含的多个并行司法意见中，形成了一个由 5 名法官支持的多数司法意见。自此，美国联邦最高法院对于就业优惠案件的态度发生了根本性的变化,不仅认定多起就业优惠案件违宪,而且判决意见往往较为集中,受并存意见的影响较小,从而具有了强有力的判例法约束力。

二、地方性就业优惠合宪性审查

克罗森案①

1983年4月,弗吉尼亚州里士满市国会通过了“少数族群企业促进方案”(Minority Business Utilization Plan)。该计划要求,除那些自身为少数族群企业的总承包商外,所有签订市政建筑承包合同的总承包商,均需把不少于承包金额30%的项目分包给少数族群商业企业。少数族群商业企业指的是特定少数族群成员拥有或控制至少51%资产的商业企业,涉及的族群包括黑人、西班牙语裔、亚裔、印第安人、因纽特人、阿留申人。该方案规定了5年的有效期,并规定了相应的免责条款,即总承包商在穷尽了所有可行方案依然无法获得足够的合格少数族群企业时,可以申请豁免。1983年9月,里士满市对一个建筑项目进行招标,克罗森公司自收到招标表格开始,先后联系了若干家少数族群企业,直到投标到期日前一天,才有一个当地的少数族群企业——大陆金属屋(Continental Metal House)表示愿意承包支架供应部分的合同,但是并未报出价格。10月13日,克罗森公司成功中标。一周之后,由于大陆金属屋仍未报出价格,克罗森公司向里士满市提交了豁免申请。之后不久,大陆金属屋终于提出了报价,然而所报价格要比克罗森公司的中标价高出许多。在收到里士满市拒绝下达豁免令的通知后,克罗森公司写信给市政府,详细地解

① See City of Richmond v. J. A. Croson Co. ,488 U. S. 469 (1989).

释了具体情况，并提出如果市政府能够同意提高总承包价格，那么该企业仍愿意遵从“利用计划”的规定。然而，里士满市最终决定重新招标，克罗森公司随即向联邦地区法院弗吉尼亚东区法院提起诉讼，质疑“利用计划”的合宪性。东区法院裁决“利用计划”合理合法。第四巡回法庭上诉法院依照弗里拉夫案的有关裁定，确认了东区法院的裁决。克罗森公司不服判决，继续上诉到联邦最高法院。联邦最高法院将此案发回上诉法院重新审理。按照联邦最高法院的要求，上诉法院采用维根特案中使用的“严格审查”标准，重新对“利用计划”进行审查，上诉法院认为里士满市先前并无歧视性记录，而且就算市政府能够证实该计划出于市政府迫切需要关注的利益，30%的规定也并非“精细裁量”的，因此推翻了先前的裁决。里士满市不服判决，再次上诉到联邦最高法院，联邦最高法院通过了大法官奥康纳撰写的法庭决议书，对下级法院的裁定予以确认。

该案有关就业优惠计划违宪的判决首次得到了6∶3的多数优势，因而具有了明确的判例法效力。在违宪判决意见中，奥康纳法官的多数意见得到了5名法官的支持，多数意见认为：第一，善意的种族就业优惠也必须经受严格审查的检验。第二，就业优惠所涉及的种族分类必须是出于迫切的政府公共利益，这种迫切政府利益是救济过去确实存在的种族歧视，救济笼统的社会性歧视并非迫切政府利益。里士满市的就业优惠计划是一种种族配额，因该市并无实施种族歧视的历史，涉案的救济性种族配额与以往歧视历史之间并无必然联系。第三，就业优惠必须能够以适当的方法来维护迫切政府利益，就业优惠方案应当是精细裁量的，必须考虑手段的必要性和不可替代性、暂时性与灵活性、科学性与法益相称性。30%的种族配额并非救济以往歧视的必要手段，是通过将少数族裔企业视为群体而非个体的方式谋求种族数量平衡。① 奥康纳法官实际上认为，该案在政府的种族分类问题上设立了三项命题（Proposition）：第一，怀疑论（Skepticism），即所有根据种族或族群标准设置的优待，或所有源自某人的种族或族裔背景而给予的区别性对待，都必须接受最彻底的检查；第二，一贯性（Consistency），即"平等保护条款"的审查标准不应当因种族身份是用于优待还是承担负担而有所不同；第三，一致性（Congruence），即美国《宪法第五条修正案》和《第十四修正案》所规定的"平等保护"并无差别。奥康纳指出，这三项命题都源于这样的基本原则，即上述两个修正案保护的是"个人"，而不是"群体"，因此所有源自种族分类的政府行为均应接受仔细的司法审查，以确保"个人"权利未受侵犯。长久以来，这些思想都是联邦最高法院理解"平等保护"的关键所在。奥康纳法官提出的"平等保护条款"保护的是"个人"而非"群体"权益，与鲍威尔法官在巴克案中的看法如出一辙。按照他们的理解，任何一个美国公民，不管是哪一种族或族群的成员，都应该享有平等的人权。联邦最高法院对于就业优惠合宪性的解释在很长的时期内延续了该案的观点。虽然联邦最高法院在克罗森案中裁定今后对州和地方政府具有种族意识的行为适用"严格审查"标准，但未宣布涉及联邦政府的类似行为究竟要适用哪种审查标准，而这一问题在 1995 年阿达兰德建筑公司诉皮纳案中有了答案。该案裁定："不管是联邦还是州与地方政府，凡根据种族身份设定的分类，一律适用'严格审查'标准。"②在此之后，所有具有种族意识的"就业优惠"计划只有在促进迫切需要关注的政府利益，并经过

---

① See City of Rechmond v. J. A. Croson Co. ,488 U. S. 498 – 508 (1989).

② 王凡妹：《美国"肯定性行动"的历史沿革——从法律性文件的角度进行回顾与分析》，载《西北民族研究》2010 年第 2 期。

“精细裁量”的情况下，才可能符合宪法。

该案判决具有重要意义，它反映了法院对种族就业优惠的态度发生了重大转变，该案在合宪性审查的重要方面第一次形成了明确的多数意见，善意的种族分类也必须接受严格审查，就业优惠的受益对象被限定为以往歧视行为的直接受害者，且对就业优惠的具体手段与措施进行了诸多限制。该案的判决实际上标志着就业优惠高潮时代的结束，意味着司法系统将逐渐抛弃种族就业优惠。

三、联邦就业优惠的合宪性审查

都市广播电台案①

该案缘起于美国联邦通信委员会的种族就业优惠计划，国会制定联邦通信政策，在广播执照管理领域给予少数族裔广播电台多种优惠，该就业优惠既是为了增加少数族裔广播电台在全国的代表性，也是为了帮助现有的少数族裔电台克服资金与财政领域的历史困境。②

该判决理由形成了多数意见。布伦南法官起草的多数意见认为，联邦政府的种族就业优惠拥有比州政府就业优惠措施更高的法律权威。由于联邦国会不像各州国会那样容易受到政治集团的压力影响，美国《宪法第五条修正案》隐含的“平等保护”要求比《第十四修正案》的要求低。联邦政府实施的善意的种族分类只需受到中度审查，该种族分类只要为了重要的政府目标，且与该目标实质上相关，就具有合宪性。多数意见认为该就业优惠计划能够满足中度审

---

① See Metro Broadcasting v. FCC，497 U. S. 547 (1990).

② 美国联邦通信委员会在广播管理中的两项种族就业优惠方案，参见 Metro Broadcasting，Inc. v. FCC，497 U. S. 552 – 63(1990)。

查的要求。首先,该计划提高少数族裔广播代表性的目的属于重要的政府利益。其次,该计划的具体手段与合法的政府利益具有实质性联系。① 特别强调了克罗森案确立的严格审查标准并不能适用于国会制订的就业优惠计划。② 史蒂文斯法官撰写了支持该判决的并行意见,讨论了就业优惠的几个重要问题。首先,就业优惠的正义基础并非仅仅是补偿正义,分配正义也可以成为就业优惠的理论基础。就业优惠的合理性不仅是补偿以往的歧视历史,也表现为使未来的分配更为公正。史蒂文斯法官总体上倾向于采用宽松审查的标准。该案中的反对意见主要认为,美国《宪法第五条修正案》的"平等保护"要求与《第十四修正案》同样严格。因此,法院审查联邦政府"就业优惠"时应当采用与审查州政府"就业优惠"相同的严格审查标准。只有迫不得已的理由,如纠正以往种族歧视的后果,才能使联邦立法的种族归类符合宪法的"平等保护"。③

该案的判决具有重大意义,最高法院在该案中重新遵循了福利洛夫诉克卢茨尼克案所确立的先例,即联邦可以实施种族就业优惠计划,否决了克罗森案的相反结论。该案宣称,联邦政府比各州和地方政府拥有更大的宪法权利来规定授予许可证以及其他特权方面的就业优惠计划。④ 根据这一意见,联邦最高法院形成了支持就业优惠的多数意见,而且这种就业优惠措施不是对过去或现在的非法歧视

---

① See Metro Broadcasting, Inc. v. FCC, 497 U. S. 566(1990).

② 布伦南法官论述了国会的种族就业优惠计划与克罗森案中州的就业优惠计划具有不同的法律效力和法律性质,因而不能适用克罗森案中确立的严格审查标准,参见 Metro Broadcasting, Inc. v. FCC, 497 U. S. 565(1990)。

③ 参见张千帆:《美国联邦宪法》,法律出版社 2011 年版,第 296 页。

④ 参见[美]克米特·L. 霍尔主编:《牛津美国联邦最高法院指南》(第二版),许明月等译,北京大学出版社 2009 年版,第 587 页。

的救济措施，而是着眼于改进未来的政策。该案判决是联邦最高法院总体否定就业优惠之前的一次反复，其判决结果在不久之后被后续案件所推翻。

四、联邦就业优惠宪法严格审查

阿达兰德案①

联邦最高法院在福利洛夫诉克卢茨尼克案中支持了联邦种族就业优惠的合宪性，该判决引导了一大批联邦就业优惠立法的产生。最高法院在克罗森案则显然拒绝将联邦就业优惠的权力同等地给予州和地方政府，该案判决指出地方政府的种族就业优惠应当经受最严格的司法审查。在1990年的都市广播电台案中，最高法院认为严格审查标准主要适用于州与地方政府的就业优惠方案，联邦政府的就业优惠项目不应适用严格审查限制，联邦政府在设定种族就业优惠时享有特殊处置权。最高法院对于联邦政府就业优惠的支持，使联邦就业优惠建设项目得到了极大的发展。1995年的阿达兰德案就是发生在这种背景之下。该案原告声称，联邦政府小企业管理署和交通部制定的少数族裔分包优惠政策违反了为美国《宪法第五条修正案》所吸收的平等保护原则。联邦地区法院和上诉法院均驳回了原告诉讼请求，理由是联邦政府能够实施种族就业优惠，且不受严格审查标准的拘束。

联邦最高法院撤销了下级法院的判决，将案件发回下级法院追加审查，法院认为联邦政府种族就业优惠计划同样应当受到严格的司法审查。奥康纳法官起草的多数意见认为，联邦就业优惠项目与

① See Adarand Constructors, Inc. v. Peña, 515 U. S. 200 (1995).

州和地方就业优惠项目具有相同的法律地位,应当接受同样的严格审查。奥康纳法官主要是基于对以往判例的分析与总结得出了这一结论。1989 年之前的所有就业优惠宪法案件在审查标准问题上均存在严重的分裂。1989 年的克罗森案,联邦最高法院的多数意见终于同意对各州和地方政府的就业优惠进行严格审查,此后对政府的种族分类行为形成了三种主张。第一,先例建立了怀疑主义的原则,即种族分类必须接受严格司法审查。第二,先例建立了连贯性原则,即宪法平等保护条款同等地适用于白人多数群体和种族少数群体。因此,严格审查标准拘束所有种族分类行为,无论种族分类是良性的还是恶意的,是针对白人的还是针对少数族群的,是受益性的还是侵益性的。第三,先例确立了一致性原则,即严格审查标准平等地应用于州与联邦的种族分类,适用于州的《第十四修正案》与适用于联邦的美国《宪法第五条修正案》都应当遵循严格审查标准。① 奥康纳法官进一步考察了都市广播电台案确立的良性联邦就业优惠应当适用中度审查的判例,指出都市广播电台案的中度审查标准不符合以上三项原则,由于都市广播电台案不符合"所有种族分类都应接受严格审查的原则",因而宣布推翻了都市广播电台案的判决。② 另外,最高法院的判决虽然极大地增加了就业优惠的违宪风险,但并未完全关闭族群就业优惠的大门,统一的严格审查标准并非要禁止种族就业优惠,而是要消除恶意的种族歧视,严格审查标准重在帮助法院正视就业优惠的司法挑战,使法院获得一种鉴别"善意"与"恶意"种族区分的法律工具。

---

① See Adarand Constructors, Inc. v. Peña. 515 U. S. 218 – 23(1995).

② See Adarand Constructors, Inc. v. Peña. 515 U. S. 225 – 27(1995).

五、职务晋升中的配额制度之诉

南非警察局诉巴纳德上诉案[①]

南非宪法法院针对一案做出判决。白人女性巴纳德(Barnard)两次在南非警察局(SAPS)申请晋升。两次均获得了面试小组的最高分,并被推荐担任所申请的职位。在巴纳德的第一次申请中,分区专员出于公平原因未支持她的申请。第二次申请时,分区专员致函国家专员以支持巴纳德的申请。国家专员在书面答复中拒绝了这些建议,理由是巴纳德的任命不会提高群体代表性,并且如果职位空缺也不会影响警局提供公共服务。国家专员指示重新招聘该职位。

巴纳德将此项涉嫌不公平的歧视纠纷提交给了劳工法院,指控她没有得到提升的原因是其白人身份,而且从合法的赔偿措施来看,这种歧视是没有道理的。南非警察局提出了三条辩护理由:第一,国家专员在南非警察局的公平计划框架内根据国家相关规定作出此项决定,因此,他的决定是有根据的。第二,该职位已被撤销,因此没有人受到与其他人不同的待遇。第三,任命决定属于国家专员的自由裁量权,他不受任何建议的约束。

劳工法院支持巴纳德的索赔申诉。法院认为,南非警察局未能履行其证明差别对待行为并非出于歧视的义务。法院认为国家专员提供的理由"不足"。

南非警察局上诉后,这一决定被劳动上诉法院(LAC)推翻。在判决书中,姆兰博·JA(Mlambo JA)[戴维斯·JA(Davis JA)和桑迪·AJA(Sandi AJA)同意]认为没有发生歧视,因为没有任命。此

---

① See South African Police Service v. Solidarity obo Barnard. CCT 01/14. (2014).

外,基于巴纳德受到歧视的假设,法院认为这种差别对待是合理且公平的,如果将个人权利凌驾于平权措施之上,平权措施将在频繁的个体诉讼中荡然无存,工作场所的不平等现象必将长期存在。法律必须在个人的权利与重大公共利益间做出取舍。因此,南非警察局的行为合法。

此后,南非最高上诉法院(SCA)对此案作出了一致判决,维持了巴纳德的上诉,并实际上恢复了劳工法院的裁决。最高上诉法院发现巴纳德确实因为是白人而没有被实际任命为该职位,达到了反歧视案件中的初步证据。此时,根据举证责任倒置原则,南非警察局需承担举证责任,以证明自己的决定是公正和合法的,没有非法歧视的故意。鉴于国家专员拒绝晋升巴纳德的理由,法院认为这是“不足”和“人为的”,认为南非警察局未能履行责任。因此裁定巴纳德受到不公平的歧视。

之后,南非警察局将此案上诉至宪法法院。宪法法院承认,恢复原状措施必须是合法的措施,能够在不过度侵犯利害关系人尊严的情况下,促进过去遭受歧视者的合法权益。在执行恢复职位的当局证明这种措施具有公平性之前,恢复职位措施被视为不公平。在决定这项措施是否公平时,法院有权询问它是否有助于实现重要的宪法目标与合法目的。一旦法院确信有关措施是出于正当理由,则该措施即被视为公平。此外,法院一旦确定恢复原状措施是公平的,就可以进一步宣布该措施是否得到公平适用或执行。换言之,是否具有真实且合法的目的决定着行为的合法性。在作出这一决定时,法院将适用合法性原则,以确保措施得到合理和公正的适用。在提出这一点后,大多数宪法法院法官认为,最高上诉法院误解了该案中的法律问题以及“控制性法律”。最高上诉法院采用了一项测试,试图确定归还措施是否公平，在其他类似情况下，巴纳德从未声称或质疑此类措施不公平。在这一点上，该院认为："被告在本法院欣然接受了这一立场。她从未要求我们支持最高上诉法院的推理。巴纳德承认，有关的就业平等计划是一项有效的平权行动措施。同样，她也没有责怪这项指示的有效性。因此，最高上诉法院的判决是根据错误的原则作出的。

"然而，这并没有解决问题。巴纳德在向法院提交的陈述中辩称，国家专员的决定既不合理，也不合法，应予以撤销。为了支持这一点，巴纳德争辩说，国家专员以牺牲她的能力和功绩为代价，来追求所谓的社会公平，是对她施加了过度责任。此外，国家专员没有提到他是根据哪些国家规定作出的决定。

"对此，法院认为，这是一个新的诉讼理由。法院重申，在劳工法院的诉讼中，南非警察局特别声明巴纳德没有对国家专员的决定提出审查请求。此项审查请求只是在上诉的最后阶段才被提出。因此，法院认为它不能受理这种索赔。在提出这一点后，法院仍然认为，如果巴纳德在其索赔声明中说明了这一情况，法院将驳回她的论点。在对国家相关规定中赋予国家专员的自由裁量进行合法性审查时，没有任何结论表明，国家专员非法行使了该项权利。

"宪法法院维持了最高上诉法院的判决。关于费用问题，法院裁定，当事方应对自己在下级法院的费用以及在宪法法院发生的费用负责。

"在卡梅伦·J(Cameron J)、弗罗内曼·J(Froneman J)和马吉埃特·AJ(Majiedt AJ)分别撰写的判决书中，法院得出了相同的结论，但理由不同。与多数意见的判决不同，少数意见认为法院有权审理巴纳德提出的论点，即需要询问和审查国家专员作出不予任命决定的理由,才能判断这种决定的合法性。法官警告说,如果过于严格地采用恢复职位的措施,可能与南非《1998 年就业平等法》的宗旨相抵触。例如,严苛地机械地执行种族平权措施,可能会不适当地加重性别不平等,从而与总体目标相抵触。尽管发现国家专员拒绝任命的理由可能存在不足,但少数派意见仍然认为,重大公共利益为国家专员的决定提供了合理性基础。这包括以下事实:巴纳德申请的职位中白人女性人数过多,这意味着国家专员有理由考虑种族因素。"①

该案中宪法法院采用较为严格的审查标准,认为警局拒绝巴纳德职位申请的理由缺乏足够的正当性与充足的理由,运用种族配额时存在一定的问题。但另一方面,宪法法院并没有否认以促进种族平等为目的的种族配额的合法性,只不过配额需遵循适当的实施标准,包括合理性、合法性以及公平性。关于合理性,具体做法是否以正义为目标,是不是为了促进更大的公平正义以及做法是否遵循比例原则。关于合法性,是否违反宪法以及相关法律的明文规定,或者与相关法律原则不符。公平性则体现在实际运用配额时,需重点考察这种做法对弱势群体的实际影响,如会不会加剧社会不公,是否剥夺了弱势群体的机会等。

---

① See DEREBUS, Moksha Naidoo, "Employment law update - The Constitutional Court affirms its views", http://www.derebus.org.za/employment-law-update-constitutional-court-affirms-views/, June 7, 2020.

第六章
Chapter 06

就业优惠措施的合法性审查

美国《民权法》第七章在立法之初由于受历史条件的束缚，主要反映了自由主义的歧视观，即将歧视视为雇主故意实施的侵权行为，将肤色中立与无差别的对待视为保障平等就业权利的法律方法。然而，就业优惠要求种族优惠和无差别的雇佣结果，与第七章的文本表达形成了一定的法律冲突。相对于就业优惠所追求的积极法律目标，第七章在立法技术和文本表述方面存在局限性。在就业优惠中利益受损的白人员工认为就业优惠违反了《民权法》所要求的无差别对待原则，并依据《民权法》的规定提起反向歧视诉讼。

就业优惠合法性审查主要围绕着《民权法》第七章展开，重点适用于雇主自发的就业优惠计划，合法性审查的争议焦点在于：种族就业优惠是否违背第七章禁止歧视的规定；合法性审查的标准包括：就业优惠以歧视事实为基础，以临时措施为原则，以法益相称为限度。美国联邦最高法院在一系列基于《民权法》的就业优惠判例中，通过解释第七章的规范内涵逐步弥合了立法与就业优惠实践的冲突，并确立了就业优惠的合法性审查标准。

第一节　就业优惠措施合法性审查标准

一、优惠措施以歧视事实为前提

在 1979 年的韦伯案中，联邦最高法院认为《民权法》主要禁止政府强制实施的种族就业优惠，并未禁止雇主自愿实施的就业优惠。法院多数意见认为，在理解《民权法》第七章第 703 条(a)(d)款有关禁止就业歧视的文本规范时，应当结合《民权法》的特殊立法目的与立法背景,《民权法》主要是为少数族群提供法律救济,尤其是救济广泛存在的种族职业隔离传统,立法背景是为了促进少数族群的平等就业机会。[1]《民权法》第七章条 703 条(j)款部分虽然使用了禁止种族优惠的表达方式,但该条款仅仅禁止政府通过公权力强制实施的种族就业优惠,而不涉及私营企业雇主自愿实施的种族优惠。[2] 雇主自愿实施的就业优惠应当用以消除以往的就业歧视后果,因而,雇主的雇佣实践中是否存在就业歧视的后果就成了就业优惠合法性的先决条件。在韦伯案中,法院采取了雇员数量的统计性差异作为存在歧视事实的证据,法院根据调查发现黑人合格劳动力占当地劳动力市场的 39% ,但是在涉案企业的吊车技术岗位中仅仅占 1.83% 。法院认为被告企业就业优惠的目的是消除长期存在的职业种族隔离模式,符合《民权法》第七章有关私营企业为消除明显的职业隔离与种族不平衡可自愿实施就业优惠的本意。但是,该案并未就以下两个问题形成明确的判例解释:其一,就业优惠是仅仅针对企业自身的歧视历史,抑或是可用来消除社会性歧视对企业雇佣不平衡的影响;其二,法律主体应当采用怎样的法律标准来判断歧视事实,如何认定雇佣实践是否构成了“传统雇佣模式”和“明显的种族不平衡”。

---

① 《民权法》第七章 703(d)规定:“如果控制学徒训练或其他培训或再培训(包括工作中的培训项目)的任一雇主、劳工组织或联合劳资委员会,因任一个人的种族、肤色、宗教信仰、性别或族裔背景而在为提供学徒训练或其他培训而设立的任何项目的录取或雇佣过程中,对此人实施歧视,那么此种雇佣实践为非法。”

② See United Steelworkers of Americav. Weber443. U. S. 205 – 07 (1979).

1987年的约翰逊诉运输机构案(以下简称约翰逊案)①进一步发展了"歧视事实"的认定标准。法院认为,就业优惠所要求的"歧视事实"并不一定是雇主本身故意实施的,也就是说,雇主实施就业优惠并不需要承认自己以往具有种族歧视的故意。相反,只要雇主企业中的少数族群雇佣率与当地劳动力市场中少数族群的劳动参与率存在明显的统计不平衡,即可成为雇主实施就业优惠的合法理由,此外,司法意见指出应当降低就业优惠的"明显不平衡"标准,"明显不平衡"甚至不需要达到《民权法》第七章所要求的就业歧视诉讼初步证据的程度。

法院的就业优惠合法性判例表明,就业优惠合法性审查要求以下三类歧视事实:第一,雇主本身实施过种族歧视行为,雇主以往故意实施的种族歧视行为是就业优惠的正当理由;第二,无论雇主自身是否实施过就业歧视,只要雇主企业存在"明显的雇佣不平衡",且基本满足就业歧视诉讼的初步证据水平,雇主就可以实施就业优惠;②第三,在具有长期种族隔离的职业领域或企业部门中,"明显的雇佣不平衡"也可以直接构成就业优惠的合法性理由。关于不平衡的统

① 约翰逊诉运输机构案(Johnson v. Transportation Agency)主要涉及针对女性的就业肯定行动计划,法院在该案中支持了此项女性就业优惠政策的合法性。本案多数意见认为,《民权法》第七章对于就业优惠的限制没有宪法平等保护的要求高,不能用宪法审查的标准来要求合法性审查。本案遵从了韦伯案确立的标准,即《民权法》第七章并未将雇主自身的歧视行为作为就业优惠的前提条件,《民权法》对就业优惠的要求仅仅是"在具有职业隔离传统的工作部门当前依然存在可疑的群体不平衡"。且本案要求反向歧视的原告负有证明就业优惠违反韦伯案判例标准的举证责任。该案的详细判决参见 Johnson v. Transportation Agency,480U. S. 616(1987)。

② 此处的就业歧视诉讼指的是以1964年《民权法》第七章为依据的"模式化与实践"就业歧视诉讼。See Johnson v. Transportation Agency,480U. S. 633 (1987).

计方法,应当以本族中具有对照性的劳动力构成为参照对象。①

二、优惠措施以临时措施为原则

就业优惠必须是临时性的措施,而非固定化的制度。这种暂时性的优惠措施只能用于消除明显的种族不平衡,而不能用来长久性地维持种族平衡。在韦伯案中,联邦最高法院审查了涉案企业的就业优惠方案,指出该就业优惠是为了纠正以往长期的种族职业隔离历史而暂时采取的措施,有效期以消除明显的种族不平衡为限,当黑人数量达到特定的比例时,该就业优惠即告结束,不会成为长期维持种族平衡的固定制度。

在1987年的约翰逊案中,联邦最高法院明确强调了就业优惠是用于实现种族雇佣平衡的阶段性措施。法院认为,该案就业优惠方案涉及临时性的性别与种族优待,这种优待措施是一种"温和的、渐进的"就业优惠,该就业优惠的主要目的是达到某种雇佣平衡,而不是用来永久性地维持性别或种族平衡。② 企业应当为就业优惠方案设置明确的终止时间,如达到特定的雇佣目标之后即告结束。在消防员诉克林夫兰案③中,就业优惠方案为少数族群的提拔设定了4年

---

① 雇主企业是否构成了"明显不平衡",具体有两种不同的情况:第一,如果是非技术工种,则是用企业中少数族群员工数量与当地劳动力市场中的少数族群劳动力数量做对比;第二,如果是需要特殊技能与资质的专业技术工种,则是用企业中的此类少数族群工人与本地劳动力市场中具有同样资质的专业技术工的数量做对比。See Johnson v. Transportation Agency,480U. S. 631 – 32 (1987).

② See Johnson v. Transportation Agency,480U. S. 640 (1987).

③ 消防队员诉克利夫兰案(Local 93, International Association of Firefighter v. Cleveland)涉及克利夫兰消防部门的少数族群提拔政策。布伦南法官起草的多数意见认为少数族群就业优惠并不仅仅限于救济歧视的直接受害者,同样可以在自愿和协商基础上用以帮助历史上遭受歧视伤害的群体。本案判决详情参见 Local 93, Int' IAss' nofFirefighters v. Cleveland,478U. S. 501(1986)。

的有效期。在韦伯案中，涉案就业优惠方案同样规定了当实现特定种族雇佣平衡时，该方案即告结束。

三、优惠措施以法益相称为限度

企业就业优惠方案必须符合法益相称原则，必须是为实现重要法律利益而实施的，不得对无辜的第三者造成不合比例的法律负担与利益损失。就业优惠在对少数族群成员实施优惠对待的同时，应当善意考量非少数族群的正当权利。美国联邦最高法院判例表明，就业优惠即使具备了"歧视事实"的构成要件，但对非少数族群或男性权利造成了不必要的损害，依然会被认定为违反了《民权法》。无论是在韦伯案，还是约翰逊案中，法院均认真考察了涉案就业优惠方案是否给白人或男性造成了不合理的损失，是否给白人或男性求职者造成了难以逾越的职业障碍。法院的判例尤其关注两类违反了法益相称原则的就业优惠实践。

（一）严苛的配额制度

严苛的配额制度是一种严格的雇佣数量方案，这种配额制度缺乏科学性与合理性基础，构成了白人或男性不可逾越的雇佣障碍。首先，严苛的配额制度是建立在错误的统计方法基础上的。企业少数族群或女性员工是否存在明显不平衡现象是确定雇佣数量目标的基础，而"明显不平衡"应当是在具有相似劳动要素或人力资本的同族人之间进行对比，比如非技术工种与非技术工种之间对比，专业技术工种与专业技术工种之间对比，如果用企业中的少数族群专业技术员工与当地劳动力市场中所有少数族群的数量对比，则会得出错误的"明显不平衡"结论。可见，用于确定雇佣数量目标的平衡性对比,只能建立在合格的少数族群成员之间。[①] 联邦最高法院在约翰逊案中强调,如果一个就业优惠计划在设定雇佣数量目标时,未能充分考虑到雇佣资格与劳动技能的因素,就会使就业优惠变成盲目的和严苛的雇佣配额。这种严苛的雇佣配额不可避免地成为多数群体成员的重大职业障碍,不仅使多数群体蒙受不必要的和不正当的利益损失,而且也从根本上解构了就业优惠的合法性基础。

(二)侵益性就业优惠

侵益性就业优惠指的是因照顾少数族群而对多数族群成员的既有权益造成重大损失,往往特指与解雇相关的就业优惠。侵益性就业优惠具体包括两种情况:第一,为增加少数族群雇员而解雇已经在职的非少数族群雇员;第二,在统一的解雇行为中,为了保持少数族群员工比例,不成比例地解雇多数族群员工,而不解雇或少解雇少数族群员工。在以上两种情况中,遭到解雇的非少数族群员工往往比少数族群员工具备更高的资历或技能。在正常情况下,就业优惠只是在白人与黑人求职者之间进行善意的差别对待,白人求职者丧失的仅是就业机会的请求权,但是,与解雇相关的差别对待则涉及对白人员工既有劳动权利的剥夺。以往判例表明,联邦最高法院对于此类侵益性就业优惠持有高度谨慎态度。在第1784号消防队员地方协会诉卡尔·W.斯托茨案中,联邦最高法院强调"《民权法》不允许就业优惠超越和解构职业领域的'资历制度',地区法院基于《民权法》无权在解雇中给予少数族群优惠待遇"。[②] 就业优惠措施合法性

① 联邦最高法院在1987年的Paradise案中论述了严苛的配额制度与合法的雇佣数量目标之间的区别,参见United States v. Paradise, 480U. S. 149, 177, 183 - 84, 43FEP1 (1987)。

② See Firefighter Local Union No. 1784 v. Stotts, 467U. S. 572 - 76(1984).

审查标准在韦伯案和巴克案中的体现如表 6－1 所示。

表 6－1　就业优惠措施合法性审查标准在两例案件中的体现

案件	1979 年韦伯案	1989 年约翰逊案
以歧视事实为前提	以雇员数量的统计性差异作为存在歧视事实的证据	以企业中的少数族群雇佣率与当地劳动力市场中少数族群的劳动参与率为证据
以临时措施为原则	当黑人数量达到特定的比例时，就业优惠即结束	当某一性别与种族达到某种雇佣平衡时，就业优惠即结束
以法益相称为限度	就业优惠方案是否给白人或男性造成了不合理的损失，是否给白人或男性求职者造成了难以逾越的职业障碍	

第二节　就业优惠措施合法性审查判例

一、企业优惠措施反向歧视诉讼

韦伯案[①]

巴克案发生后不久，美国联邦最高法院就受理了一起就业优惠引发的“反向歧视”案件。该案起源于美国钢铁工人联合会与凯撒铝制品及化工品公司达成的一项集体谈判协议。按照该协议规定，凯撒下属各工厂将不再对外直接招聘受过训练的技术工人，而是将各分厂内的初级工人培训成技术工人。为解决凯撒各工厂在 1974 年之前普遍存在的种族不平衡问题，该协议中加订了一项“就业优惠”计划，即规定各厂应在其技术培训计划中留出 50% 的名额给黑人初级工人，直到该厂技工岗位中的黑人技工比例与当地劳动力中黑人

① See United Steelworkers of America v. Brain F. Weber et al. (1979).

劳力所占比例相当。在该计划实施的第一年,路易斯安那州的格拉姆斯工厂共挑选了13名生产工人进行培训。由于入选的7名黑人在资历上均低于落选的白人工人,落选的白人韦伯随即向路易斯安那州东区地区法院提起集体诉讼,诉称培训计划构成了"反向歧视",违背了《民权法》第七章第703条(a)款和(b)款,地区法院对韦伯的诉讼予以了支持。其后第五巡回法庭上诉法庭更是裁定说,所有基于种族的雇佣优惠均违背了《民权法》第七章之规定。美国钢铁工人联合会不服裁决,最终上诉到联邦最高法院,1979年6月联邦最高法院以5:2的表决结果推翻了下级法院的裁决,布伦南代表法院起草判决意见,伯格和伦奎斯特大法官反对,鲍威尔和斯蒂芬大法官没有参加辩论。韦伯案是联邦最高法院最早对雇佣关系中的就业优惠发表意见的案件。

该案的判决集中反映了三项合法性审查原则:就业优惠以歧视事实为基础、以临时措施为原则、以法益平衡为限度。多数法官认为美国《民权法》第七章并未禁止私人雇主和工会自愿采取种族优先措施来消除过去的种族歧视所造成的负面后果,涉案就业优惠计划的性质属于私权自愿的范畴,是为了救济长期职业隔离造成的种族歧视,这种就业优惠符合《民权法》第七章关于提高黑人就业机会的初衷。联邦最高法院在确认歧视事实时采用了扩张解释的法律方法,遵循族群就业平等的立法目的。实际上,布伦南法官不惜花费大量篇幅来重述第七章的立法史,并强调黑人过去所处的悲惨境地,都是为就业优惠合法性结语做铺垫。他指出,"司法发现的基于种族原因的同业排斥是如此之多,以至于确有必要将这种排斥行为列入司法关注的适当对象”。[①] 此外，布伦南法官指出，凯撒的就业优惠计划并未“毫无必要地”阻碍白人雇员的利益，“该培训计划没有不必要地损害白人的利益，没有要求解雇白人而为黑人腾出空间，也没有永久性地阻止白人工人的提升”。[②] 更何况该计划只不过是一项为消除明显的种族的不平衡而采取的“临时性措施”，该计划的目的是纠正过去歧视的后果，而非永久性地维持种族数量平衡。可见，布伦南在该案中的看法和其在巴克案中所持的观点并无差别，他坚持认为具有优待性质的就业优惠计划是临时性的措施，且在较长的历史时期内依然具有存在的意义。

在该案中，法院实际上围绕着三个方面展开论证，就业优惠因真实存在的歧视现实而具有合法性，就业优惠应当适当平衡少数群体的平等诉求与多数群体的合法权利，就业优惠不能演变成长期的和固化的制度。就业优惠只有在满足了以上三方面要求时，方才符合《民权法》第七章的立法初衷。

二、政府优惠措施反向歧视诉讼

第 1784 号消防队员地方协会诉卡尔 · W. 斯托茨案[③]

1977 年，田纳西州孟菲斯市消防部门的消防队长、黑人斯托茨等向田纳西州地区法院提起集体诉讼，[④]状告孟菲斯市的雇佣和晋升政策构成了种族歧视，违背了美国《民权法》第七章等有关平等权利的

---

① ［美］克米特 · L. 霍尔主编：《牛津美国联邦最高法院指南》（第二版），许明月等译，北京大学出版社 2009 年版，第 973 页。

② ［美］克米特 · L. 霍尔主编：《牛津美国联邦最高法院指南》（第二版），许明月等译，北京大学出版社 2009 年版，第 973 页。

③ See Firefighters v. Stotts, 467 U. S. 561 (1984).

④ 受案法院为：District Court for the Western District of Tennessee。

规定。1980 年 4 月,双方在地区法院签署“同意判决书”。在判决书中,市政府承诺将启动就业优惠计划,增加黑人受雇者和晋升者的比例。1981 年 5 月,孟菲斯市由于预算赤字而被迫削减部分政府雇员,裁减程序按照传统的“后雇者先解雇”的资历制度进行。然而,由于消防系统的种族隔离与种族歧视历史,黑人开始大规模进入消防系统的时间较晚,大多数黑人消防员的入职时间很晚,按照年功序列制进行的裁员很可能使黑人雇员在总体雇员中的比例下降。地区法院在斯托茨等人的要求下裁定,虽然资历制度并未有任何歧视性意图,但是可能会造成种族歧视的后果,因而不能被视为善意的,并禁止地方政府采用这种解雇制度。随后,地区法院同意修正裁员计划。然而,调整后的新计划虽然对黑人雇员较为有利,却对白人雇员造成了损失,具有更高资历的白人雇员反而比低资历的黑人雇员更易失去工作,因此市与消防员地方协会向第六巡回法庭上诉法院[1]提起上诉。[2] 上诉法院推翻了地区法院做出的“资历制度并非善意”的裁决,但是仍判定经过修改的裁员计划有效。该案最终被上诉至联邦最高法院,联邦最高法院以 6:3 通过了大法官怀特撰写的裁定书,推翻了下级法院的裁决。

怀特法官撰写的多数意见获得了 5 位法官的支持,斯蒂文法官独立撰写的并存意见,使该案判决获得了第 6 张支持票。法院多数意见同样集中于“歧视事实、暂行措施与法益平衡”三个方面。首先,怀特法官撰写的司法意见对歧视事实做了狭义解释,反对给予歧视实际受害者之外的其他人优惠对待,强调《民权法》第七章所允许的

---

① 受案法院为:Court of Appeals of the Sixth Circuit。

② 参见王凡妹:《美国“肯定性行动”的历史沿革:从法律性文件的角度进行回顾与分析》,载《西北民族研究》2010 年第 2 期。

就业优惠计划只限于救济歧视的实际受害者，而不能用以救济单纯的历史原因造成的不利处境以及社会原因遭受歧视的群体。其次，奥康纳法官撰写的并存意见强调了就业优惠的暂行性特点，下级法院寻求维持特定比例的种族平衡的做法因违反了暂行性特点，构成了滥用职权。

在第1784号消防队员地方协会案之后，联邦最高法院还审理过两期与雇佣有关的就业优惠案件，分别是1986年的消防队员诉克利夫兰案和1987年的约翰逊案，这两起案件分别涉及提拔和性别方面就业优惠的合法性问题，联邦最高法院在这两起案件中均认可了就业优惠的合法性。由于这两起案件并不是少数族群就业优惠案例，且未对就业优惠合法性审查形成颠覆性的或革命性的影响，本文在此不再赘述。

第七章 Chapter 07

就业优惠制度的比较研究

各国就业优惠法律制度都具有特定的社会背景与时代需求，借鉴就业优惠法律制度与法律技术，需首先比较中外就业优惠制度的社会背景与时代需求。虽然各国就业优惠法律制度均建立在自己的国情、社情、民情基础之上，但各国就业优惠的需求、任务、功能、条件、理念乃至技术上依然具有相似性。在某种程度上，中外就业优惠的社会背景与法律机制具有功能等价意义上的可比性。首先，中外在就业优惠制度的社会背景上的相似性表明借鉴具有可行性。第一，相似的就业障碍：结构性就业障碍成为当代世界性挑战，各国在建立就业优惠法律制度的过程中，均面临着克服结构性就业障碍的重大需求。第二，相似的治理议题：就业优惠法律制度的产生与发展伴随着城市化、工业化与法治化进程。就业公平是城市族群关系与社会依法治理的关键问题，各国普遍存在加速实现族群就业平等的紧迫需求，就业优惠为解决现代城市族群问题提供了重要法治工具。第三，相似的法律基础：基础性的反歧视法律制度业已建立。禁止歧视与优惠照顾构成了权利平等保障制度的两翼，其中禁止歧视是平等的基础，重在保障机会平等，优惠照顾是平等的补充，意在促进实质平等，两者相互配合才能充分保障权利平等，离开了平等原则与禁止歧视，就业优惠往往沦为群体特权。当前，各国均已建立起了平等原则和反歧视制度，为就业优惠制度提供了必要的法治条件。第四，相似的就业市场：自由竞争的就业市场机制得以确立。现代就业优惠制度是与市场机制相伴而生的，目的是纠正自由竞争机制的功能缺陷。第五，相近的教育基础：教育机会平等逐步实现。教育决定着人力资本投资水平，构成了劳动就业的基础性环节，就业平等离不开教育平等的支撑。就业优惠很难帮助特定群体的劳动者跨越教育不平等的鸿沟，为此，教育平等为就业优惠的制度比较提供了坐标。其次，中外在就业优惠社会背景上的差异性反证了加快就业优惠法治建设的必要性。第一，我国重视解决结构性就业障碍；第二，我国社会治理任务更复杂；第三，我国未经历西方国家的长期制度性歧视；第四，我国宪法强调实质平等；第五，我国具有推进就业优惠法治建设的更好条件与历史机遇。

第一节　就业优惠背景的可比性

一、相似的就业障碍：结构性就业障碍是当代世界性问题

从历史发展的线索来看，域外国家曾经出现过制度性歧视、个体性歧视、结构性歧视三种就业歧视类型。现代法治国家实施就业优惠，促进就业公平主要是借助反歧视法律制度。域外国家消除就业歧视的法制历程大致包括三个阶段（如图 7－1 所示），第一个阶段通过完善违宪审查制度落实宪法的平等保护功能，政府种族歧视的立法与行为皆被宣告为违宪；第二个阶段通过建立专门的反歧视部门法全面禁止雇主实施的个体性就业歧视行为；第三个阶段则是以行政命令为标志，开始对少数族群实施授益性的就业优惠，就业优惠法律制度主要是为了消除广泛的结构性就业歧视。可以说，在 20 世纪 70 年代开始大规模实施就业优惠计划时，制度性就业歧视与个体性就业歧视已经得到了法律的有效规制，然而，以往长期的制度性歧视与广泛的个体性歧视产生了深刻的社会结构性后果，使少数族群在文化结构、经济结构、企业雇员结构、人口家庭结构、社会分层、机会结构等领域面临着严重的障碍，以上社会障碍深刻影响着少数族群

的就业机会,使少数族群在就业市场的竞争中处于总体性的不利地位。结构性就业歧视体现了特定的社会经济结构对于群体身份的内在要求,反映了少数群体所面临的结构性社会障碍。① 可见,域外就业优惠的制度功能在于纠正少数群体面临的结构性就业障碍。

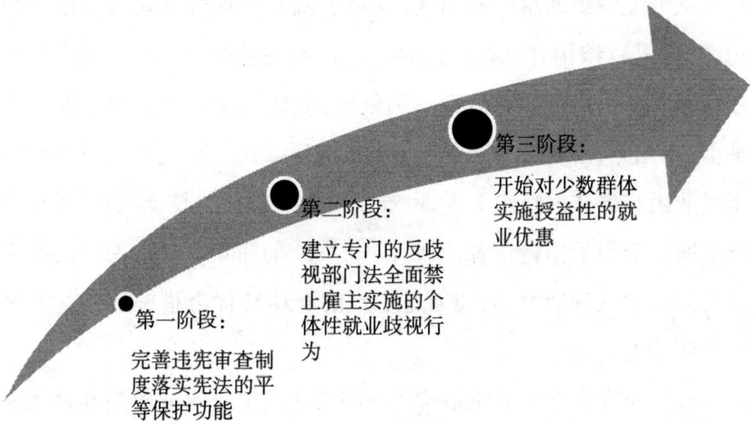

图 7－1　域外国家消除就业歧视的法制三阶段

结构性就业障碍是各国普遍面临的挑战,也是我国就业困难群体面临的障碍,结构性就业障碍已成为我国平等权利保障制度的重要规制目标。相对于一些国家严酷的族群关系历史,我国在少数群体权利保障领域具有较好的记录,在保障女性、残疾人等群体劳动就业权利方面具有较高的起点。中华人民共和国建立后从未实施过美国历史上的种族歧视制度,制度性歧视在我国的政治语境和法律制度下并无制度空间。我国少数群体权利保障的制度优势主要体现在

① See George Eaton Simpsonand J. Milton Yinger, *Racialand Cultural Minorities: An Analysisof Prejudiceand Discrimination Fifth Edition*, New York and London, Plenum Press, 1985, p. 10.

消除制度性歧视领域,但在结构性就业障碍领域我国同样面临着挑战,此外,雇主因主观偏见而实施的个体性歧视尚未完全杜绝。当前,我国就业困难群体依然面临着一定的就业困境,这种困境并不是源于歧视性的法律制度,甚至也不完全是雇主的主观偏见,主要是源于一系列无意识的结构性因素,反映了就业困难群体在就业市场结构、文化语言结构、区域经济结构、人口家庭结构、城乡与产业结构、社会参与和分层中的总体性不利处境,上述情况主要是由于发展不平衡、不充分,需要在发展中予以积极解决。这些处境不能简单归因于就业困难群体的特定个人,也难以怪罪于雇主的歧视故意,似乎并没有明显应当承担责任者,因此,中立性质的简单不歧视原则已经无法有效规制这种情况,只能通过宏观的群体性优惠措施改善就业困难群体的处境。

以往研究中往往笼统地认为一些域外国家具有奴隶制和种族隔离的歧视历史,而我国长期实行优惠照顾政策,因而,就业优惠问题没有可比性。这种结论反映了一种静态的历史观和笼统的制度观,忽略了域外族群关系具有不同的历史发展阶段,美欧等域外国家族群关系的早期历史当然与我国大相径庭,但在20世纪70年代,其大规模实施就业优惠的背景是通过法治方法克服结构性就业障碍和加速实现就业平等,上述两项任务也是我国当下面临的挑战,为此,域外就业优惠法律制度依然具有批判、反思、比较、借鉴意义。

二、相似的法律基础:基础性的反歧视法律制度业已建立

现代国家通过法治手段保障少数群体的平等就业机会,主要采取"禁止歧视"和"优惠照顾"两种法律机制。

第一,"禁止歧视"源于平等对待的形式平等原则,建立在以个人

主义、国家中立为原则的基础上，以法院为中心来解决纠纷，其法律功能在于消除制度性就业歧视和个体性就业歧视。首先，“法律面前人人平等”的形式平等原则和宪法审查制度是消除制度性就业歧视的法律途径，任何与平等原则相冲突的法律、法规及抽象行政行为都将面临合宪性审查风险。其次，专门的反歧视部门法或分散于其他法律中的反歧视条款为消除个体性就业歧视提供了法律依据，在平等权利法律保障机制完备的现代法治社会中，个体性歧视行为往往因违法侵权而面临法律的制裁。

第二，“就业优惠”是一种以实质平等为诉求的补救性法律制度，鼓励国家的干预和以集体权利的视角来看待歧视问题，不再停留在仅要求雇主不歧视的阶段，而是附加雇主更多的积极义务去消除不平等的根源，其法律作用在于以适当的优惠措施纠正少数群体结构性就业困境。[①] 在平等权利保障的制度体系和反歧视法律链条中，“就业优惠”是以“禁止歧视”为逻辑基础和制度保障的，只有建立起完备的反歧视法律体系，充分消除了公开的制度性歧视与个体性歧视行为之后，“就业优惠”所要求的优惠照顾方才具有意义，只有通过“禁止歧视”实现了形式平等，“就业优惠”所追求的实质平等方能成为可能。

从反歧视法律制度的发展阶段来看，我国当下具备域外国家实施就业优惠时相似的法律制度条件。我国已经建立起了基本的反歧视法律制度，禁止歧视特定群体的法律规定不仅体现在宪法性文件中，而且广泛地存在于部门法、地方性法规和行政法规之中。当前，

---

① 参见周伟、李薇薇、杨聪、何霞等著：《禁止就业歧视的法律制度与中国的现实》，法律出版社2008年版，第27页。

公开的制度性歧视已经较为罕见,雇主实施的个体性就业歧视虽然尚未完全得到有效的法律规制和法律救济,但是各种法律法规中的反歧视条款也已经明确地禁止了这种就业歧视,个体性就业歧视可以通过进一步完善立法和执法加以解决。可以说,我国当前已经具备了构建就业优惠制度的法律制度基础。

三、相似的就业市场:自由竞争的就业市场机制得以确立

“就业是与市场经济密切联系的概念。各学科对就业的定义各有侧重。在劳动经济学中,劳动就业指的是劳动力与生产资料相结合,生产社会物质财富并进行社会分配的过程;在社会学中,劳动就业是劳动者个人的谋生手段,对全社会而言则指劳动力和生产资料两大资源得到合理利用的过程。”①“在劳动法中,劳动就业指具有就业资格的公民获得某种有劳动报酬或劳动收入的职业,其实质是实现劳动力与生产资料的结合。”②“由此可见,尽管各学科对劳动就业认识的侧重点有所不同,但都强调其核心是劳动力与生产资料相结合。”③

在现代社会,劳动力与生产资料相结合的主要媒介是就业市场。就业市场依据的是一套“择优录取”的规则,劳动者依靠自身的人力资本在就业市场中展开竞争,从而实现求职者与工作岗位最佳匹配。然而,在具有结构性歧视特征的社会经济系统中,竞争性的就业市场和择优录取的绩效原则往往使少数族群等群体处于较为不利的地位。传统的竞争性市场机制要求建立一种族群中立的法律保障制

---

① 王天玉:《少数民族就业促进问题研究》,载《社科纵横》2008 年第 6 期。

② 王全兴:《劳动法学》,人民法院出版社 2005 年版,第 393 页。

③ 王天玉:《少数民族就业促进问题研究》,载《社科纵横》2008 年第 6 期。

度,市场竞争关心的是规则是否一致,消除的是具有主观故意的歧视行为,“禁止歧视”对于少数族群成员遭遇的结构性就业障碍往往无能为力。

实行市场经济的域外国家建立就业优惠法律制度的初衷正是为了弥补自由市场机制的缺陷,就业优惠是对自由市场制度的补充,将族群等群体身份纳入雇佣决策是对“择优录取”的修正。当前,我国就业市场制度已经建立起来,市场竞争成为配置劳动生产要素的主要方式。劳动力市场的发展是一次巨大的社会进步,但是与此同时,劳动力市场的固有缺陷也得以放大。在过去的30年中,伴随着就业市场机制的推广,特定群体的就业困境也逐步加剧,就业市场的缺陷与族群就业困境之间的关联效应日益明显。

四、相近的教育基础:基础的教育机会平等逐步实现

就业优惠以群体身份特征为依据,强调群体身份在雇佣决策中的作用,这种做法是对市场缺陷的修正而非否定,事实上,就业优惠是同等或相近条件下的优先与照顾,劳动者的人力资本水平依然是雇主做出雇佣决定的主要依据。就业优惠的基本前提是少数群体的人力资本水平接近劳动就业市场平均水平,而人力资本水平取决于教育机会的分配状况。可见,平等获得相同的教育机会是就业优惠的基础性社会条件。

在域外国家就业优惠的法治历程中,教育优惠总是先于就业优惠,教育机会平等早于就业机会平等。1954年的布朗案掀起了一场种族教育平等运动,在大规模实施就业优惠的1970年,新一代黑人的基础教育水平已经跟上白人社会,职业教育水平也已经接近白人社会。正是通过一代人的教育平等,就业优惠方才成为可能。

我国高度重视教育公平,现行基础教育与高等教育体制主要也是出于教育公平的考虑。当前,我国东部地区与西部地区,城市与农村,内地与少数民族地区的教育差距正在逐步缩小,基本的教育公平可望用一代人的时间得以实现。历史上,我国西部少数民族地区教育水平长期落后于内地,基础教育薄弱,职业教育不足,高等教育资源稀缺长期困扰着当地社会。然而,近年来我国已经日益重视西部地区的教育问题,西部教育优惠政策的力度逐年加大,当前已经建立覆盖学前教育、基础教育、中等职业教育和高等教育的体系完备的教育优惠政策,可以预测,在未来的十年内,西部地区的人力资本水平会得到根本性的提高。此外,我国长期实行高等教育民族优惠政策,当前已经储备了大批西部少数民族大学毕业生,就业优惠已经具备了基本的人力资本储备池。

第二节 就业优惠社会背景的差异性

一、是否长期经历制度性障碍

我国与一些域外国家最显著的区别在于新中国成立后未经历过西方国家历史上的种族歧视制度,新中国成立后,不仅未实施过奴隶制与种族隔离的法律制度,而且在方针政策和法律制度上强调对少数群体进行特殊保护,在政治权利领域,通过民族区域自治制度、选举制度和人事制度来保障各族群众管理自己事务的权利。在经济与社会权利领域,强调国家帮助少数民族地区发展经济与社会事业的责任。在文化权利领域,同样以法律的形式保障发展民族文化的权利。

二、是否面临结构性就业障碍

以上差异主要集中于制度性歧视的领域，主要是以西方国家20世纪上半期的历史阶段为参照物。如果截取西方国家开始实施就业优惠的20世纪后半期为参照系，则会发现当前困扰着国际社会的结构性就业障碍问题，也应当引起我国社会各界的注意。

（一）语言文化结构对就业的影响

北美的黑人社会在历史上早已完成了文化同化，黑人社会与白人社会之间并不存在明显的语言和文化屏障，双方共享同一种语言，皈依相同的宗教信仰，书写了同一部历史，居住在同一个区域，黑人社会与白人主流社会之间的文化关系是文化与亚文化的关系，些许的文化冲突主要表现在社会建构意义上；由于历史和地理原因，我国西部一些少数民族社会与内地主流社会存在较大的语言文化差异，某些具有自己独特的语言文字，信奉特殊的宗教信仰，拥有固定的聚居地区，保留着独特的生活习俗，在内地社会的交往相对浅近，交流交往交融尚在逐步加强。在中华民族共同体内部，以法律和政策形式确认了多元一体的中华民族文化，但是国家文化建构远比法律文本复杂和艰巨。在现代社会，语言文化差异依然具有一定的社会经济意义，对劳动就业机会尚存在某种程度的影响。部分劳动者的国家通用语言能力较为薄弱，有时会成为影响其就业的障碍。

（二）经济结构对就业的影响

经济结构主要涉及区域经济发展战略与国民经济的产业结构，经济结构对于不同族群的就业具有重要影响。发达国家宏观区域经济发展较为平衡，不存在严重的城乡与东西区域差距，其区域经济差距主要体现在微观层面，比如，城市有色人种贫困社区与中产阶级社区的差异,这种经济发展水平的族群差异是局部的而非整体性的。发达国家的产业结构较早实现了向工业化的转型,如黑人全程参与了工业化与城市化的过程,在开始保障黑人就业平等权利之时,第一产业与第二产业之间已经不存在陡峭的社会壁垒,黑人社会也已经整体性地实现工业化和城市化,因而,促进平等就业机会更多的是在工业领域内部打破行业和部门间的族群隔离传统以及在工业的产业升级与转型中保护劳动密集型行业。相对于发达国家实施就业优惠时的历史条件,我国在就业中尚面临一些需重视的情况。我国经济发展中存在一定的区域不平衡现象,东西与城乡经济水平差异明显,我国主要的少数民族人口聚居于西部边远地区,由于历史和地理的因素,东部与西部、内地与边疆、城市与农村之间在社会经济发展中形成了客观的差距,再加上我国西部地区正处于工业化和城市化进程的前期,西部少数民族人口以农业人口为主,在就业中面临着东西、工农、城乡三重壁垒,此外还有上文分析的语言文化不适应现象,客观的结构性就业障碍很难通过个别劳动者的努力加以整体性克服。

(三)人口家庭结构和社会分层对就业的影响

多族群社会常常在人口结构、家庭结构以及社会分层等领域存在差异,以上社会结构因素皆影响着就业机会的分布状况。如美国黑人社会的人口结构呈现大散居弱聚居的特点,黑人与白人在人口分布上的差别主要体现在城市中的黑人社区与白人社区。家庭结构指的是家庭成员的构成情况,核心因素是生育率和家庭抚养率,生育率往往与家庭经济状况成反比,也与儿童获得的教育和培养机会成反比,最终影响着家庭成员的职业前途。黑人家庭生育率和家庭抚养率总体上高于白人家庭,但两者之间属于量的差别而非质的差别。

此外,美国较早建立起了相对公平的教育制度和基本的社会保障制度,有色人种是教育和社会保障制度的主要受益者,从而缓解了高生育率对于家庭成员未来就业机会的影响。在社会分层领域,黑人社会与白人社会存在社会阶层的差异,但是由于发达国家社会分层总体上较为平缓和稳定,相对健全的社会保障制度也在一定程度上缓解了社会阶层差异对黑人社会的影响。可见,发达国家的人口结构、家庭结构和社会分层对于有色人种就业的影响是相对的,而非绝对的。我国部分少数群体劳动者在人口、家庭结构与社会分层领域也面临着一定的困难。

当前,上述影响特定族群就业能力的人口家庭与社会结构因素在我国同样不同程度的存在,亟须在推进更充分更高质量就业过程中予以克服。

三、就业平等理念与标准选择

就就业优惠的法理基础和法律规范而言,我国相对于一些域外国家具有较明显的优势。在法律制度层面,美国的宪法和法律规范采取了种族中立的文本表达方式,强调无差别对待的形式平等原则,就业优惠政策依赖复杂的宪法解释,面临尖锐的司法挑战。有学者就指出:"最近,我们国家的穷人和社会中处于不利地位的人也对这一平等的充分与现实性提出质问,并且敦促缩小事实上的不平等,但在我们的宪法理论中则不存在这样的概念。在宪法原则与事实中,美国赞成平等的法律保护与平等机会。"①在政治制度层面,就业优

① 参见[美]L. 亨金:《权利的时代》,信春鹰等译,知识出版社1997年版,第199页。

惠依赖美国联邦政府的行政能动性,深受政党政治的左右;在政治哲学和意识形态领域,就业优惠与传统的自由主义哲学存在冲突,尤其以就业优惠与契约自由精神,以种族优惠与择优录取的冲突最为明显。"这是因为,一般来说,在自由主义的社会体制之下,所有的权利和制度极端地说来都是为保证增进个人之自由而存在,也正因为这样,权利和制度才有价值。当然平等也不例外。为了保障自由进而使个人的个性和能力充分发挥出来,这种必要的平等,说到底还是只要能保障社会构造中的形式上的机会均等就可以了,不能在实质上介入其中。如果在实质上也加以控制,就会破坏自由竞争的社会体系,阻碍个人幸福与社会福利的发展。"①

就业优惠在我国具有更好的制度兼容性。我国实施就业优惠的法理基础更为坚实,法律资源更为充分,政治哲学和意识形态更为契合。第一,在宪法和法律规范的层面上,我国宪法规范包含了大量优惠照顾的授权, 涉及民族、妇女、老弱、伤残等多种人群,如《宪法》第4条第2款、第48条第2款、第122条第1款。此外,我国多部法律法规专门规定了少数民族就业优惠,如《民族区域自治法》《劳动法》《就业促进法》等。第二,在就业优惠的法理基础上,我国宪法具有强烈的实质平等内涵,我国宪法强调国家帮助各族公民享有事实上的平等。这种实质平等的法理思想,赋予了我国政府更多的公共管理职责和社会再分配义务,同时也意味着公民为社会公共利益而让渡部分合法利益。第三,在政治哲学和意识形态上,我国具有平等主义、集体主义的社会传统。与西方近代宪法不同,传统的社会主义宪

① [日]大须贺明:《生存权论》,林浩译,法律出版社2001年版,第33页。

法曾力图彻底地追求实质上的平等理念。[①] 此外,中国具有悠久的平等主义政治思想传统,大同与均和思想作为朴素的平等观源远流长,这种思想的价值追求正是实质平等。可见,我国在实施就业优惠时拥有更为有利的法律资源和社会环境。

---

① 参见林来梵:《从宪法规范到规范宪法:规范宪法学的一种前言》,法律出版社2001年版,第109页。

第八章 Chapter 08

我国就业优惠制度的法律探讨

本章探讨就业优惠矫正结构性就业障碍的法律功能,分析就业优惠与我国宪法平等原则的内在一致性,指出就业优惠在实践中和理论上的挑战,批判性借鉴域外就业优惠的法治经验与历史教训,提出以法治方法完善中国特色就业优惠制度的构想。适逢国家提出"推动西部大开发形成新格局"的战略部署,提出"推动实现更高质量和更充分就业"的具体要求,对现行就业优惠制度进行深入的经验总结与理论探讨,有助于促进社会经济发展成果转化为少数群体的就业机会,最终实现充分就业与公平就业协调发展。

我国宪法强调实质平等原则,重视优惠照顾特殊权利主体,我国是世界范围内的优惠照顾大国。优惠照顾制度与实践覆盖性别、民族、残疾、年龄、贫困等众多因素,涉及政治、经济、社会与文化等广泛的领域。我国优惠照顾具有显著的法理与制度优势,先进的立宪技术为优惠照顾提供了坚实的基础。在法律实施层面,我国在就业优惠依然面临着从政策到法律,从担任公职到劳动就业,从行政主导到市场机制,从群体身份到结构性障碍,从刚性制度到暂行措施的诸多技术性挑战。当前,我国具有实现就业优惠法治化的社会历史条件,宜通过加强宪法与法律实施,完善中国特色就业优惠制度。

第一节　我国就业优惠制度的背景

一、公平就业是我国就业政策的基础

就业是现代社会中最重要的财富和资源分配机制,公平的就业机会对于个人的社会经济生活具有重要意义。我国高度重视困难群

体就业保障问题,为此,中央明确提出“就业是最大的民生”,提出“坚持就业优先战略,把解决人民群众就业问题放在更加突出的位置,努力实现更高质量和更充分的就业”,强调“让发展成果更多更公平惠及各族人民”。近年来,国家着力通过法治方法保障就业公平。当前,我国就业优惠制度最重要的保障对象是少数民族、女性和残疾人等群体。其中,以就业优惠制度保障各族群众公平就业的要求较为紧迫,情况较为复杂。

我国确立了平等、团结、互助、和谐的社会主义民族关系,国家一贯重视各族群众的民生与发展,并为维护少数群体权益进行了坚持不懈的努力,并取得了举世瞩目的成绩。但是,由于历史与现实的复杂原因,部分群众尚面临着一些就业困难。世界范围内,影响少数群体充分就业的因素主要涉及制度性就业歧视、个体性就业歧视、结构性就业障碍。具体到我国,并不存在域外国家的制度性歧视问题。影响我国西部困难群体就业的主要因素是结构性就业障碍,次要因素是私主体偶然实施的个体性就业歧视行为。实践中,某些企业在招聘职工的广告上除了注明学历、年龄和性别的要求之外,对与职业无关的族群身份提出特殊要求,比如有些雇主提供的岗位只招聘特定民族、性别、地区等身份的劳动者等;少数群体成员面对的就业障碍不仅来自法律法规的缺陷与雇主的偏好,更源于各种非故意的社会结构性因素。影响就业机会的结构性因素可能涉及语言文化、地理区位、产业结构、城市化率、人口和家庭结构、社会治理能力等客观因素。上述结构性就业障碍并非源于故意的歧视行为,也无法通过惩罚孤立的歧视行为予以消除,又难以通过个人的努力整体性克服,事实上,结构性就业障碍已经成为影响“让发展成果更多更公平惠及各族人民”的主要因素。优惠照顾制度正是国家帮助困难群众克服结构性障碍的有效方法。

就法治角度而言，国家主要通过“禁止歧视”和“优惠照顾”两种法律机制保障各族群众的平等就业机会。“禁止歧视”源于平等对待的形式平等原则，其法律功能在于消除制度性就业歧视和个体性就业歧视。“禁止歧视”建立在以个人主义、国家中立为原则的基础上，以法院为中心来解决纠纷，其法律功能在于消除制度性就业歧视和个体性就业歧视。首先，“法律面前人人平等”的宪法形式平等原则和合宪性审查制度是消除制度性就业歧视的法律途径，任何与宪法平等原则相冲突的法律、法规及抽象行政行为都将面临审查风险。其次，专门的反歧视部门法或分散于其他法律中的反歧视条款为消除个体性就业歧视提供了法律依据，现代法治社会普遍建立了平等权利的法律保障机制，个体性歧视行为往往因违法侵权而面临法律的制裁。“优惠照顾”则是一种以实质平等为诉求的补救性法律制度，鼓励国家的积极干预和以集体权利的视角来看待就业平等问题，优惠照顾多采取受益行政行为的方式，通过适当的差别对待措施帮助少数群体克服就业障碍，增强其参与社会经济生活并分享经济发展成果的能力。平等原则在我国法律规范体系中所处的重要位置，法律有关各公民实质平等的基本原则，为促进少数群体就业优惠制度提供了法理基础和规范依据。

二、我国就业优惠制度的优势与挑战

（一）我国就业优惠制度的优势

我国法律制度重视平等原则，公共政策注重公平正义，尤其是采取了较为先进的实质平等立法技术，以实质平等原则为基础形成了相对完备的平等保障法律规范体系，为就业优惠提供了明确的法律和政策依据,这是我国相对于很多域外国家的制度性优势。此外,社会主义公平正义理念是我国的主流意识形态,公众对于扶危济困和优惠照顾总体上接受度较高。在实践中,我国是当之无愧的优惠照顾制度的大国,新中国成立后在多个领域采取多种优惠照顾措施,建立了规模庞大的优惠照顾制度,具有实施优惠照顾的丰富经验,惠及少数民族、女性、残疾人、贫困人口、残疾军人、烈士家属、军人家属等群体,覆盖就业、教育、公共服务、社会保障、财税政策等诸多领域,上述优惠照顾措施不仅极大地促进了我国公平正义事业,也为国际社会提供了宝贵的经验。

当前,国家通过多种优惠措施帮助各族群众克服就业困难,形成了规模庞大、体系复杂的就业优惠体系。从主体上看,优惠政策覆盖少数民族大学毕业生、两后生、农牧民等重点就业困难群体。从优惠行业上看,优惠政策涉及行政事业单位的人事制度、就业市场中的劳动关系、灵活就业、自主创业等多种就业形式。从优惠措施上看,优惠政策重点采取了提升就业能力、专项就业服务、促进转移就业、按比例安置、鼓励企业吸纳等多种举措。上述就业优惠措施极大地改善了困难群体的就业状况。

(二)我国就业优惠制度的挑战

就业优惠制度在促进少数群体就业量、质同步提高的同时,也存在一系列亟待完善的问题。第一,我国就业优惠的主要挑战体现在亟须完成从政策到法治、从经验到理论、从分散到体系、从行政驱动到综合保障的升级。就业优惠法治化程度有待提高,理论研究与技术储备相对薄弱。从法律层面看,立法较为重视禁止歧视,就业优惠的法治化尚需加强。为此,宜加强就业优惠的宪法与法律实施工作,进一步提高就业优惠的立法水平,建立行政执法机构与执法标准,完善就业优惠的司法救济制度,强制性的就业配额制度与引导性的雇主激励机制相结合,兼顾干部人事制度与劳动保障制度,构建预防歧视与就业优惠相结合的就业平等保障机制。第二,当前,结构性就业障碍与个体性就业歧视相互交织,“禁止歧视”与“优惠照顾”统筹协调的就业平等法律保障机制尚不完备,就业优惠的实效依赖于就业平等保障机制的整体水平,为此,亟须完善反歧视法的就业保障功能。第三,就业优惠制度存在行业不平衡。体现为干部人事制度与劳动用工制度就业优惠政策差异明显,特定地区就业优惠政策存在“区域导向”与“族群导向”的矛盾,优惠政策的覆盖面与针对性需充分协调。第四,民族地区就业优惠与内地就业优惠宜加强协调,使更多西部少数民族毕业生和劳动者在内地就业。第五,就业优惠政策的过程控制、质量导向和造血功能有待增强,使不同的优惠措施统筹协调、相互衔接,增强就业的稳定性和持续性等。

第二节　我国就业优惠的法律渊源

一、平等权的法律规范

平等在我国法律规范体系中处于重要位置。《宪法》第 33 条第 2 款规定:“中华人民共和国公民在法律面前一律平等。”在第 33 条第 2 款的平等一般规定基础上,序言、总纲以及基本权利条款多次重申了各民族公民享有广泛的平等法律权利。《宪法》在序言部分宣布:“中华人民共和国是全国各族人民共同缔造的统一的多民族国家”;总纲部分第 4 条第 1 款中规定:“中华人民共和国各民族一律平等”;第 34 条规定:“中华人民共和国年满十八周岁的公民,不分民族、种族、性别、职业、家庭出身、宗教信仰、教育程度、财产状况、居住期限,都有选举权与被选举权;但是依照法律被剥夺政治权利的人除外";第48条规定:"中华人民共和国妇女在政治的、经济的、文化的、社会的和家庭的生活等各方面享有同男子平等的权利。国家保护妇女的权利和利益,实行男女同工同酬,培养和选拔妇女干部"。民族平等、男女平等不仅是宪法序言和总纲所载明的国家政治义务和基本国策,而且经与第33条竞合后成为基本原则和基本权利。就法律规范的性质而言,平等既是一项宪法基本原则,也是一项具体的基本权利。作为一项基本原则,平等对于整个法律体系具有指导作用,公民不仅享有平等的公民政治权利,而且应当享有平等的经济、社会与文化权利。作为一项基本权利,所有国家机关在行使权力时均受平等权的拘束,均负有保障和实现各族群众广泛平等权利的职责。

二、平等权的规范内涵

平等原则具有丰富的规范内涵,法律在设定公民基本权利时,秉承了形式平等与实质平等相互统一的理念。形式平等的功能在于禁止不合理的差别对待,而实质平等的要义则是承认合理的差别对待,这两个方面在我国平等权的理论体系和规范结构上成为互为一体的关系。

第一,形式平等原则是资产阶级革命时期所确立的宪法理念,其主要功能在于防范等级特权、法律恣意或故意歧视行为。在劳动就业领域,制度性就业歧视和个体性就业歧视将相同的劳动者区分为不同的群体,仅因特定的群体身份而剥夺公民的劳动就业权利,这种不合理的差别对待违反了形式平等原则。保障形式平等的法律方法在于禁止歧视,即禁止以种族、民族、性别等与劳动生产率无关的因素剥夺劳动者的劳动就业机会。

第二,平等原则并非仅仅要求形式平等,而是在形式平等基础上追求实质平等。包括我国在内的现代法治国家均确立了实质平等的原则,即根据特定群体的特殊情况而规定必要的和合理的差别待遇,以便满足社会不利群体基本的生存与发展需要。我国的法治实践充分证明了实质平等的理念,法律对于妇女、未成年人、少数民族、年老、伤残公民等群体给予了广泛的照顾,赋予了以上群体成员更多的法律保护。其中,少数民族是我国法律实质平等原则的重点关注群体,“我国现行的民族法律和政策,如果从法律渊源和理论依据上追根溯源,都与实质平等有着密切的关系。如实行民族区域自治和培养少数民族干部是为了保证少数民族在政治上享有真正的平等权利;民族语言政策是立足于反对语言上的特权,保证各民族语言文字使用的平等权利”;[①]民族经济政策则要求国家制定特殊的优惠政策积极帮助民族地区发展经济、扩大就业,为此国家需要兴办专门的民族文化、教育等事业,目的也是保障各族群众在劳动就业与社会福利领域切实享有平等的权利。

在按劳分配为主要分配形式的社会主义初级阶段,平等的劳动就业机会成为了平等制度的基石,能否在事实上获得公平的就业机会决定着其他领域平等的成败,“各民族一律平等”要求国家在劳动就业领域保障各族群众的实质平等机会,这一点在我国法律规范条款中得到充分体现。《宪法》在序言中强调了:“国家尽一切努力,促进全国各民族的共同繁荣”;在总纲中载明:“国家保障各少数民族的合法的权利和利益,维护和发展各民族的平等团结互助关系”,“国家根据各少数民族的特点和需要,帮助各少数民族地区加速经济和文

① 刘练军:《高考加分的法律分析》,载《金陵法律评论》2010 年秋季卷。

化的发展”。《宪法》第 122 条规定:“国家从财政、物资、技术等方面帮助各少数民族加速发展经济建设和文化建设事业。国家帮助民族自治地方从当地民族中大量培养各级干部、各种专业人才和技术工人。”各族群众经济利益的背后是公民的法律权利,经济平等的本质是对劳动就业权利的积极保障,无论是“国家促进共同繁荣”“国家帮助加速经济发展”,还是“培养少数民族人才”,以上规范表明了国家负有帮助民族地区发展经济和社会事业的积极作为义务,经济发展的成果最终需要借助平等的劳动就业权利才能为全体公民所分享,离开了就业机会上的实质平等,经济与社会发展将会违背各族群众平等分享发展成果的初衷。

“就业优惠”就是消除各就业困难群体的结构性就业障碍,实现实质平等的主要法律手段,就业优惠要求社会组织和机构采取积极有效的优惠措施矫正就业困难群体的不利处境,促进社会资源、社会福利和经济机会在各族劳动者之间公平分配。在我国,就业优惠主要体现为帮扶特定群体就业的优惠照顾性质的法律政策。除了宪法性法律的权利宣告之外,我国《民族区域自治法》《就业促进法》《公务员法》《妇女权益保障法》《残疾人保障法》等均规定了就业优惠措施。上述法律构建的就业优惠虽然反映了上位法规范所要求的实质平等的初衷,但是在法律制度建设与执法上还存在需完善的地方,通过宪法实施充分落实实质平等需进一步加强就业优惠的法治化建设。

第三节　我国就业优惠的法律实施

我国确立了实质平等的法律原则,规定了国家负有加速区域经济发展，实现共同繁荣的积极作为责任，国家得通过就业优惠或优惠措施来积极落实实质平等理念。在我国当前的法治实践中，宪法适用主要体现为立法机关的立法活动，即拥有立法权的国家机关制定具有普遍约束力的规范性法律文件。① 完善相关立法及法律实施工作是就业优惠法治化建设的关键。不可否认，在法律实施过程中仍面临着一些问题，如图 8－1 所示。

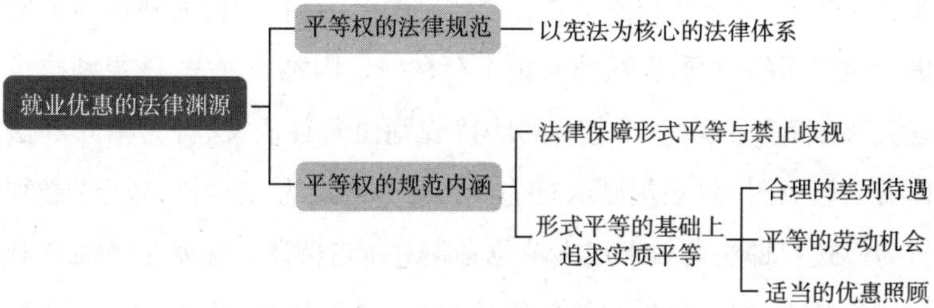

图 8－1　就业优惠的法律实施的问题

一、立法中的就业优惠问题

禁止歧视与优惠照顾构成了平等就业权利的两翼，我国禁止就业歧视的法律制度与法律实践已经得到了长足发展，为优惠照顾法治建设打下了较好的基础，但立法体系依然存在不平衡现象，具体表现为立法工作偏重于禁止就业歧视，就业优惠更多属于政策层面。规范性法律文件在述及特殊权利保障群体的劳动就业权利时，多采取禁止性规范，较少采取授权性规范，普遍强调国家对于就业歧视的禁止义务，对于国家实施就业优惠的法律责任规定尚不充分。以《就业促进法》为例，第三章“公平就业”部分共有 7 个法律条文，其中 6

① 参见童之伟：《宪法学》，清华大学出版社 2008 年版，第 316 页。

个条文8次提到“禁止”或“不得”歧视,第62条明确规定了就业歧视行为的法律责任:“违反本法规定,实施就业歧视的,劳动者可以向人民法院提起诉讼”。

关于就业优惠,《就业促进法》主要在第28条中做了原则性规定:“各民族劳动者享有平等的劳动权利。用人单位招用人员,应当依法对少数民族劳动者给予适当照顾。”作为调整劳动就业关系的主要法律依据,从立法技术上看,该条法律规则存在结构完整性与内容确定性方面的问题,在法律实施中存在一定困难。首先,该规则缺少有关法律后果的规定。完整的法律规则由条件假设、行为模式和法律后果组成。[①] 该条规则的行为模式部分规定为“应当”,属于“必须行为模式”,即法律要求用人单位必须对特定群体实施就业照顾,“必须行为模式”需要辅以法律后果的规定,如法律对于拒不履行照顾特定求职者的用人单位必须予以制裁,否则就丧失了法律规则的拘束力,从而演变成一条道德规则。其次,该规则的内容确定性相对较低,既不属于确定性规则,又不属于委任性规则和准用性规则。在设定用人单位照顾特定求职者的法定义务时,采取了给予“适当照顾”的规定,但是对于“适当照顾”的原则、方法、标准、程序、监督主体和救济途径尚不明确。在法律规则本身内容不明确的情况下,该规则采用了“依法”的规定,然而既未明确规定具体应当依据或参照哪一部法,也未委任其他国家机关制定专门法律。

就业优惠的立法问题同样存在于其他法律法规之中,法律规则确定性较差、法律后果不明确、救济手段缺失等问题,使有效落实就业优惠面临法律技术困难。以《民族区域自治法》为例,该法第23条

---

① 参见肖光辉:《法理学》,中国政法大学出版社2011年版,第67页。

中规定:“民族自治地方的企业、事业单位在招收人员的时候,要优先招收少数民族人员;并且可以从农村和牧区少数民族人口中招收。”在相关行政法规中,上述就业优惠规定受到进一步的限制:“上级人民政府指导民族自治地方制订人才开发规划,采取各种有效措施,积极培养使用实行区域自治的民族和其他民族的各级各类人才。”而在部分地方的区域自治法实施办法中,相关就业优惠的规定还需得到更充分落实。①

相对于禁止歧视,就业优惠是一种更为复杂的法律任务,涉及更复杂的利益博弈,需要国家承担更为积极的法律作为义务,进行更为完善的制度设计,调配更多的经济资源与法律手段。我国现行法律高度重视禁止歧视,为实施就业优惠打下了坚实的法律基础,为此,需进一步加强就业优惠的法治建设,使就业优惠相关规范从一项道德义务转变为法律责任,从法律倡导行为转变为法律羁束行为。

二、劳动就业市场中的优惠问题

我国现行就业优惠侧重于保障选举权和担任公职权等政治权利,劳动就业等社会经济权利中优惠照顾需得到加强。我国现行平等权利保障机制较为重视公民政治权利,在选举权和担任公职权利领域建立起了相对健全的民族、性别等优惠制度。我国《选举法》用专门的一章来保障少数民族的选举权利,其中详细规定了选举优惠

① 部分地区在实施民族区域自治法的过程中,规定了任用少数民族干部的优惠政策,但企事业单位录用少数民族普通劳动者的优惠政策尚需加强。详情见《贵州省实施〈中华人民共和国民族区域自治法〉若干规定》《海南省实施〈中华人民共和国民族区域自治法〉若干规定》等。

措施。[①] 担任公职权利领域的优惠政策主要体现在我国的干部人事制度中,主要涉及国家机关、事业单位和党群组织中领导职务的任免与普通公务员的录用。[②] 我国政府历来重视培养和使用少数民族干部、女性干部,并将少数民族干部政策视为民族区域自治制度的重要组成部分,将女干部政策作为男女平等制度的具体体现。新中国成立伊始,毛泽东在给时任中共中央西北局第一书记的彭德怀同志的电报中即明确提出了干部政策问题:“在一切工作中坚持民族平等和民族团结政策外,各级政权机关均应按各民族人口多少,分配名额,大量吸收回

① 《全国人民代表大会和地方各级人民代表大会选举法》第11条规定,自治区、聚居的少数民族多的省,经全国人民代表大会常务委员会决定,代表名额可以另加5%。聚居的少数民族多或者人口居住分散的县、自治县、乡、民族乡,经省、自治区、直辖市的人民代表大会常务委员会决定,代表名额可以另加5%。第17条规定,全国少数民族应选全国人民代表大会代表,由全国人民代表大会常务委员会参照各少数民族的人口数和分布等情况,分配给各省、自治区、直辖市的人民代表大会选出。人口特少的民族,至少应有代表一人。第18条规定,有少数民族聚居的地方,每一聚居的少数民族都应有代表参加当地的人民代表大会。聚居境内同一少数民族的总人口数占境内总人口数30%以上的,每一代表所代表的人口数应相当于当地人民代表大会每一代表所代表的人口数。聚居境内同一少数民族的总人口数不足境内总人口数15%的,每一代表所代表的人口数可以适当少于当地人民代表大会每一代表所代表的人口数,但不得少于1/2;实行区域自治的民族人口特少的自治县,经省、自治区的人民代表大会常务委员会决定,可以少于1/2。人口特少的其他聚居民族,至少应有代表一人。聚居境内同一少数民族的总人口数占境内总人口数15%以上、不足30%的,每一代表所代表的人口数,可以适当少于当地人民代表大会每一代表所代表的人口数,但分配给该少数民族的应选代表名额不得超过代表总名额的30%。第20条规定,散居的少数民族应选当地人民代表大会的代表,每一代表所代表的人口数可以少于当地人民代表大会每一代表所代表的人口数。

② 《国务院实施〈中华人民共和国民族区域自治法〉若干规定》第28条规定,上级人民政府及其工作部门领导人员中应当合理配备少数民族干部;民族自治地方人民政府及其工作部门应当依法配备实行区域自治的民族和其他民族领导干部,在公开选拔、竞争上岗配备领导干部时,可以划出相应的名额和岗位,定向选拔少数民族干部。民族自治地方录用、聘用国家工作人员时,对实行区域自治的民族和其他少数民族予以照顾,具体办法由录用、聘用主管部门规定。

族及其他少数民族能够和我们合作的人参加政府工作。”[①]时至今日，按比例配备和提拔少数民族领导干部、女性干部已经成为我国干部组织制度的重要内容。《民族区域自治法》《国务院实施〈中华人民共和国民族区域自治法〉若干规定》《公务员法》《妇女权益保障法》等对此做出了专门规定。[②] 相对于领导干部按比例使用的政策，普通公务员录用中的优惠措施同样受到了以上法律法规的重视与强调。

毫无疑问，国家公职与政府岗位的优惠措施具有强烈的示范意义，对全社会的劳动就业取向形成了政策倡导，可以引领和推动各行业、各领域的用工主体参与就业优惠行动。但在就业优惠的实施过程中，机关事业单位、领导职务与公共管理岗位毕竟数量有限，社会中的就业问题主要还是通过劳动制度来实现，我国的劳动制度涉及以市场机制为基础，通过雇佣合同形成的雇佣关系，在法律性质上属于社会经济权利中的劳动就业权利。我国《就业促进法》在总则部分确立了劳动就业制度的基本原则：“国家把扩大就业放在经济社会发展的突出位置，实施积极的就业政策，坚持劳动者自主择业、市场调节就业、政府促进就业的方针，多渠道扩大就业。”在具体的实践中，实际上就业困难群体就业主要还是依赖市场调节，政府扩大和促进

---

① 毛泽东：《关于大量吸收和培养少数民族干部的电报》，载《党的文献》2019 年第 4 期。

② 《民族区域自治法》第 16 条规定：“民族自治地方的人民代表大会常务委员会中应当有实行区域自治的民族的公民担任主任或者副主任。”第 17 条规定：“自治区主席、自治州州长、自治县县长由实行区域自治的民族的公民担任。自治区、自治州、自治县的人民政府的其他组成人员，应当合理配备实行区域自治的民族和其他少数民族的人员。”第 18 条规定：“民族自治地方的自治机关所属工作部门的干部中，应当合理配备实行区域自治的民族和其他少数民族的人员。”《公务员法》第 21 条第 2 款规定：“民族自治地方依照前款规定录用公务员时，依照法律和有关规定对少数民族报考者予以适当照顾。”

就业的功能与作用可以通过法律手段进一步加强。《就业促进法》除了在“政策支持”与“公平就业”部分原则性地宣告“国家支持民族地区发展经济,扩大就业”“用人单位招用人员,应当依法对少数民族劳动者给予适当照顾”外,并未明确规定如何解决该群体的就业困难,如何落实就业保障责任,该法第六章列举了具体的“就业援助”措施,其中尚未对特定群体就业优惠政策做出专门规定。在人力资源和社会保障部制定的《就业服务与就业管理规定》中,具体的就业保障职能被委任给县级以上人民政府的劳动部门:“县级以上劳动保障行政部门依法开展本行政区域内的就业服务和就业管理工作。”该规章也需进一步规定专门针对特定群体的就业援助措施。

三、间接就业促进与直接就业优惠的关系

我国立法重视教育、职业培训和政府指导等间接就业促进手段,有关雇主激励与就业配额等直接的就业优惠更多体现为政策而非法律规范。在国际就业保障实践中,族群就业优惠行动主要分为三个层次:第一,各种间接的就业优惠措施。如针对特定群体的职业培训和教育优惠,通过增加其人力资本投资来提高群体的整体职业竞争能力。第二,政府通过雇主激励政策引导或迫使雇主自愿实施各种灵活的雇佣数量目标,如“设定任务与目标”“报告、监督及采取措施”。第三,严格的和强制性的雇佣数量标准要求,如就业配额制度。① 在以上三种就业优惠措施中,我国比较重视间接就业促进手段,如少数民族教育和职业培训优惠,雇主激励政策尚在探索完善

① See Robert J. Weiss, *We Want Jobs*: *A History of Affirmative Action*, New York and London, Garland Publishing, 1997, p. 45.

中,而就业配额等直接就业优惠措施主要体现为基层政策实践,虽对解决就业困难群体的就业需求发挥了积极作用,但也继续需要将就业优惠的原则、类型、措施、争议解决等加以法治化。现行的按比例就业安置立法主要体现在残疾人就业保障领域。

我国重视以职业培训方式提高特定群体的劳动就业能力,在义务教育、职业教育和高等教育领域形成了较为完备的优惠措施。《民族区域自治法》《义务教育法》《高等教育法》《职业教育法》等法律法规建立起了一整套教育优惠制度,尤其在高等教育方面,建立了服务于少数民族学生的专门高等学校、民族班、预科班,对于边疆、山区、牧区、民族地区考生可以适当降低分数线录取。此外,《就业服务与就业管理规定》还专门规定了对妇女、残疾人、少数民族劳动者及退出现役的军人等就业群体提供专门的职业指导服务。

相对于教育优惠措施,我国直接的就业优惠立法和法律实施尚需加强,鼓励性的雇主激励制度尚需健全,各种灵活或严格的雇佣数量标准依然较为缺乏,如“设定目标与任务”“报告、监督及采取措施”“少数群体就业配额”等制度均可以通过立法技术予以实现。“设定目标与任务”使政府能够通过公共投资的方式对广大的私营企业实施就业纠偏引导,从而保障就业优惠的广度;“就业配额”是改善困难群体就业失衡,维护基本就业公正的有效措施,强制性地要求特定雇主雇佣一定比例的适格的特定群体员工,否则将给予必要的劳动处罚。[①] 配额制度使得政府能够明确设定特定群体就业的临界比例,从而保障少数民族、性别、残疾等就业优惠的实效与强度。

---

① See Beckman J. A., *Affirmative Action: An Encyclopedia*, London, Greenwood Press, 2004, p. 28.

第四节　就业优惠的域外反思与比较借鉴

一、域外就业优惠的经验教训

以法律方式保障公民的平等就业权利是现代法治国家的共同责任。20 世纪中期以来,传统种族主义所采取的制度性歧视已经日渐衰微,个体性歧视也处于社会道德与反歧视法的双重压力之下,然而,结构性就业障碍引发的就业不均衡现象依然是国际社会面临的共同挑战。在族群关系因就业不均衡而处于激烈冲突的历史时期,面对紧张的族群关系和不平等的经济结构,仅仅依靠惩罚个人的偏见与歧视是远远不够的,还需要针对特定群体的不利处境采取各种必要的优惠措施,以使其获得公平竞争和经济独立的起点。域外国家在劳动就业权利领域普遍经历了"禁止歧视"向"就业优惠"的法治转型,以就业优惠纠正弱势群体的就业障碍是很多国家的成功法治经验。多数域外国家的就业优惠属于行政与司法引导型的,这种就业优惠主要并不依靠法律明文规定的配额制度,而是体现在行之有效的诉讼制度与灵活的行政手段中,如"差别效果诉讼""设定目标与任务"等实现就业均衡的法律措施。"就业优惠往往采取政府法律强制与企业自愿实施相结合的方式,可以引导和扩大私营企业的雇佣行为,且可以通过司法判例灵活调整具体的就业优惠政策。加拿大、英国、南非、北爱尔兰等国的就业优惠常具有此类特点。"①虽然西方社会的自由主义政治哲学使得就业优惠一度遭遇反向歧视诉

① See Harish C. Jain, *Employment Equity and Affirmative Action*: *An International Comparison*, M. E. Sharpe, 2003, pp. 4 – 40.

讼与宪法严格审查,但是在20世纪域外国家调整族群关系的关键历史时期,就业优惠法律制度对于促进就业平等发挥了重要作用。以印度与印度尼西亚为代表的国家采取的是立法强制型的纠偏行动。其法律方法往往表现为通过宪法性法律明文规定族群就业配额,法律拘束对象一般只针对政府公共职位,这种纠偏机制刚性较强,可以有效保证配额所规定的最低就业比例,但无法管辖广大的私营企业雇主,可以调整的就业关系的范围较为狭窄,且难以随族群关系的改变而及时调整。

以较早实施反歧视法的美国为例,实现种族就业平等的历程生动地反映了通过法治方法推进就业优惠的必要性。在20世纪60年代之前,美国主要通过制定宪法平等保护规则,完善违宪审查制度来消除制度性的种族歧视。① 由于《第十四修正案》的拘束对象是政府,宪法平等保护条款难以约束广大私人雇主的歧视行为。为此,制定专门的和广泛的反歧视法成为种族平等的需要,1964年的美国《民权法》是反歧视法治实践中的里程碑,不仅彻底宣告了制度性歧视的违法性,而且将个人因种族偏见而故意实施的个体性就业歧视行为纳入禁止范围。然而,作为政治妥协的产物,《民权法》主要体现了自由主义的立场,认为种族中立政策是制止就业歧视的最佳方式,反对在就业领域实施任何有违自由竞争原则的就业优惠措施。《民

① 美国追求种族平等的努力始于1868年的《第十四修正案》,但真正意义上的种族平等却是最近几十年的事情。虽然联邦宪法修正案的制定者明确表达了他们的立法目的,但是在随后的近百年里,联邦及各州却依然延续着种族歧视与种族隔离的做法。1896年,联邦最高法院在"Plessy v. Furgeson案"中提出了"隔离但平等"即是例证。此案有关"隔离但平等"的判决,实际上为歧视性的种族配额提供了法理基础。直到1954年的"Brown v. Board of Education案"中,联邦最高法院最终扭转了种族隔离与歧视的做法。

权法》所规定的就业歧视有以下特点:首先,歧视主要是针对特定个人而实施的行为。“虽然法案没有明确界定歧视的概念,但法案的支持者和反对者都承认歧视是因种族、性别等禁止事项而针对个人的不利行为。”[①]其次,歧视是故意实施的过错行为。最后,“将反歧视的责任限定为消极的不歧视,不赞成对不平等的社会结构进行积极地干预”。[②] 该法所采取的自由主义的立场,不足以应对社会中严重的就业歧视现实,黑人社会很快发现,个人公开实施的歧视消失了,但黑人在经济地位、机会结构和资源分配中的整体性不利地位却没有根本性的变化。《民权法》的直接社会后果是打破了种族隔离,却没有为广泛的社会经济平等做好准备,因而加剧了族群冲突而非增强了社会和谐。[③]

为了弥补《民权法》的缺陷,法院和政府在随后的法治实践中运用广义解释的方法,将就业不平等的理论基础从个体性歧视更新为社会结构性障碍,建立起了复杂的就业优惠法律制度,力图以司法与行政手段保障就业平等。其就业优惠制度具体包括反歧视共同诉讼、歧视效果诉讼和政府优惠措施三个方面。反歧视共同诉讼的出现,意味着联邦法院初步认识到了就业不平等的社会结构根源。在“霍尔诉韦尔丹包公司”一案中,认可了基于《民权法》第七章的共同诉讼,歧视效果理论开始得到司法运用,歧视效果理论以结果平等为

---

① See Blumrosen, Alfred W, "Strangers in Paradise: Griggs v. Duke Power Co. and the Concept of Employment Discrimination," *Michigan Law Review*, 1972, pp. 59 - 110.

② See Civil Rights Act of 1964, Public Law 88 - 352, 78 Stat. 253, Section 706(a).

③ 从1964年开始,美国种族冲突进入了爆发期。《民权法》通过伊始,纽约哈林区、布鲁克林区的种族骚乱就席卷了美国北部的纽约州、宾夕法尼亚州、新泽西州、伊利诺伊州等地,1965年南洛杉矶的瓦特区种族骚乱造成了重大损失。在接下来的1966年到1968年间,美国爆发了290起种族骚乱。尤其是1967年夏天,美国的暴力种族骚乱出现了“井喷期”,史称“暴力之夏”。

理论基础，重在考察以往系统性的社会就业实践对于少数群体就业造成的不利影响，但并不要求证明这些系统性的就业歧视具有故意的动机；在方法更新方面，社会学统计方法开始大量运用于反歧视诉讼，统计数据可以单独构成不利效果的初步证据，统计方法的科学性直接决定了证据的有效性和雇佣政策的合法性；①联邦政府的肯定行动是一种干预制度性歧视的更为积极主动的策略，根据第 11246 号总统行政法令的规定，政府开始大规模干预传统的商业习惯和企业的社会责任，所有拥有 50 名员工和 5 万美元合同金额的联邦合同承包商，必须提交"目标与任务"纠偏计划，计划应当列明在未来 5 年内企业雇用适格的少数族裔的数量目标与具体的执行方案，雇用目标必须是具有实际意义的、可实现的、明确和详尽的，承包商如果在规定的时间内未能达到雇用目标，将必须承担合同终止、撤销、返还已付合同款以及取消未来投标资格的责任。"联邦政府就业优惠措施覆盖 25 万个企业、涉及 2700 万雇员和 1000 亿美元的合同金额。"②虽然美国的自由主义哲学使就业优惠一度遭遇反向歧视诉讼与严格

① 差别效果诉讼始于格里格斯案。在此案中，原告诉称自己受到了被告不合理的人事莅选制度的伤害。美国联邦最高法院依据《民权法》第 703(a)(2)和 703(h)条款，通过扩张解释，将此类争议置于《民权法》的管辖范围。法院认定："某些雇佣措施、程序和考试方法在表面上是中立的，甚至在意图上也是中立的，但依然有可能违反《民权法》第七章。"在四年之后的 Albemarle Paper Co. v. Moody 一案中，联邦最高法院首次提出了差别效果诉讼的证据规则。在初步证据阶段，原告必须证明被告的雇佣政策或措施对被告所在的群体具有"显著的""不正比例的"排斥。统计方法和统计数据是构成初步证据的关键因素，如果原告能够通过统计数据建立起统计显著性，则满足了初步证据责任。在联邦法院的审判实践中，法院采用了多种统计方法以便判断种族就业不均衡是否达到了显著的和不成比例的程度，如"假设验证与 5% 标准""录取率对比与五分之四规则"等。

② See Cascio, Wayne F, *Managing Human Resources: Productivity, Quality of Work Life, Profits*. Boston: Irwin McGraw – Hill, 1998, p. 56.

司法审查，但是在20世纪该国调整种族关系的关键历史时期，推进就业优惠的法治努力最终促进了就业平等。

加拿大、南非、北爱尔兰也经历了相似的法治历程，在反歧视法的基础上逐渐增加了就业纠偏行动的法律功能，纠偏行动的受益群体主要涉及少数民族、妇女、残疾人等，纠偏行动的拘束对象不仅包括政府雇主，而且涉及广泛的私营企业，纠偏行动的法律方法主要采用“设定目标与任务”。

印度社会在历史上曾经深受种族歧视的困扰，1947年印度独立之后通过宪法禁止基于信仰、种族、种姓、性别、出生地、居住地的歧视行为，并以宪法修正案的方式规定了就业纠偏行动，宪法授权议会制定严格的就业配额制度来保障代表性不足的群体担任公职的机会。“1990年印度政府宣布实施‘曼达尔方案’，为贱民（SCs）和部落民（STs）在政府和公共企业中保留27%的职位。”①

印度尼西亚同样长期面临族群就业不均衡的问题，马来人就业困难及其引发的经济贫困多次引发了全国性族群骚乱。“出于政治稳定的需要，宪法确认了对马来人实施纠偏行动的合法性，用配额制度来保障马来人的就业与经济权利成为新经济政策的主要措施，政府公共职位中的3/4被保留给了马来人。”②此外，宪法关于族群优惠照顾的条款受到了修宪程序上的严格限制，即使达到了2/3多数意见也不得对此条款进行修改。

总结域外就业优惠的理论与实践还对于反歧视法治建设具有借

---

① See Jain, H. C. , and Ratnam, C. S. V, "Affirmative Action in Employment for the Scheduled Castes and the Scheduled Tribes in India," *International Journal of Manpower*, 1994, pp. 15 – 25.

② See Harish C. Jain, *Employment Equity and Affirmative Action: An International Comparison*, M. E. Sharpe, 2003, p. 16.

鉴意义。首先,通过“差别效果”理论规制间接歧视行为。当前,各国保障少数群体就业平等权利的过程中,普遍面临如何制裁“间接歧视”的难题,即雇主的录取在表面上是公正的,实际上则是排斥特定族群的,雇主通过更隐秘的方式将特定群体淘汰掉,在这种情况下,由于雇主没有公然采取歧视行为,常常可以摆脱法律的制裁。而差别后果理论则在反歧视法中引入统计证据规则,可以有效地制裁雇主实施的间接歧视行为,这种理论和制度对于完善我国反歧视司法实践,更好保护劳动者的合法权益具有一定的借鉴意义。其次,通过“暂行特别措施”理念解决优惠时效问题。就业优惠是为了克服结构性就业障碍而采取的临时性和补救性法律措施,不应成为单纯依据族群身份的机械的和永久的制度,应当随着族群就业状况的改善而不断调整,最终逐渐将族群就业优惠过度为弱势群体就业优惠,即优惠照顾应当着眼于对各族就业困难群众提供普惠性的帮助。

总结域外就业优惠的理论与实践还具有方法论上的借鉴意义。首先,将社会争议转变为法理思辨,将利益分歧转化为法律博弈。由于就业优惠措施涉及不同族群之间的利益再分配,常常引发族群之间的分歧。通过充分的理论探讨与法理思辨,建立起具有逻辑统一性的理论体系,有助于寻求广泛社会共识。其次,挖掘现有法治资源,善用法律解释工具。一些域外国家受制于立宪与立法的先天不足,主要通过行政命令、行政政策创设就业优惠措施,通过司法审判活动拓展或规范就业优惠制度的法理基础,通过法律解释技术弥合法律冲突,这为推进族群就业平等,探索改进就业优惠方法提供了新的法律与理论空间。

二、就业优惠社会历史挑战

域外国家的就业实践表明,群体身份具有现实的公共意义。在一定程度上,群体身份不仅是雇主做出雇佣决定的关键依据,而且构成了就业市场的主要遴选机制。特定群体面临的就业困境同样反映了市场机制在利益分配上的结构性缺陷。这种缺陷使社会整体利益面临"负和"局面,既主流群体与弱势群体处于双输地位。主流群体虽然在就业市场拥有优势,占有了大多数工作职位,但同时也激发了群体的利益分歧与冲突。在极端情况下,族群等群体冲突极大地破坏了一些域外国家的经济发展与社会稳定,降低了社会整体福利。特定群体在就业机会和福利上的损失并未使主流群体获得等值的利益。①

不同族群在就业机会和社会福利分配上的不均衡引发了族群冲突,但族群之间的利益重新分配并不必然带来族群关系的缓和,相反还可能引发新一轮的冲突与对抗。解决族群就业与经济平等即需要国家法律制度积极地干预社会分配,又有赖于谨慎的策略和特定的历史机遇。在很多情况下,单纯通过族群间利益的重新分配,将优势族群占有的机会和利益转移给弱势族群,会激发优势族群的不满,进而引起新一轮的更大规模的族群分歧与冲突。② 在一些域外国家,优势族群社会与人口结构也极大地增加了新的冲突的现实可能性。由于在新的分配方案中,优势地位的族群中处于社会与经济不利地位的低收入成员将与弱势族群形成直接竞争,并将承受主要的利益损失。优势族群中的低收入成员更易受偏见文化的影响,且在经济上

---

① George Eaton Simpson and J. Milton Yinger, *Racial and Cultural Minorities: An Analysis of Prejudice and Discrimination Fifth Edition*, New York and London, Plenum Press, 1985, pp. 155 - 164.

② See Ramet S., *Thinking about Yugoslavia*, Cambridge, Cambridge University Press, 2005, pp. 55 - 56.

处于更不安全的地位，因而更易实施族群仇恨行为。[①]

域外国家的教训表明，以法律制度规制就业歧视，进行利益再分配的过程中，必须防止以上“零和”与“负和”局面的出现。应当以各族、各群体就业机会共同增加、福利普遍提高为原则，以实现少数群体、优势群体与社会整体利益同步提高，即社会整体利益的“双赢”与“正和”局面。这一目标的实现，既依赖于建立并完善反歧视法律制度，谨慎设计群体利益再分配机制，更依赖于国家整体经济快速发展的历史机遇。历史的经验一再证明，只有在国家经济规模和社会财富总量增加的情况下，才能保证增加少数群体利益的同时而不牺牲其他群体的福利。[②] 脱离国家宏观经济发展的背景，再精密的分配机制，再谨慎的制度设计都难以实现族群利益的有效再分配。在经济总量未获大的增长的情况下进行局部的利益调整，只能将特定族群的既得利益人为地转移给其他群体，其结果往往会加剧社会族群分裂。

以上假设已经为世界族群关系的历史所证明。20 世纪 60 年代的美国加强了少数族裔就业权利的保障，此时恰逢造纸业面临产业结构调整，伴随着产业危机带来的失业潮，黑人的平等就业权利与白人产业工人的现实利益迎头相撞。在全美最重要的造纸业中心——博加卢萨(Bogalusa)，黑人工人与白人工人围绕着就业机会展开激烈争斗，黑人民权运动引发了白人社区的剧烈反弹和血腥的种族暴力。

---

① See George Eaton Simpson and J. Milton Yinger, *Racial and Cultural Minorities: An Analysis of Prejudice and Discrimination Fifth Edition*, New York and London, Plenum Press, 1985, p. 43.

② See Lester, C. Thurow, *The Zero – Sum Society*, New York, Penguin Books, 1981, p. 11.

种族冲突和政治暗杀使该镇很快成为南方“三 K 党”的中心。[①] 20 世纪 80 年代,苏联与南斯拉夫皆面临区域经济发展不平衡与就业失衡现象的困扰,但由于整个 80 年代,两国经济发展皆陷入停滞局面,无力进行有效的宏观经济干预,单纯的族群之间的利益转移反而加剧了冲突,并加速了分离的进程。域外国家的理论研究与社会实践一再证明,族群多样性并非必然威胁国家的统一,但却可能成为抗议权利不平等的强大机制。历史上,域外国家就业机会与经济地位不平等引发的不满情绪极易被利用,并以此对群体进行社会动员,加之具有明确的对立目标——优势地位的群体,从而形成了相互冲突的泾渭分明的社会集团,族群政治得以产生。一些域外国家族群冲突甚至导致国家分裂的惨痛教训证明,族群在就业机会与利益分配上的不平等是危险因素。这种潜在的危险在国家经济发展陷入困境时可能会演变成现实危机,而国家整体经济健康发展的阶段是解决这一问题的战略时机。

三、就业优惠社会历史机遇

我国的制度实践与域外法治经验表明,就业优惠是矫正就业困难群体结构性就业困境的有效法律方法,在法学理论上,就业优惠符合我国宪法实质平等原则的法理内涵,也适合我国公正平等的社会主义法治传统。实质平等被作为一项基本原则,并建立起了以保障平等权利为归宿的民族区域自治制度,以保障女性权利为目标的妇女权益保障制度以及保护残疾人平等权利的残疾人保障制度。相对

① See Robert J. Weiss, *We want jobs*: *A History of Affirmative Action*, New York and London, Garland Publishing, 1997, p. 88.

于西方市场经济的浓厚自由主义色彩，我国政府承担着重要的宏观调控职责，管理着规模庞大的国有企业、事业单位，政府公共投资规模更为巨大，且具有深厚的平等主义文化传统，具备比域外国家更为有利的实施就业优惠的社会政治条件。相对于印度与印度尼西亚等族群关系存在历史遗留问题的国家，我国族群关系总体具有平等、团结、互助、和谐的优势，群体分歧主要体现在就业等经济利益方面。经济的持续增长为实施就业优惠提供了更为有利的社会经济条件，可以有效避免利益调整所引发的“零和”局面。区域经济发展中的不平衡与西部特定群体就业困难仅仅是市场经济发展中阶段性和局部性的问题。20 世纪 90 年代的西部大开发是我国解决族群就业均衡的第一次机遇，10 年的建设使区域经济发展不平衡得到了一定程度的改善。在实现西部经济发展、国家追求宏观经济平衡的同时，我国也高度重视微观层面平等就业问题，就业机会均衡有利于各族群众分享西部经济发展的成果。2010 年之后，我国启动了新一轮的西部地区跨越式发展战略，尤其是国家对西部民族地区的政策扶持达到了历史最高水平，经济总量和就业岗位的快速增长为我国提供了实现共同发展的社会经济条件。

当下，我国处于巩固和发展平等、团结、互助、和谐的社会主义民族关系的关键时期，具有全面实现公平就业关系的重大历史机遇。30 年的经济发展、10 年的西部开发，西部跨越式发展战略以及新时代推动西部大开发形成新格局的部署，为我国提供了实现区域协调发展、各族共享机遇的社会经济条件。社会主义法治传统中的平等与公平理念，为我国提供了构建就业平等保障制度的法治资源。中央对就业问题的高度重视为完善就业优惠制度提供了思想和组织保障。

我国具有实现各族群众公平就业的社会法治资源。和谐族群关系依赖于公平的利益分配机制,而公平的利益分配机制则取决于能否尽快建立完善的反歧视法律体系,尤其应当尽快健全和完善针对西部特定就业困难群体的就业优惠照顾制度,以帮助其克服就业领域面临的结构性障碍,最终通过完备的就业平等保障机制将群体利益分歧纳入法律制度的框架内加以妥善解决。在就业优惠问题上,我国采取了较为先进的立宪技术。对于一些西方国家而言,其严苛的制度性歧视历史、广泛的个体性歧视行为,是其推动反歧视法立法的背景,决定了反歧视法的初衷是通过形式平等原则消除种族歧视,即"宪法是色盲的"和"民权法禁止歧视"。这种立宪和立法方式禁止种族差别对待,虽有助于消除种族歧视,但难以为优惠照顾提供直接的宪法和法律依据,需要通过复杂的法律解释技术为优惠措施寻找法理依据。相比之下,我国宪法遵循实质平等的基本原则,采取概括与列举相结合的方式,保障少数群体广泛的平等权利,直接确认了对少数群体实施多种优惠照顾措施。社会主义法治传统中的平等与公平理念,为我国提供了就业平等的法治观念基础,十八届四中全会关于加强宪法实施和监督制度的要求,为全面落实宪法平等基本原则提供了政治保障,国家关于用法律保障民族团结的决定则明确了治理就业歧视的方法和思路。我国与一些域外国家就业优惠的路径选择不同。欧美等国的就业优惠遵循以"纠偏行动"为主、以"就业优惠"为辅的逻辑路径,这是由其历史上种族歧视盛行所决定的,但我国在新中国成立之后始终遵循平等原则,不存在针对族群的制度性歧视现象,所以,我国的就业优惠与欧美等国的"纠偏行动"具有根本不同。

四、完善就业优惠的法律思考

我国实现公平就业的法治路径设计。第一，统筹协调充分就业、公平就业与高质量就业。改革开放40年来，我国经济总体上快速、持续、健康发展，经济总量、产业结构、就业机会均有质的增长，充分就业为公平就业提供了坚实基础，具备实施就业优惠制度所需的帕累托改进条件。第二，从主要依赖政策过渡到主要依靠法律，加强政策与法律的相互衔接，提高优惠政策的法治化水平。我国一贯重视促进全国各族群众共同繁荣共享发展，强调国家帮助各民族加速发展经济建设和文化建设事业，近年来，相关就业优惠措施得到了极大的增强，取得了明显的成效。但是，就业优惠措施更多地体现在政策、文件层面，重要的就业优惠原则与成功的就业优惠经验没有及时转化为法律，有些就业优惠措施的科学性、稳定性、可行性、实效性及其社会心理效果有待提高。第三，平等保护、禁止歧视与优惠照顾一体建设。通过禁止歧视建立常态化的平等保障机制，突出优惠照顾维护底线就业安全的功能；通过宪法平等原则防范立法活动和行政行为的制度性歧视，通过反歧视部门法有效禁止并及时救济个体性歧视行为，通过就业优惠照顾矫正特定群体面临的结构性就业困境，以上三个方面构成了就业平等法治建设的三个环节。第四，在完善干部人事制度优惠制度的同时，重点实施劳动就业领域的优惠措施。首先，研究国家机关、事业单位、国有大中型企业雇用就业困难的群体的配额制度，规定民营企业承建国家公共投资项目时雇用就业困难群体的法律义务及其违法责任，对于积极雇用属于优惠照顾范围的就业困难群体的普通企业应当予以必要的财政与税收优惠；其次，成立专门的行政执法机构，或在组织法框架内由现有机构承担专门职能,监督各族群众就业优惠的落实情况,同时加强妇女、残疾等就业优惠目标群体的优惠照顾执法工作。第五,就业优惠属于维护就业底线安全的暂行特别措施,而非固化族群意识的身份特权制度。国际社会保障就业公平的经验表明,就业优惠措施是保障社会就业安全的底线措施,具有暂行性、动态性的特征,应当与就业不均衡的实际情况保持动态联动,在结构性就业障碍严重、难以通过个人克服的情况下,或者就业不均衡恶化、中立的法律措施难以奏效的情况下,应当及时采取就业优惠照顾措施。相应地,在就业结构性障碍逐渐消除、就业不均衡逐步改善的情况下,就业优惠照顾措施应当逐步取消。就业优惠应当以教育平等优惠为基础,以宪法平等与反歧视法为依托,在国家经济快速发展的时期建立实施,并逐步从民族就业优惠过渡到弱势群体就业优惠。就业优惠不仅只针对少数民族就业困难群众,也应当兼顾各族就业困难群众,建立多元主体、多元要素的就业优惠法律制度,分类覆盖所有面临结构性就业障碍的群体。第六,宪法宣告与宪法实施同步推进,着重加强就业平等的立法与执法工作。我国高度重视平等问题,在保障平等领域的立宪技术较为先进,法律为保障就业平等提供了丰富的法治资源与法律技术。从平等权利的保障方式来看,宪法规范不仅正面宣告平等,而且反面禁止歧视,更规定了优惠照顾措施侧面矫正业已存在的不平等现象。从保障平等权利的内容来看,法律体系不仅保护少数民族的平等政治权利,而且保障包括劳动就业权利在内的经济社会文化权利。当前,应当以立法为重点着重加强就业平等的法律实施和监督制度,使先进的宪法理念充分有效地转化为真实的法律权利。适时增强《就业促进法》的民族保障条款与保障功能,制定民族地区就业促进自治条例与单行条例,在条件成熟时考虑开展全国民族就业保障专项立法。第七,强制性就业安全措施与引导性就业促进手段相互配合。针对就业特别困难的群体与地区,通过法律和行政行为保障就业困难群众的底线就业比例,明确国家机关事业单位、国有企业按比例安置就业困难群众的社会责任。同时,采取行政指导和社会倡导措施,通过财政支持、税收减免、产业扶持等授益性行政行为引导企业用工主体自愿招募具有适当劳动能力的就业困难群众。第八,立法、行政执法、司法救济体系配套。就业歧视是现代社会最复杂和最顽固的歧视类型,除了充分的社会倡导与相对完备的反歧视法律体系之外,还应完善就业平等权利的行政执法系统。目前国际范围内保障族群就业平等的执法机制主要有三种类型可供借鉴:专门行政部门专司族群平等事务、专门部门综合处理各种歧视类型、多行政部门协调处理族群平等事务。其中,第一种类型是较为普遍的做法。此外,2018年,最高人民法院《关于增加民事案件案由的通知》中规定:“在第一部分‘人格权纠纷’的第三级案由‘9.一般人格权纠纷’项下增加一类第四级案由‘1.平等就业权纠纷’”。该规定使就业歧视受害者获得司法救济成为可能,有助于引导社会通过法律途径解决就业平等争议。当前,宜进一步完善规制就业歧视的司法技术,司法救济应当超越“故意歧视”的限制,将雇佣实践中明显的差别后果纳入诉讼范围。第九,完善就业优惠制度的科学性、针对性和有效性。确立克服结构性就业障碍的理论基础与优惠标准,就业优惠不是群体特权,而是所有面临结构性就业困境的公民的权利,统筹解决民族优惠与区域优惠的矛盾,该突出民族身份的要突出身份,该突出地域的要突出地域,提高就业优惠的适用范围与精密程度。

参考文献

一、英文著作

1. Cohen, Carl. , Affirmative Action and Racial Preference: a debate(New York: Oxford University Press, 2003).
2. Fred L. Pincus, From Individual to Structural Discrimination, ed, Howard J. Ehrlich, Race and Ethnic Conflict, (Boulder: West Law Press, 1994).
3. Gary Becker, The Economics of Discrimination, 1st ed. (Chicago: University of Chicago Press).
4. Lester Thurow, Generating Inequality (New York: Basic Books, 1975).
5. George Eaton Simpson and J. Milton Yinger, Racial and Cultural Minorities: An Analysis of Prejudice and Discrimination Fifth Edition (New York and London: Plenum Press, 1985).
6. Robert J. W, We Want Jobs: A History of Affirmative Action (New York: Garland Publishing, 1997).
7. Kirby, John B. , Black American in the Roosevelt Era

(Knoxville: University of Tennessee Press, 1980).

8. Lester Thurow, Generating Inequality (New York: Basic Books, 1975).

9. Cynthia Lloyd, The Economics of Sex Differentials (New York: Columbia University Press, 1979).

10. Stokely Carmichael and Charles v. Hamilton, Black Power: The Politics of Liberation in America (New York: Vintage, 1967).

11. Shelby Steele, The Content of Our Character (New York: St. Martin's Press, 1990).

12. James A. Beckman, Affirmative Action: An Encyclopedia (London: Greenwood Press, 2004).

13. Stephen Molnar, Races, Types, and Ethnic Groups (New York: Prentice – Hall, 1975).

14. James H. Cone, Black Theology and Black Power (New York: Seabury Press, 1969).

15. Julius Gould, Dictionary of Social Sciences (New York: The Free Press, 1964).

16. Bjelic D. and Savic, O., Balkan as Metaphor: Between Globalization and Fragmentation (New York and London: MIT Press, 2002).

17. Gurr, Ted Robert and Michael Haxton, Peoples Versus States: Ethnopolitical Conflict and Accommodation at the End of the 20th Century (Washington, DC: US Institute of Peace Press, 2000).

18. Horowitz D. L., Ethnic Group in Conflict (California: University of California Press, 1995).

19. M. Hechter, Principles of Group Solidarity (California: University of California Press, 1987).

20. Ross M., The Culture of Conflict: Interests, Interpretations and Disputing in

Comparative Perspective(New Haven: Yale University Press, 1993).

21. S. A. Giannakos, Ethnic Conflict: Religion, Identity, and Politics (Athens: Ohio University Press, 2002).

22. F. Ray and Vernon M. Briggs, The Negro and Apprenticeship (Baltimore: Johns Hopkins University Press, 1967).

23. J. T. Darden and R. C. Hill and R. Thomas, Detroit: Race and Uneven Development(Philadelphia: Temple University).

24. E. Nathaniel Gates, eds., Critical Race Theory (New York: Garland Publishing 1997).

25. Paul Burstein, Equal Employment Opportunity: Labor Market Discrimination and Public Policy(New York: Aldine De Gruyter, 1994).

26. Hill, Herbert, Black Labor and the American Legal System(Washington, D. C.: Bureau of National Affairs, 1977).

27. Barry Bluestone and Bennett Harrison, The Deindustrialization of America (New York: Basic Books, 1982).

28. Reed Coughlan, Economic Dimensions of Ethnic Conflict: Theory and Evidence, ed, Reed Coughlan, Economic Dimensions of Ethnic Conflict(New York: ST. Martin's Press, 1991).

29. Jonathan Goldman, Redefining Affirmative Action to Include Socioeconomic Class, ed, Carol in M. S, Race Versus Class, (New York: University Press of America, 1997).

30. House Labor Committee Report, in Bureau of National Affairs, The Equal Employment Opportunity Act of 1972 (Washington, DC: BNA, 1973).

31. Graham, Hugh Davis, The Civil Rights Era: Origins and Development of National Policy, 1960 – 1972 (New York: Oxford University Press, 1990).

32. Joam B. Guernsey, Affirmative Action (Minneapolis: Lerner Publications

Company,1997).

33. Weaver,Robert C.,Negro Labor: A National Problem (New York: Harcourt,Brace and Co.,1946).

34. J. R. Jeffrey,Education for the Children of the Poor(Columbus: Ohio State University Press,1977).

35. Lyndon B. Johnson,Public Paper of Presidents of the United States,Vol. 2, 1965 (Washington,DC: Government Printing Office,1966).

36. Alfred W. Blumrosen,Black Employment and the Law (New Brunswick: Rutgers University Press,1971).

37. Joel WM. Friedman,The Law of Employment Discrimination(New York: Foundation Press,2007).

38. Elder Witt,A Different Story: Reagan and the Supreme Court(Washington DC: Congressional Quarterly Inc.,1986).

39. Hugh Davis Graham ed.,Civil Rights in the United States,(Pennsyvania: Pennsylvania State University Press,1994).

40. Samuel Leiter, Affirmative Action in Antidiscrimination Law and Policy (New York: State University of New York Press,2003).

41. Cascio, Wayne F., Managing Human Resources: Productivity, Quality of Work Life,Profits(Boston: Irwin McGraw – Hill,1998).

42. Barbara T. Lindemann,Employment Discrimination Law(Fourth Edition) (Washington DC: BNA Books,2007).

43. Freeman, Richard B., "Black Economic Progress After 1964: Who Has Gained and Why?" In Rosen,Sherwin,ed.,Studies in Labor Markets(Chicago: University of Chicago Press/NBER,1981).

44. Michael J. Zimmer,Charles A. Sullivan Richard F. Richards,Cases and Materials on Employment Discrimination (New York: Aspen Law & Business,

1997).

45. Jonathan Goldman, Redefining Affirmative Action to Include Socioeconomic Class, ed, Carol M. S, Race Versus Class (New York: University Press of America, 1997).

46. Ramet, S., Thinking about Yugoslavia (Cambridge: Cambridge University Press, 2005).

47. Lester, C. Thurow, The Zero – Sum Society (New York: Penguin Books, 1981).

48. Skrentny, John David, The Ironies of Affirmative Action: Politics, Culture, and Justice in America (Chicago: University of Chicago Press, 1996).

二、英文论文

1. Michel Rosenfeld, "Decoding Richmond: Affirmative Action and the Elusive Meaning of Constitutional Equality", *Michigan Law Review*, Vol. 87, No. 7 (Jun., 1989).

2. Aaron Antonovsky, the Social Meaning of Discrimination, Phylon (1960 –), Vol. 21, No. 1 (1st Qtr., 1960).

3. Anita M. Alessandra "When Doctrines Collide: Disparate Treatment, Disparate Impact, and Watson v. Fort Worth Bank & Trust", University of Pennsylvania Law Review, Vol. 137, No. 5, Arms Control Treaty Reinterpretation (May, 1989).

4. Marilyn V. Yarbrough, "Disparate Impact, Disparate Treatment, and the Displaced Homemaker", Law and Contemporary Problems, Vol. 49, No. 4, Federal Regulation of Work from Recruitment to Retirement (Autumn, 1986).

5. steven J. Kaminshine, "Disparate Treatment as a Theory of Discrimination: the Need for a Restatement, Not a Revolution", Stanford Journal of Civil

Rights and Civil Liberties, Vol. 2, (2005).

6. Jessica Lind, "The Prima Facie Case of Age Discrimination in Reduction – in – Force Cases", *Michigan Law Review*, Vol. 94, No. 3 (Dec., 1995).
7. Edmund S. Phelps, "The Statistical Theory of Racism and Sexism", The American Economic Review, Vol. 62, No. 4 (Sep., 1972).
8. Richard H. Sander, "A Systemic Analysis of Affirmative Action in American Law Schools", Stanford Law Review, Vol. 57, No. 2 (Nov., 2004).
9. Mark W. Kruman, "Quotas for Blacks: The Public Works Administration and the Black Constitution Worker," Labor History 16 (Winter, 1975).
10. Kennedy, "Persuasion and Distrust: A Comment on the Affirmative Action Debate", 99 HARV. L. Rev. (1986) 1327, 1334.
11. Lester Thurow, "A Theory of Groups and Economic Redistribution, Philosophy and Public Affairs", Vol. 9, No. 1 (Autumn, 1979).
12. Edmund S. Phelps, "The Statistical Theory of Racism and Sexism", The American Economic Review, Vol. 62, No. 4 (Sep., 1972).
13. Robin Stryker, "Disparate Impact and the Quota Debates: Law, Labor Market Sociology, and Equal Employment Policies", The Sociological Quarterly, Vol. 42, No. 142, No. 1 (Winter, 2001).
14. Barbara F. Reskin, "Getting It Right: Sex and Race Inequality in Work Organizations", Annual Review of Sociology, Vol. 26, (2000).
15. Harry Holzer and David Neumark, "Assessing Affirmative Action", Journal of Economic Literature, Vol. 38, No. 3 (Sep., 2000).
16. Duncan, "The Future of Affirmative Action: A Juris – Prudential/Legal Critique", 17 HARV. C. R – C. L. L. REV. 503.
17. Audrey J. Murrell and Beth L. Dietz – Uhler, "Aversive Racism and Resistance to Affirmative Action: Perceptions of Justice are not Necessarily Color

Blind", Basic and Applied Social Psychology 15:1&2 (1994).

18. Arlene E. Turner and Anthony R. Pratkanis, "Affirmative Action as Help: AReview of Recipient Actions to Preferential Selection and Affirmative Action", Basic and Applied Social Psychology Vol. 15, nos. 1&2(1994).

19. Faye J. Crosby, "Understanding Affirmative Action", Basic and Applied Social Psychology Vol. 15, nos. 1&2 (1994).

20. Harry Holzer and David Neumark, "Assessing Affirmative Action", Journal of Economic Literature, Vol. 38, No. 3(Sep., 2000).

21. C. Walker, "A Nation is a Nation, is a State, is an Ethnic Group, is a..." Ethnic and Racial Studies1(4) (1978), 337.

22. Huntington, S. P, "The Clash of Civilizations", Foreign Affairs, Vol. 72, No. 3, 1993.

23. L. E. Cederman, "Back to Kant: Reinterpreting the Democratic Peace as a Macrohistorical Learning Process", American Political Science Review, Vol. 95, No. 1, 2001.

24. Ian S. Lustick and Roy J. Eidelson, "Secessionism in Multicultural States: Does Sharing Power Prevent or Encourage It?", American Political Science Review, V. 98, No. 2, May 2004.

25. Susan Olzak and Suzanne Shanahan, "Deprivation and Race Riots: An Extension of Spilerman's Analysis", Social Forces, Vol. 74, No. 3 (Mar., 1996).

26. Harold S. Wechsler, "The Rationale for Restriction: Ethnicity and College Admission in America, 1910 – 1980", 36 American Quarterly. 643, 647 (1984).

27. Fred L. Pincus, From Individual to Structural Discrimination, ed, Howard J. Ehrlich, Race and Ethnic Conflict, West Law Press, Boulder, 1994.

28. Richard H. Sander, "A Systemic Analysis of Affirmative Action in American Law Schools", Stanford Law Review, Vol. 57, No. 2 (Nov. ,2004).

29. Alan L. Sorkin, "The Economic Basic of Indian Life", Annals, March, 1978.

30. Michel Rosenfeld, "Affirmative Action and the Elusive Meaning of Constitutional Equality", Michigan Law Review, Vol. 87, No. 7 (Jun. ,1989).

31. Frank and Munro, "The Original Understanding of Equal Protection Of The Law",50 Colum. L. Rwv. 131,140 (1950).

32. Rosenfeld, "Affirmative Action, Justice, and Equalities: A Philosophical and Constitu - tional Appraisal",46 OHIO ST. L. J. 845,860 (1985).

33. Richard D. Kahlenberg, "Class - Based Affirmative Action, California Law Review", Vol. 84, No. 4 (Jul. ,1996).

34. Blumrosen, Alfred W. , "Strangers in Paradise: Griggs v. Duke Power Co. and the Concept of Employment Discrimination", Michigan Law Review (1972)71.

35. Pedriana, Nicholas and Robin Stryker, "Political - Culture Wars 1960s Style: Equal Employment Opportunity - Affirmative Action Law and the Philadelphia Plan", American Journal of Sociology (1997)103.

36. John H . Ely, The Constitutionality of Reverse Racial Discrimination, 4 1 U. CHI. L . REV. 7 23,723 (1974).

37. Clark McPhail, "Individual and Collective Behaviors within Gatherings, Demonstrations, and Riots", Annual Review of Sociology, Vol. 9 (1983).

38. Mary White Ovington, "The National Association for the Advancement of Colored People", The Journal of Negro History, Vol. 9, No. 2 (Apr. , 1924).

39. John A. Morsell, "The National Association for the Advancement of Col-

ored People and Its Strategy", Annals of the American Academy of Political and Social Science, Vol. 357, The Negro Protest (Jan., 1965).

40. Roy Wilkins, "The Role of the National Association for the Advancement of Colored People in the Desegregation Process", Social Problems, Vol. 2, No. 4, Desegregation in the Public Schools (Apr., 1955).

41. Whitney M. Young, "The Urban League and Its Strategy", *Annals of the American Academy of Political and Social Science*, Vol. 357, The Negro Protest (Jan., 1965).

42. Anthony Daniel Perez, Police and Riots: 1967 – 1969, Journal of Black Studies, Vol. 34, No. 2 (Nov., 2003).

43. Denise Dipasquale and Edward L. G, "The Los Angeles Riot and the Economics of Urban Unrest", Journal of Urban Economics, JUE, Vol. 43, No. 1 (January 1998).

44. Susan Olzak and Suzanne Shanahan, Deprivation and Race Riots: An Extension of Spilerman's Analysis, Social Forces, Vol. 74, No. 3 (Mar., 1996).

45. Robert C. Weaver, "Racial Policy in Public Housing", Phylon (1940 – 1956), Vol. 1, No. 2 (2nd Qtr., 1940).

46. W. J. Trent, "Federal Sanctions Directed against Racial Discrimination", Phylon (1940 – 1956), Vol. 3, No. 2 (2nd Qtr., 1942).

47. Hugh Davis Graham, The Origins of Affirmative Action: Civil Rights and the Regulatory State, Annals of the American Academy of Political and Social Science, Vol. 523, Affirmative Action Revisited (Sep., 1992).

48. Clifford M. Lytle, The History of the Civil Rights Bill of 1964, *The Journal of Negro History*, Vol. 51, No. 4 (Oct., 1966).

49. Robert P. Schuwerk, The Philadelphia Plan: A Study in the Dynamics of Executive Power, The University of Chicago Law Review, Vol. 39, No. 4

(Summer,1972).

50. Christine Reyna, Searching for Common Ground between Supporters and Opponents of Affirmative Action, Political Psychology, Vol. 26, No. 5, Symposium: Race and Politics (Oct., 2005).

51. Alfred W. Blumrosen, "Strangers in Paradise: Griggs v. Duke Power Co. and the Concept of Employment Discrimination", *Michigan Law Review*, Vol. 71, No. 1 (Nov., 1972).

52. Betty Glad, "Reagan's Midlife Crisis and the Turn to the Right", *Political Psychology*, Vol. 10, No. 4 (Dec., 1989).

53. Charles Fried, "Affirmative Action after City of Richmond v. J. A. Croson Co.: A Response to the Scholars' Statement", *The Yale Law Journal*, Vol. 99, No. 1 (Oct., 1989).

54. Samuel L. Starks, "Understanding Government Affirmative Action and Metro Broadcasting, Inc. v. FCC", *Duke Law Journal*, Vol. 41, No. 4 (Feb., 1992).

55. Seth A. Goldberg, "The Origins of Affirmative Action: Civil Rights and the Regulatory State", Stanford Law Review, Vol. 30, No. 4 (Apr., 1978).

56. Hugh Davis Graham, "The Origins of Affirmative Action: Civil Rights and the Regulatory State", *Annals of the American Academy of Political and Social Science*, Vol. 523, Affirmative Action Revisited (Sep., 1992).

57. Jonathan S. Leonard, "The Impact of Affirmative Action Regulation and Equal Employment Law on Black Employment", The Journal of Economic Perspectives, Vol. 4, No. 4 (Autumn, 1990).

58. Day John, "Retelling the Story of Affirmative Action: Reflections on a Decade of Federal Jurisprudence in the Public Workplace", California Law Review (2001) 89.

59. Fiss Owen M. ,“A Theory of Fair Employment Laws”, University of Chicago Law Review,1977,39.

60. Lester C. Thurow,“A Theory of Groups and Economic Redistribution”, Philosophy and Public Affairs,Vol. 9,No. 1 (Autumn,1979).

61. Burman,George,“The Economics of Discrimination:The Impact of Public Policy,” [Ph. D. dissertation],University of Chicago,1973.

三、中文译著

1. [美]克米特·L. 霍尔主编:《牛津美国联邦最高法院指南》(第二版),许明月等译,北京大学出版社 2009 年版。

2. [英]斯蒂夫·芬顿:《族性》,劳焕强译,中央民族大学出版社 2009 年版。

3. [英]爱德华·莫蒂默主编:《人民·民族·国家:族性与民族主义的含义》,刘泓等译,中央民族大学出版社 2009 年版。

4. [美]弗兰克·N. 马吉尔主编:《经济学百科全书》,吴易风译,中国人民大学出版社 2009 年版。

5. [美]劳伦斯·M. 弗里德曼:《美国法律史》,苏彦新等译,中国社会科学出版社 2007 年版。

6. [美]保罗·布莱斯特:《宪法决策的过程:案例与材料》,陆符嘉等译,中国政法大学出版社 2002 年版。

7. [美]埃里克·A. 波斯纳:《法律与社会规范》,沈明译,中国政法大学出版社 2004 年版。

8. [美]阿奇博尔德·考克斯:《法院与宪法》,天雷译,北京大学出版社 2006 年版。

9. [美]亚历克斯·卡利尼克斯:《平等》,徐朝友译,江苏人民出版社 2003 年版。

10. [英]哈耶克:《自由秩序原理》(上册),梁治平、贺卫方主编,三联书店

1997 年版。

11. [美]L. 亨金:《权利的时代》,信春鹰等译,知识出版社 1997 版。

12. [日]大须贺明:《生存权论》,林浩译,法律出版社 2001 年版。

13. [美]戴维・波普诺:《社会学》,李强等译,中国人民大学出版社 1998 年版。

14. [德]哈特穆特・毛雷尔:《行政法学总论》,高家伟译,法律出版社 2000 年版。

15. [英]威廉・韦德:《行政法》,徐炳等译,中国大百科全书出版社 1997 年版。

16. [美]约翰・罗尔斯:《正义论》,何怀宏等译,中国社会科学出版社 1988 年版。

17. [美]E. 博登海默:《法理学——法哲学及其方法》,邓正来译,华夏出版社 1987 年版。

18. [法]托克维尔:《论美国的民主》(上卷),董果良译,商务印书馆 1988 年版。

19. [美]加里・贝克尔:《口味的经济学分析》,李杰、王晓刚译,首都经济贸易大学出版社 2000 年版。

20. [德]K. 兹威格特、H. 克茨:《比较法总论》,潘汉典等译,法律出版社 2004 年版。

21. [美]斯坦利・I. 库特勒:《最高法院与宪法》,朱曾汶译,商务印书馆 2006 年版。

22. [美]约翰・莫纳什:《法律中的社会科学》法律出版社 2007 年版。

23. [加]威尔・金里卡:《多元文化公民权:一种有关少数族群权利的自由主义理论》,杨立峰译,上海世纪出版集团 2009 年版。

24. [美]朱迪・史珂拉:《美国公民权:寻求接纳》,刘满贵译,上海世纪出版集团 2008 年版。

25. [美]约翰·博得利:《发展的受害者》,何小荣译,北京大学出版社 2011 年版。

四、中文著作

1. 北京大学法学院司法研究中心:《宪法的精神——美国联邦最高法院 200 年经典判例选读》,中国方正出版社 2003 年版。
2. 王希:《原则与妥协——美国宪法的精神与实践》(修订本),北京大学出版社 2000 年版。
3. 张千帆:《美国联邦宪法》,法律出版社 2011 年版。
4. 李薇薇、[美]Lisa Stearns:《禁止就业歧视:国际标准与国内实践》,法律出版社 2006 年版。
5. 张千帆:《西方宪政体系(美国宪法)》,中国政法大学出版社 2004 年版。
6. 韩大元、林来梵等:《宪法学专题研究》,中国人民大学出版社 2004 年版。
7. 邱小平:《法律的平等保护》,北京大学出版社 2005 年版。
8. 周伟、李薇薇、杨聪、何霞等:《禁止就业歧视的法律制度与中国的现实》,法律出版社 2008 年版。
9. 王全兴:《劳动法学》,人民法院出版社 2005 年版。
10. 童之伟:《宪法学》,清华大学出版社 2008 年版。
11. 肖光辉:《法理学》,中国政法大学出版社 2011 年版。
12. 周伟:《宪法基本权利司法救济研究》,中国人民公安大学出版社 2003 年版。
13. 张千帆:《宪法学导论(原理与应用)》,法律出版社 2004 年版。
14. 张千帆主编:《宪法学》,法律出版社 2004 年版。
15. 朱应平:《论平等权的宪法保护》,北京大学出版社 2004 年版。
16. 罗豪才主编:《现代行政法治的发展趋势》,法律出版社 2004 年版。
17. 翁岳生:《行政法》,中国法制出版社 2000 年版。

18. 陈新民:《行政法学原理》,中国政法大学出版社 2002 年版。
19. 陈新民:《行政法学总论》,三民书局 1995 年版。
20. 陈新民:《德国公法基础理论》(上册),山东人民出版社 2001 年版。
21. 陈新民:《德国公法基础理论》(下册),山东人民出版社 2001 年版。
22. 张越:《英国行政法》,中国政法大学出版社 2004 年版。
23. 董和平、韩大元、李树忠:《宪法学》,法律出版社 2004 年版。
24. 应松年主编:《当代中国行政法》,中国方正出版社 2005 年版。
25. 杨宇冠:《人权法〈公民权利和政治权力国际公约〉研究》,中国人民公安大学 2003 年版。
26. 王迁:《论"基因歧视"及其法律对策》,中国人民出版社 2005 年版。
27. 马立武:《现代美国高等教育中平等权利法律保障研究》,北京师范大学出版社 2010 年版。
28. 阎天编译:《反就业歧视法国际前沿读本》,北京大学出版社 2009 年版。
29. 郑玉民:《作为平等的人受到对待的权利》,法律出版社 2010 年版。
30. 王名扬:《美国行政法》,中国法制出版社 2005 年版。
31. 马戎主编:《西方民族社会学经典读本》,北京大学出版社 2010 年版。
32. 马戎主编:《西方民族社会学经典》,北京大学出版社 2009 年版。
33. 林来梵:《从宪法规范到规范宪法:规范宪法学的一种前言》,法律出版社 2001 年版。

五、中文论文

1. 林更盛:《论广义比例原则在解雇法上之适用》,载《中原财经法》第 5 期。
2. 谢世宪:《论公法上之比例原则》,载城仲模:《行政法之一般法律原则》,台北,三民书局 1994 年版。
3. 郑津津:《美国身心障碍认定与校正措施考量与否之研究》,载《政大法学评论》第 84 期。

4. 张立平:《论肯定性行动》,载《太平洋学报》2001 年第 3 期。
5. 杨超:《美国"肯定性行动"对中国反就业歧视的借鉴意义》,载《鲁东大学学报》2009 年 11 月。
6. 姚大志:《现代之后:20 世纪晚期西方哲学》,东方出版社 2000 年版。
7. 王立:《平等的双重维度:形式平等和实质平等》,载《理论探讨》2011 年第 2 期(总第 159 期)。
8. 郑琦:《比例原则的个案分析》,载《行政法学研究》2004 年第 4 期。
9. 陈霞明:《论实质平等》,载《江西社会科学》2007 年第 4 期。
10. 王凡妹:《美国"肯定性行动"的历史沿革:从法律性文件的角度进行回顾与分析》,载《西北民族研究》2010 年第 2 期。
11. 王天玉:《少数民族就业促进问题研究》,载《社科纵横》2008 年第 6 期。
12. 赵强:《新疆少数民族就业状况及存在问题分析》,载《西南民族大学学报》(人文社会科学版)2011 年第 5 期。
13. 田艳波:《从"奥肯定律失灵"看少数民族人口就业问题》,载《边疆经济与文化》2007 年第 7 期。
14. 刘练军:《高考加分的法律分析》,载《金陵法律评论》2010 年秋季卷。
15. 鞠立斌:《当代美国的"肯定性行动"与黑人就业问题》,内蒙古大学人文学院历史系 2007 年硕士学位论文。
16. 任东来:《肯定性行动与美国政治》,载《太平洋学报》1996 年第 1 期。
17. 刘宝存:《美国肯定性行动计划:发展 · 争论 · 未来走向》,载《新疆大学学报》(社会科学版)2002 年第 4 期。
18. 李昊:《从配额制的兴衰看美国实现教育平等的法治历程》,载《河南师范大学学报》(哲学社会科学版)2010 年第 1 期。
19. [美]特里塞 · A. 苏利万:《劳动力参与中的种族——族群差异:一个族群分层的透视》,载马戎主编:《西方民族社会学经典》,北京大学出版社 2009 年版。

20. 郭星华:《城市居民相对剥夺感的实证研究》,载《中国人民大学学报》2001 年第 3 期。

21. 田为民:《政治稳定的社会心理条件研究》,载《江苏社会科学》1999 年第 2 期。

22. 高李监:《变化中的贫穷——美国社会贫穷问题初探》,载《山东大学学报》(哲学社会科学版)1987 年第 2 期。

23. 张文静:《美国肯定性行动的政策变迁——基于支持联盟框架的分析》,载《中国教育法制评论》第七辑。

24. 张玉:《美国高等教育“肯定性行动计划”政策价值分析》,载《比较教育研究》第 6 期。

25. 姚大志:《现代之后:20 世纪晚期西方哲学》,东方出版社 2000 年版。

致　谢

感谢天普大学在本书写作过程中提供的优质学术资源。

感谢四川大学国际关系学院和西部边疆中心的领导和同事们的宝贵支持,感谢四川师范大学及法学院诸位领导和同事的鼓励支持。

感谢四川大学周伟教授、华东政法大学童之伟教授、四川师范大学张光云教授提供的宝贵建议和支持。

感谢四川大学研究生冯虎龙、西南民族大学研究生陈攀、四川大学国际关系学院本科生李佳朋、四川大学国际关系学院研究生黎丹、四川大学国际关系学院研究生赵娜,四川大学公共管理学院研究生李玮慈,四川师范大学本科生刘思程,他们热情地参与了本书的校对工作。

图书在版编目(CIP)数据

就业优惠制度的法律实践与法理思辨 : 域外反思与比较借鉴 / 李昊著. -- 北京 : 法律出版社, 2020
ISBN 978-7-5197-4879-1

Ⅰ. ①就… Ⅱ. ①李… Ⅲ. ①劳动就业－劳动法－对比研究－世界 Ⅳ. ①D912.504

中国版本图书馆 CIP 数据核字(2020)第 156768 号

就业优惠制度的法律实践与法理思辨:
域外反思与比较借鉴
JIUYE YOUHUI ZHIDU DE FALÜ SHIJIAN YU
FALI SIBIAN:YUWAI FANSI YU BIJIAO JIEJIAN

李 昊 著

策划编辑 程 岳
责任编辑 程 岳 朱轶佳
装帧设计 贾丹丹

出版 法律出版社
总发行 中国法律图书有限公司
经销 新华书店
印刷 北京玺诚印务有限公司
责任印制 胡晓雅

编辑统筹 司法实务出版分社
开本 A5
印张 9.375
字数 210 千
版本 2020 年 8 月第 1 版
印次 2020 年 8 月第 1 次印刷

法律出版社/北京市丰台区莲花池西里 7 号(100073)
网址/www.lawpress.com.cn
投稿邮箱/info@lawpress.com.cn
举报维权邮箱/jbwq@lawpress.com.cn
销售热线/400-660-8393
咨询电话/010-63939796

中国法律图书有限公司/北京市丰台区莲花池西里 7 号(100073)
全国各地中法图分、子公司销售电话:
统一销售客服/400-660-8393/6393
第一法律书店/010-83938432/8433 西安分公司/029-85330678 重庆分公司/023-67453036
上海分公司/021-62071639/1636 深圳分公司/0755-83072995

书号:ISBN 978-7-5197-4879-1 **定价:**38.00 元